新媒体时代红色旅游教育元素融入高校思政教育研究

刘云鹤◎著

中国·广州

图书在版编目（CIP）数据

新媒体时代红色旅游教育元素融入高校思政教育研究／刘云鹤著．—广州：广东旅游出版社，2020.12
ISBN 978-7-5570-2387-4

Ⅰ.①新… Ⅱ.①刘… Ⅲ.①革命纪念地－革命传统教育－研究－中国②高等学校－思想政治教育－研究－中国 Ⅳ.① D642 ② G641

中国版本图书馆 CIP 数据核字 (2020) 第 243669 号

新媒体时代红色旅游教育元素融入高校思政教育研究
Xinmeiti Shidai Hongse Lvyou Jiaoyu Yuansu Rongru Gaoxiao Sizheng Jiaoyu Yanjiu

广东旅游出版社出版发行
（广州市环市东路 338 号银政大厦西楼 12 楼　邮编：510180）
印刷　河北文盛印刷有限公司
（地址　河北省保定市涿州市东仙坡镇下胡良北口）
广东旅游出版社图书网
www.tourpress.cn
邮购地址：广州市环市东路 338 号银政大厦西楼 12 楼
联系电话：020-87347732　邮编：510180
710 毫米 ×1000 毫米　16 开　12.5 印张　232 千字
2021 年 3 月第 1 版第 1 次印刷
定价：48.00 元

［版权所有，侵权必究］

本书如有错页倒装等质量问题，请直接与印刷厂联系换书。

前 言

大学生是国家未来建设的新鲜力量,大学生是否具有高度的文化自信影响着中华民族文化事业发展的命运,影响着中国在世界文化舞台上的地位。大学生正处在人格发展的重要阶段,在这个阶段要清楚地认识自己是谁,了解自己处在一个怎样的文化氛围之中,以及解决如何在多元文化中保持自身的坚定信念、解决如何在复杂多变的社会中准确找到自身定位,实现自身价值等问题。

红色文化资源是新民主主义革命时期和社会主义现代化建设时期,在中国共产党的领导下,由全国各族人民共同创造并继承弘扬下来的、可资开发利用的优质教育资源。红色文化资源具有内容鲜活、形式多样、感染力强等特征,在高校思想政治教育中能够起到思想引领、政治教导、道德激励、审美熏陶等作用。为此,红色文化资源早已作为一种教育资源引入到高校思想政治教育的实践中,并取得了明显的实效。

然而,进入21世纪以来,随着媒介信息技术的迅猛发展,特别是互联网技术的发展,我们进入了"新媒体时代"。"新媒体时代"一词因新媒体而来。它是在新的数字技术支撑体系下出现的向用户提供信息和娱乐的传播形态,是继报刊、广播、电视等传统媒体之后发展起来的新兴媒介,包括数字杂志、数字报纸、数字广播、手机短信、移动电视、网络、桌面视窗、数字电视、数字电影、触摸媒体、手机网络等具体表现形式。新媒体与传统媒体(报刊、广播、电视等)相比,具有覆盖面广、内容丰富、交流便捷、双向互动等特征。

这些特征为当代高校思想政治教育带来了重大的机遇,也带来全新的挑战,更给高校思想政治教育中红色文化资源的利用提出了更高的要求。

在目前新媒体环境下,利用红色文化资源对大学生进行政治思想教育,在很多高校已成为自觉行动,也取得了明显的成就。但毋庸讳言,一些高校在新媒体环境下利用红色文化资源进行思想政治工作的实效性仍然不令人满意。这就要求我们深入探索新媒体环境下大学生思想、行为出现的新情况、新问题,把握新媒体给大学生思想政治教育带来的机遇和挑战,充分发挥红色文化资源的特点与优势，探求增强大学生思想政治教育实效性的路径。

在目前新媒体环境下，大学生思想、行为出现了许多新情况、新问题，本课题在把握新媒体给大学生德育教育带来的机遇和挑战的基础上，充分挖掘新媒体的思想政治教育功能，利用红色文化资源的特有优势，搭建新媒体技术与红色文化资源教育相结合的教育新平台，使思想政治教育的方式方法更具灵活性和吸引力，进一步提升大学生思想政治教育的实效性，从而实现个案与共性、理论与实践、历史继承与现实反思的有机结合。

在撰写本书的过程中，借鉴了部分专家、学者的研究成果和著述内容，在此表示衷心的感谢，由于笔者水平有限，难免会有缺点和错误，恳请广大读者批评指正。

目 录

第一章　红色文化资源及其思想教育价值 …… 1

第一节　文化自信概述 …… 1
第二节　高校思想政治教学中培养学生文化自信的重要意义 …… 15
第三节　红色文化的概念及其相关理论 …… 19
第四节　红色文化资源的价值及其思想教育功能 …… 28

第二章　红色旅游的功能和意义 …… 39

第一节　发展红色旅游是一项重大政治教育工程 …… 39
第二节　发展红色旅游是一项重大经济工程 …… 47
第三节　发展红色旅游是一项和谐社会建设工程 …… 52
第四节　发展红色旅游是一项重大文化工程 …… 59
第五节　发展红色旅游是一项国际文化交流工程 …… 61

第三章　红色文化教育价值实现的路径探索 …… 65

第一节　明确红色文化教育价值实现的基本原则 …… 65
第二节　加强红色文化教育 …… 69
第三节　创新红色文化内容及传播方式 …… 76
第四节　合理开发利用红色文化资源 …… 82

第四章　利用红色文化资源开展高校德育工作 …… 92

第一节　新形势下当代大学生的思想政治状况 …… 92
第二节　红色文化资源概述 …… 94
第三节　利用红色资源对当代大学生进行社会主义核心价值体系教育 …… 97

第四节　运用红色文化资源开展高校德育工作 …………… 104
　　第五节　通过红色旅游推进高校德育工作 ………………… 109

第五章　新媒体时代高校思想政治教育的发展 …………… 115

　　第一节　新媒体时代高校思想政治教育的现状 …………… 115
　　第二节　新媒体时代高校思想政治教育的挑战与机遇 …… 123
　　第三节　新媒体时代高校思想政治教育创新研究 ………… 132
　　第四节　新媒体时代高校思想政治教育载体研究 ………… 136
　　第五节　新媒体时代高校思想政治教育环境的优化 ………146

第六章　新媒体环境下加强和改进大学生思想政治教育的对策 … 158

　　第一节　结合新媒体特点，坚持思想政治教育科学性原则 …… 158
　　第二节　开展媒介素养教育，增强大学生媒介免疫力 …… 160
　　第三节　运用现代技术，促使教育手段新媒体化 ………… 163
　　第四节　紧跟新媒体发展步伐，加强师资队伍建设 ……… 166
　　第五节　新媒体时代大学生思想政治教育的方法创新 …… 168

第七章　新媒体对高校思政教育和红色文化资源利用带来的挑战与机遇 ………………………………………………… 173

　　第一节　新媒体给高校思政教育和红色文化资源利用带来的挑战 … 173
　　第二节　新媒体给高校思政教育和红色文化资源利用带来的机遇 … 176

第八章　新媒体时代红色文化资源在高校思政教育中的运用 … 179

　　第一节　红色文化资源在新媒体时代中的运用表现 ……… 179
　　第二节　红色文化资源在新媒体时代利用的成效 ………… 184

参考文献 …………………………………………………………… 189

第一章 红色文化资源及其思想教育价值

第一节 文化自信概述

一、自信

从语用的角度来看,自信是指向于自己的信。《辞源》收录"信"的含义共有9种,分别是:①诚实,不欺;②信从,信任;③的确;④任意;⑤符契,凭据;⑥使者;⑦消息;⑧再宿;⑨舒展,伸张。在信的这9种含义中,唯有第二种可以与"自"合成意义最恰当,自信是自己相信、信任自己,《辞海》即采用此种说法,《旧唐书·卢承庆传》中"朕今信卿,卿何不自信也","信"取"信任"之意,自信就是与他人信任相对的,自己对自己的信任。

在英语中,与自信对应的基本词汇有两个,分别是 self-confidence 和 assertiveness。Confidence 是确信自己的力量、能力,日语将其译为"自信、信赖",confidence 的拉丁文词源 confidentia 的含义是指信赖、相信,感到有把握的状态。self-confidence 则是指个体信任自己而获得的情感安全感,与此义接近的词汇还有 self-assurance 和 self-trust。

Assertive 的基本含义是断定的、过分自信的,日语译为"断言的な,断定的な,独断的な"。Assertive 不但蕴含盛气凌人、坚持立场不与外界妥协的含义,而且还包含 aggressive 的成分,容易将其与攻击、侵犯相混淆。Assertiveness 确切的含义则指在人际过程中,向他人以直接的、诚实的方式表达自己的需要、欲求、情感、信念、观点,而无意伤害何人的感情。显然,assertiveness 通常是作为一种沟通技巧来使用,水平高的人沟通和工作效能会很高。

自信在我国文化中的使用源远流长。周代便有使用自信的记录,如"中心其恬,不累其德,狗吠不惊,自信其情"(《文子》)、"惟不诚之人,难于自信而易于信物"(《关尹子》)。孔子"吾心信其成,则无坚不摧;吾心信其不成,则反掌折枝之易亦不能"的论述,就是指自信的重要性。《墨子》中"虽杂庸民,终无怨心,彼有自信者也"的记载(《墨子·亲士》),以及《旧唐书》中"朕今信卿,卿何不自信也?"的叙述,都是使用自信来说明人物。《韩非子》中记载郑人置履"宁信度,无自信也",平白地说明自信是相信自己;《战国策》中邹忌讽齐王纳谏篇则很好地记述了自信的心理过程:

邹忌修八尺有余,形貌昳丽。朝服衣冠,窥镜,谓其妻曰:"我孰与城北徐公美?"其妻曰:"君美甚,徐公何能及公也!"城北徐公,齐国之美丽者也。忌不自信,而复问其妾……旦日,客从外来,与坐谈,问之客曰:"吾与徐公孰美?"……

此处的"自信",有相信之意,即邹忌不相信妻子的说法,也有犹豫、不确定的含义。邹忌早上穿衣戴帽后照镜子,有自美的意思,虽然妻子肯定了,但徐公的美貌,是国家级别的,因而邹忌不能确定自己可美过徐公。从这些记叙中可以看出,古代对自信的使用基本上与当前同义。

从鲁迅在《中国人失掉自信力了吗》文中的叙说,可以窥探"自信"在近代的意涵。鲁迅认为信是一种能力,是可以带来国家强盛的东西,是一种凭借或者力量。地大物博、未可预知的神佛以及国联,都可能是到达这个目标可依赖的支撑,但信而无果,均应属于"他信力"范畴。与此相反的就是求诸己,凭借自己的力量来达到目的,认为自己能行,当属于"自信力"。如果无可他信,而没有自信,那么,剩下的就只有"自欺"。自信力表现为自力,埋头苦干、拼命硬干、为民请命、舍身求法、前赴后继。自信是民族脊梁之所在,国家强盛是一种尊严,而自信我一种自我之力,是肯定这种力量的意念,相信自己有力量,就可以用这种力量来捍卫自己的尊严。

二、文化自信

习近平同志在庆祝中国共产党成立 95 周年大会上讲话时指出:"文化自信,是更基础、更广泛、更深厚的自信。"中国共产党坚定的文化自信孕育于中华优秀传统文化、革命文化以及社会主义先进文化。现如今我们强调进一步增强文化自信,是因为文化是民族的血脉和灵魂,是国家发展、民族振兴的重要支撑。一个民族的文化,凝聚着这个民族对世界和生命的历史认知和现实感受,积淀着这个民族最深层的精神追求和行为准则。文化自信作为一定的文化主体对自身文化价值的总体认可和充分肯定,是对自身文化生命力的自豪感和坚定信念,而坚定的文化自信的前提又正是传承和发扬我们的优秀、先进文化底蕴。高校思想政治教育作为我国的政治工作优势必然承担着传承文化、发扬自信的历史重任。十八大以来,党和国家高度提振文化自信,重视思想政治教育工作培育与树立大学生价值观的功能,加快推进文化自信与高校思想政治教育的同频共振。文化自信和思想政治教育是高校育人过程中的"一体两翼",既共同注重积极引导大学生的人生观、世界观、价值观,又各有侧重点的不同。思想政治教育偏向培养政治品格,文化自信注重提高人文素质。当代大学生是未来中国构建、把握有中国特色的文化话语权的中流砥柱,他们的文化理解、文化信仰、文化自信程度决定了未来中国的文化力度。因此,文化育人、育德的要求是高校思想政治教育的重要原则,既要在文化自信的条件下指导高校思想政治教育工作,又要在高校思想政治教育活动中进一步拔高文化自信水平。

文化自信作为一个新的话语引起了学术界的关注。建构具有中国特色、中国风格和中国气派的文化自信话语体系,关键在于把握中国特色文化自信的话语权。话语权主要是指通过话语所包含的符号、概念、价值观、意识形态等要素在国际社会所产生的影响力、吸引力。任何理论研究首先要从概念开始,并且以概念的"运作"为起点构建"话语谱系",因此,对文化自信进行系统研究,首先需对文化自信的概念进行明确界定,并对其本质特征和当代价值进行深入探讨。

(一)文化自信的概念界定

文化自信,是一个国家、一个民族、一个政党对自身文化价值的充分肯定,对自身文化生命力的坚定信念。

也就是说,一个国家、民族和政党对自身的理想、信念、学说以及优秀传统文化发自内心的尊敬、信任和珍惜,对当代先进文化充满信赖感的尊奉、坚守和虔诚,对未来文化发展有放眼世界的自信、担当和追求;从哲学层面而言,它是人类所特有的一种具有超生物性、超自然性、超现实性的文化生命机能,是人类社会实践在个体生命内部建构的高级文化结构,也是人类主观能动性和文化创造性的具体表现。

文化自信,从本质上来讲是一种自觉的心理认同、坚定的信念和正确的文化心态。具体体现在文化发展和比较中,一个国家、民族和政党能正确看待自身文化,理解并认同自身文化的内涵与价值,并对这种文化的生命力和发展前途充满信心,同时对待不同文化具有兼容并蓄的包容态度。就个体而言,文化自信是个人对所属国家和民族文化的积极态度和充分肯定,标志着对所属国家和民族文化的价值取向认同和身份认同。

它是人的一种深度发展,是人在文化上增进自我、扩展自我的表现,是一种主体性心态的自然呈现。基于前人研究达成的共识,文化自信的概念可做如下界定：文化自信是文化主体对身处其中的作为客体的文化，通过对象性的文化认知、批判、反思、比较及认同等系列过程，形成对自身文化价值和文化生命力的确信和肯定的稳定性心理特征。具体表现为文化主体对自身文化生命力的充分肯定，对自身文化价值的坚定信念和情感依托，以及在与外来文化的比较与选择中保持对本民族文化的高度认可与信赖。

（二）文化自信的本质特征

1. 文化自信具有主体性特征

文化自信是文化主体（主要指人）对身处其中作为客体的文化，通过对象性活动所形成的对自身文化确信和肯定的稳定性心理特征。人作为一种生命个体，既是物质性存在，又是社会精神性存在，人存在于社会中，也就是存在于一定的文化中。作为社会实践活动主体的人，在对象性地改造客观世界的过程中，同时也改造着主观世界，形成人对自身所处文化世界的精神构建。文化本质上是人的精神追求及创造的产物，人的主体精神和本质力量的自信构成文化自信的核心。

一方面，从人的实践活动和主体性功能的关系来看。人的实践活动为主体性功能的形成与发展提供外部条件，而主体性功能为人的实践活动提供内在依据。作为人类社会生活及其方式的观念表达和价值呈现的精神文化，不过是实践的基本矛盾在文化层面的体现。精神文化的本质就是"人化"，即人的本质力量的对象化和非对象化的有机统一。因此，人的实践活动的发展，从本质上来看也就是人的主体性功能的发展。人既是文化的主体，也是文化的目的，文化的最高本质也就是实现人"自由而全面的发展"，实现从"必然王国"向"自由王国"的转变。文化自信彰显了人类在社会实践活动中所体现出来的能动性作用和主体性特征。

另一方面，从人的需要和人的价值发展维度来看。人的需要是人的活动的目标，而人的价值则是人的活动及其结果对人的标志性意义。随着人类社会实践能力的不断提高，人类日益增长的物质文化需求也会获得质的飞跃，需要的个性和社会性也日趋一致。人越在对象面前显现自己的主体性，人的价值也就越高。

这是因为，文化本质上也是人类创造价值的活动，人类创造文化就是为了实现某种价值目标。观念形态的文化，实际上是一个社会、国家、民族的价值观在人的实践过程中的展开和体现。

并且文化价值指的就是主体的人对自身生命存在的文化意义的理解和确定。价值观念作为一种意向性力量所显示的是文化主体的人生境界、信念和理想，是主体精神生活最重要的内容。因此，作为文化主体的人，通过对象性社会文化实践活动，获得对自身文化的一种主体性理性心态。

2. 文化自信具有指向性特征

马克思指出："环境的改变和人的活动或自我改变的一致，只能被看作是并合理地理解为革命的实践。"

因此，历史的客观必然性与主体的价值选择性有机统一于现实的人类社会实践活动。人区别于动物的根本标志，就在于人具有能动性和价值指向性。在一切社会生活领域，在人类社会历史发展的每一阶段上，历史主体都受到自己价值取向的驱动和牵引，力求按照社会的目的来积极活动，以最大限度地满足和实现自身的利益和需要。

虽然历史必然性与价值指向性是内在统一的，但是这种统一的实现并不是自然生发的。因为历史主体对外部世界和自身，以及两者关系的认知是从无到有、从知之不多到知之较多的渐进发展过程。不同历史主体在不同的历史条件下所具有的不同价值目标，决定了历史必然性与价值指向性的统一只能是在社会实践基础上的历史的、具体的统一。随着人们认识和实践能力的不断提高，当历史主体价值目标指向性更加明显时，人们将会越来越自觉与自信地实现历史必然性与价值指向性的高度统一。

在人进行本质力量的非对象化活动，即以客体形式存在的文化作用于文化主体并转化为文化主体内在的能力、素质和精神境界，将人的思想、品质、生活方式和价值观等提升到较高水平的过程中，文化主体的价值指向性特征得到了彰显。文化自信，从本质上而言是文化主体在文化选择过程中的一种价值诉求。文化选择并非易事，它体现了个体在文化选择过程中的价值指向性和精神诉求。文化自信作为个体理性的精神价值追求，是以个体的明确价值指向性为尺度的。

3. 文化自信具有象征性特征

文化自信体现了文化主体对本民族文化价值和生命力的肯定和确信，这种对文化的理解主要基于狭义的文化价值与内涵，是指知识、价值、观念和思想等抽象的精神性存在。

民族文化自产生以来，其本身就是抽象的，只能借助于具体的观念形态表现出来，如民族风俗习惯、民族伦理道德、民族价值体系等。这些具有一定象征意义的具体形式彰显了民族成员共同的价值观念、思维方式和伦理传统。可以说，人所创造的具有象征符号的文化是人类社会文明的重要体现，是人区别于动物的本质性标志。

美国文化人类学家怀特指出："全部文化（文明）依赖于符号。正是由于符号能力的产生和运用才使得文化得以产生和存在，正是由于符号的使用，才使得文化有可能永存不朽。"

因而，处于一定社会中的人，发明、使用和保存文化符号成为独特的文化生命现象。对于一个民族而言，民族文化的基因渗透到每个民族成员的潜意识之中，也正是通过其象征性意义，来达到民族成员的群体认同。中华民族文化自信的形成，需要中华民族及其成员对自身的文化符号通过对象性的社会实践活动获得民族文化的客体存在形式，并以客体形式存在的文化作用于文化主体，转化为文化主体自身的理性心态、精神诉求和价值观念。因此，文化主体通过象征性符号实现自我精神价值和社会文化价值的有机统一。

4. 文化自信具有包容性特征

自从人类社会产生以来，文化一直在人类社会生活中扮演了重要角色。尤其是民族历史向世界历史转变以来，人类文化的交流、碰撞和融合进程更加迅捷。亨廷顿阐述了"文明冲突论"的思想，他认为不同文化之间从来就存在着差异，且不同文化之间的差异是不可弥合的。随着冷战的结束和后冷战时代的到来，人们的文化意识得以复归，不同文化之间的差异更加明显。人们之间最重要的区别不是意识形态的、政治的或经济的，而是文化的区别。

正是基于此，民族文化自信的获得不仅需要文化主体客观审视自身的民族文化，对民族文化形成理性的认知、判断、反思和认同等文化思想意识，而且需要文化主体在与世界各民族异质文化的交流、碰撞和交融的过程中，以理性的心态和精神，客观地吸收世界各国、各民族的优秀文化成果。任何一种文化要获得自身更大的发展与进步，都离不开对世界其他国家和民族精神文化成果的学习和借鉴。萨义德指出："每一种文化的发展和维护都需要一种与其异质并且与其相竞争的另一个自我的存在。自我身份的建构牵涉到与自己相反的'他者'身份的建构，而且总是牵涉到对与'我们'不同的特质的不断阐释和再阐释。"

因此，在与异质文化的交流、对话、碰撞和融合的过程中，赋予了文化主体以包容性的理性心态。从这个意义上而言，文化自信具有包容性的现实张力和本质特征。

（三）文化自信的当代价值

1. 文化自信是增强中华民族文化软实力的源泉与动力

随着当今世界经济全球化、政治格局多极化和文化信息多元化趋势向纵深发展，全球性的文化交流、碰撞和融合更加频繁，文化在综合国力竞争中的地位和作用日益明显。1990年，美国学者约瑟夫·奈在《外交政策》杂志上发表《软实力》一文，首次将国家的综合国力划分为两种，即硬实力和软实力。他认为，由资源实力、经济实力、军事实力和科技实力4大因素构成的硬实力，始终是有限的，而真正具有无限张力的动力力量，是软实力。同年，在《美国定能领导世界吗？》一书中，他正式将"软实力"界定为民族文化、生活方式、意识形态、国民凝聚力等，也就是指通过感召力、吸引力、同化力来影响、说服别人认同某些行为准则、价值观念，从而获得一种理想的预期效果的能力。

文化作为一个民族的灵魂和血脉，凝聚着这个民族对世界和生命的历史认知与现实感受，积淀着其最深层次的精神追求和行为准则，并承载着民族自我认同的价值取向。从国家和民族发展的角度而言，文化软实力主要表现为一种精神上的向心力，它有利于国家凝聚力的形成和民族性格的养成，有助于促进国家统一、民族团结和国民精神上的自信。文化自信是一个国家、民族和政党对自身文化价值的充分肯定，对自身文化生命力的坚定信念。对国家、民族和政党而言，是文化软实力的重要标志，是国家综合国力的重要构成要素，而且是民族自尊心、自信心和自豪感的集中体现。对个人而言，文化自信实质上是一种价值自信，体现了文化主体对所属国家（或民族）核心价值的认同，作为精神层面的价值观念可成为推动中华民族文化软实力不断发展的源泉与动力。

2. 文化自信是应对世界异质文化冲突与融合的心理支撑

自从民族历史向世界历史转变以来，伴随着经济全球化的进程，各国在意识形态、思想文化、价值观念等领域的冲突与碰撞不可避免，随着西方文化价值观的渗透，越来越多地对我国社会生活产生深刻的影响。在信息高度发达的现代社会，外来异质文化与中华民族文化之间的冲突与碰撞将会愈演愈烈，严重影响我国文化主体地位和国民价值观念，造成思想上的多元化与文化自信的缺失。世界多元文化思潮激荡碰撞，当代西方文化思潮和社会文化思潮之间相互交错，中国传统文化和社会主义文化面临着冲击，影响着人们的精神世界和心理状态。

文化本质上是人的精神追求及其创造的产物,人的主体精神和本质力量的自信构成文化自信的核心和根本。因此,面对世界异质文化之间的碰撞与冲突、强势文化的冲击与渗透,为了维护我国的文化主权与安全,掌握文化上的话语权,需要我们正确处理与世界多元文化的关系问题。对待异质文化,应该是以客观的态度审视自我,以积极的姿态学习他者,既不故步自封,也不盲目崇拜,在坚持民族文化主体性的前提下,积极吸收异质文化中的精华,在文化的交流、碰撞、冲突中,进行文化的认知、比较与反思,逐步掌握文化交流的主动权,而文化自信则是应对世界异质文化冲突与碰撞,维护国家文化安全的有力心理支撑。

3. 文化自信是实现中华民族伟大复兴的精神支柱

中华民族的伟大复兴必然蕴含着中华文化的繁荣与发展。纵观中华民族几千年的悠久历史,以东方文明著称的中华文化对世界的感召力和影响力不仅曾经独领风骚,甚至在当今仍然具有深远的影响力。博大精深的中华文化为建设社会主义文化强国提供了丰富的思想文化资源,是实现中华民族伟大复兴的宝贵精神财富。

党的十八大报告指出:"全面建成小康社会,实现中华民族伟大复兴,必须推动社会主义文化大发展大繁荣,兴起社会主义文化建设的新高潮,提高国家文化软实力,发挥文化引领风尚、教育人民、服务社会、推动发展的作用。"在我国全面建成小康社会,推进社会主义文化改革与发展的进程中,文化自信应成为衡量小康社会国民素质和精神文化的重要指标。文化自信通过对文化的自觉认知、反思、批判和认同等机制,彰显文化主体性批判、扬弃、认同的社会实践过程,逐步构建民族文化价值观念。文化自信为中华民族的伟大复兴和中国梦的实现提供了一种思想价值资源和心理依托,必将成为实现中华民族伟大复兴的精神支柱。

文化自信指的是一个民族、一个国家和一个政党对自身文化价值的充分肯定,并随之产生积极的践行行为,对文化的生命力持有的坚定信心,对其认可。我国的历史悠久,文化底蕴丰富,并且在时间的推移下,慢慢地进行积淀和升华,孕育出了自己国家的文化精华和特色。我们的文化自信既来源于我国文化的积淀、传承和创新,同样也来源于当前对我国社会发展的信心。在文化的发展方面,我国是一个文化大国,但是却不是文化强国,因为我们的文化软实力还有着较大的提升空间。在文化的自信方面,不仅仅要对传统的文化、红色文化、民族文化有自信,将其作为民族和国家的一个骄傲资源,同时也要用理性的审视目光和思考能力去对待文化,对于世界文化和先进的现代文明成果也要持有借鉴包容的能力和情怀。

从大学生的角度来说，文化自信主要包含三个方面的内容，首先，作为大学生，要学会用社会主义核心价值观来引领文化的思考和建设。其次，要学会正确地对待世界各个民族的文化，不要一味抵触也不要盲目推崇。最后，还应该用积极的心态推进文化的不断创新，使其能够生生不息，历久弥新。

三、高校大学生思想政治教育和文化自信培育的关系

十九大以来，党对新时代中国特色社会主义建设的认识愈发深刻全面，多次强调不仅要实现国家硬实力的强大，同时也要实现文化软实力的提升。习近平总书记在党的十九大报告中指出："文化自信是一个国家、一个民族发展中更基本、更深沉、更持久的力量。"这就强调了树立文化自信是我国在文化软实力建设方面的必然要求，同时也是社会主义建设整体部署的重要任务。其次习近平总书记再次指出："要坚持中国特色社会主义道路自信、理论自信、制度自信、文化自信。文化自信是更基础、更广泛、更深厚的自信。"对文化自信的重要地位进行了深刻地阐述。文化自信主要是指人们高度坚定地相信自身文化的优秀性，同时认为其具备高度的包容性、吸纳性，能够实现保持自身特色的长远发展。它不仅包括为自身文化感到敬畏、骄傲和自豪的情感，而且具备吸纳和融合其他文化的勇气与能力。对于我国来说，文化自信主要是指我国人民对中国、中国共产党和中华民族的先进文化处于高度坚信、高度认同和自觉践行的状态。

新形势下，随着信息化社会的不断发展和我国开放程度的不断提高，多元文化的冲击、西方社会思潮的挑战与侵蚀不断地消解着我国大学生的文化自信。当前，我国大学生群体存在对自身文化缺少自豪感，却追捧西方文化的现象，出现了文化不自信甚至文化自卑问题。在此背景下，正确认知高校思想政治教育和文化自信之间的关联，并发挥两者之间的相互促进作用，显得尤为重要。

文化自信不会凭空形成，其形成在很大程度上依赖于物质发展和精神建设，尤其是文化建设等国家基础性工程地不断推进。教育，尤其是高校教育，作为文化建设最为基础的所在，在塑造文化自信中占据着重要地位。在高校教育中，思想政治教育主要承担着文化熏陶和思想教化等任务，对于树立大学生的文化自信影响深远，是培养大学生文化自信的关键所在。同时大学生文化自信的塑造状况也直接影响着高校思政工作的效果。

（一）思想政治教育是实现文化自信的平台

思想政治教育是高校工作的一个重要内容，从高校的基本职能角度出发，思想政治教育可以培养符合社会需求的人才，并且保障国家的政治处于稳定的状态。思想政治教育主要利用思想、政治和道德等方面的观点来对大学生进行教育和引导，使得他们的思想处于正面、积极的状态，并且影响着他们行为的产生。思想政治教育是一种意识形态的教育，它的实施不仅是培养人才，更要服务于国家政治和社会的稳定，因此，思想政治教育遇着明显的政治性和目的性。对于思想政治教育来说，它要通过教育和引导提升人的政治觉悟和思想的境界，因此会利用文化这个基本的教育素材来进行思想政治教育的渗透。在这个基本的教育素材中，内容是十分广泛的，但是有一个内容是绝对不可少的，那就是我国的传统文化和优秀的思想以及现当代的先进文化。

培养大学生的文化自信，要用好大学生的思想政治教育这个平台，将传统文化、道德和先进的思想教育、引导融入其中，让学生充分感受我国文化的精华，从而提升自己的思想文化自觉和文化自信心。用好了思想政治教育这个有利的平台，大学生的文化自信培育也会更加自然和水到渠成。在具体的培育中，要充分地对传统的文化和与时俱进的优秀文化进行整合，鼓励大学生主动做优秀文化的传播者。教师要对一些热点的话题进行把握，将其作为教育的切入点，从而引导学生不仅可以更好地接受思想政治教育，同时也能坚定自己的理想信念，提升自己的文化自信。

文化自信是基于理性认识之上的成熟的文化认同表现，它既不是对传统文化全盘否定的历史虚无主义，也不是对民族文化盲目崇拜的激进主义，是在剔除中华传统文化中的封建性，保留进步性之后，同先进的马克思主义文化相结合的文化结构中表现出来的理性的文化选择，任何带有偏见性的文化心理都不能代表文化自信的真正要求。思想政治教育其本身与文化天然的、本体意义上无法割舍的内在关联性使其在建设社会主义文化强国中担当着不可推卸的文化责任。当代大学生作为我国社会主义文化传播、弘扬的有力声音，其文化自信程度影响着国家、社会的高度文化自信的形成。高校思想政治教育的"文化育人"功能显得尤为重要。一方面，利用高校思想政治教育对中华优秀传统文化进行解读、传承，能使大学生真切感受到传统文化所蕴含的精髓，对民族文化产生崇敬、向往之心，增强文化自信的传统理论根基。另一方面，高校思想政治教育引导大学生正视多元化的文化格局，客观对待外来文化，在繁杂的文化思潮中指引他们找到安身立命之本；以先进的马克思主义文化为选择，巩固文化自信中社会主义文化的优越性与认同性，突出文化自信的方向选择。思想政治教育作为实现文化自信的重要渠道和平台，以一定的文化方式，通过传播和弘扬社会主义主流文化、社会主义先进文化引导人们形成正确的文化认知，鼓舞人们的斗志，调控人们的品德行为，使人们内化文化进行自我教育。高校思想政治教育借以文化的形式，为大学生创建了提升文化自信地交流平台，不仅决定当前大学生思想建设的指导思想和价值原则，更能发挥基础性的政治保证作用。在提升大学生自身文化自信基础上，激发他们的文化责任和文化担当，以自我为原点辐射性地发散我国优秀传统文化、革命文化、社会主义先进文化的魅力，促成更广泛的文化自信的形成。

（二）文化自信可以增强思想政治教育的育人作用

对于思想政治教育来说，文化自信可以提升它的育人作用。首先文化自信是一个国家和民族文化软实力的标志，体现着一个民族的自信心和自豪感。从个人的角度来说，文化自信就是对民族文化价值的认同。思想政治教育的实施实际上也是会受到文化环境的影响的，在文化环境的作用下，会使人的情、知、行等都达到一个平衡的状态。通过文化自信的培育，可以使得大学生对民族的传统文化、共产党的优良革命传统和西方的先进文明成果等有更好的认识，从而在思想慢慢地形成影响和正确的价值观，从而推进思想政治教育育人作用和效果的更好体现。如果学生的文化需求得到了满足，那么学生就可以在文化中增进自我，促进自我的不断完善，最终通过思想去影响行为，提升个人整体的精神境界和个性的修养。

（三）同源相通

1. 两者具有同源性

文化自信来源于源远流长、丰富灿烂的以爱国主义、自强不息等为主要构成的优秀传统文化，也来自中国特色社会主义的先进文化等。思想政治教育作为引导和提升人们的政治觉悟和思想境界的一种重要的文化教育形式，其实现教育目标的根基也在于我国的优秀传统文化和社会主义先进文化，两者在内容上具有同源性。

从个体的角度对文化自信的本质进行阐述，可以将其表述为文化主体自觉的文化认同、坚定的文化信仰和积极的文化心态，是个人对所属国家和民族文化的积极态度和充分肯定，标志着对所属国家和民族文化的价值取向认同和身份认同。在一个国家、民族文化发展前进过程中，文化自信更重要地体现在国家政党以及人民不仅能够对本民族的文化充满自信，同时对待不同的文化也秉持着兼容并蓄的包容心态，才得以更好地展现文化的多元性。因此，十八大以来我们党和国家一直强调的文化自信，应当是以中华优秀传统文化、革命文化、社会主义先进文化为根基，社会主义核心价值观为核心，西方先进文化为对比的多元文化的自信，共同构成文化自信命题的理论来源。我国高校思想政治教育的主要任务是："以理想信念教育为核心，深入进行树立正确的世界观、人生观和价值观教育；以爱国主义教育为重点，深入进行弘扬和培育民族精神教育；以基本道德规范为基础，深入进行公民道德教育。"这就要求我国高校的思想政治教育应当注重对我国优秀传统文化的梳理、对革命文化和社会主义先进文化的弘扬、对西方优秀文化的辩证认识，加强当代大学生精神层面的建设，涵养社会主义文化的生机与活力。不难发现，文化自信与高校政治教育的理论基础同源，均是以中华优秀传统文化为骨干、以革命文化和社会主义先进文化为新鲜血肉、以西方优秀文化为借鉴、以社会主义核心价值观为精神的中国特色文化体系，呈现出独特的民族性、先进性与包容性。

2. 两者具有契合性

文化自信通过引导人们以文化作为工具来观察世界、认识世界和把握世界，从而提升人们的个人素质，进而提升民族素质，增强民族责任感。思想政治教育的文化功能十分明显，它旨在以德性教化、政治知识传授和意识形态教育等内容，指向鲜明地塑造着服务于社会主义建设的规定性的自我，从而提升个人甚至整个民族的思想素质和政治素质等。可以发现，两者都是为社会成员的发展和民族的发展所服务，其在功能上具备契合性。

文化自信与高校思想政治教育的价值功能存在相容性与契合性，都对当代大学生价值观的树立起着重要的服务作用。其一，文化自信与思想政治教育都具有价值引导作用。当代中国文化建设必须坚持以社会主义核心价值体系和社会主义核心价值观为基本的价值取向，并结合中华民族优秀传统文化和国外先进文化成果，对广大人民群众进行教育和灌输。在对大学生理想、理念的培育过程中，思想政治教育显性地引导着价值观的形成，文化自信则潜移默化地发挥着正面的作用，对价值观进行着滋养。其二，文化自信与思想政治教育都具有激励凝聚作用。所谓激励凝聚功能，就是指："人们在拥有共同的价值理念和奋斗目标的前提下，有效地激发出人们从事各项活动的积极情感，使人们产生强大的内聚力和向心力，从而能够较大限度地发挥出人们的积极能动性和主观创造性，充分挖掘出人们的内在潜能"。当代大学生是传播、弘扬我国先进社会主义文化的生力军，是未来中国文化的重要代表。文化自信以培育大学生对本民族文化高度的心理认同为目标，激励大学生积极参与社会主义先进文化的建设和共产主义共同理想的实现。高校思想政治教育为激励大学生自觉参与社会主义先进事业的建设营造正统的社会主义文化氛围，提高当代大学生的政治觉悟和理想信念，与文化自信共同发挥着激励凝聚作用，在中华民族伟大复兴历程中凝聚人心、鼓舞斗志。

3. 两者具有相通性

当前强调塑造与培育广大人民的文化自信的宗旨在于提升人们的科学文化素质，从而为中华民族伟大"中国梦"的实现夯实根基、提供助力。而思想政治教育的宗旨则在于通过理论内化和道德教化等方式，使人们积极提升自我，自主自觉地为中国特色社会主义事业的进一步发展贡献力量。所以，就其本质而言，两者在宗旨上是具备高度的相通性的。

（四）相辅相成

1. 思想政治教育是塑造文化自信的必由之路

大学生作为当代中国经济社会发展所依赖的重要力量，其文化自信程度对中国的现代化建设有着重要而深刻的影响。而文化自信作为大学生提升自我素养、服务国家发展所不可或缺的一部分，其塑造的途径最主要来源于高校的思政课堂。在思政课堂上，教育效果的达成主要通过对大学生宣传和教育自身文化的合理性、优越性、实用性和先进性等，让大学生能够在教育引导中自觉内化和实践各项思想规范。例如，通过讲述抗英、抗日等中国历史上抵御外敌入侵的历史文化来强化大学生的爱国主义情怀和自强不息精神；通过学习党的苏区史、长征史和抗日史等革命历史，以及社会主义先进文化来坚定共产主义信念等。在这一过程中，由于两者在内容上的同源、宗旨上的相通和功能上的契合，高校思想政治教育同样能够培育和塑造大学生的文化自信。

2. 培育文化自信是提升思想政治教育实效的关键之举

改革开放以来，我国已经从一个物质财富比较匮乏的国家迅速跻身世界强国行列，经济社会发生了巨大的变化。在这一过程中，尤其是在全球化和信息化大发展的大背景下，我国思想文化领域中的各种文化形式、社会思潮和意识形态的交锋日渐频繁，愈发激烈。此时，文化自信由于直接关联着一个国家的文化发展和精神面貌，在大国间的综合国力竞争中显得尤为重要。

因此在这一国际背景和时代要求下,通过高校的思政工作培育和提升大学生的文化自信,是新时期我国思想政治教育工作的必然要求。同时文化自信作为一种基本、持久、稳定的力量,是增强人的道德责任感和社会感悟力的重要前提。在塑造文化自信的过程中,大学生对自身、国家和社会的前途命运的关切将不断地加深,也就有利于大学生群体形成科学、正确的人生观、世界观与价值观。因此,两者之间是共同发展、相辅相成的。

（五）文化自信是高校思想政治教育的底气来源

当前,在受多元文化冲击的文化建设格局下,高校思想政治教育肩负着强化大学生社会主义核心价值观的重任。文化自信是引导大学生进行正确价值选择的重要前提条件,也是保障高校思想政治教育有效性的底气来源。从心理学角度释义,思想政治教育是人们在环境因素的作用下,人们在知、情、信、意、行诸心理要素辩证运动、均衡发展的过程。可见思想政治教育活动是在智力因素如"知"和非智力因素如"情、信、意、行"两方面协调共促下进行的,并且智力因素的调动在一定程度上依赖于非智力因素的调控。文化自信以实现文化主体对本民族文化的高度认同与积极表达为目的,能够驱动非智力因素在思想政治教育实践中的转化力,通过心理品质的提升来使大学生的思想品质内化于心、外化于行,是高校思想政治教育的精神底气来源。从学理性角度探析,其根本旨趣在于以文化为载体,通过文化的教化和调控功能去教育人、启发人,解决人的立场、观点和思想问题,提高人的认识能力,树立正确的世界观、人生观和价值观。文化自信所要求的中华优秀传统文化自信、中国革命文化自信和中国先进社会主义文化自信,把文化中蕴含的价值理念和精神追求纳入了思想政治教育体系中,赋予其以深切的人文关怀,提升了思政课堂的理论品质。高度的文化自信一方面增强了思想政治教育教师的文化输出底气,以对理论知识的深刻理解与认同为基础,保证了在对大学生进行思想教育的过程中不胆怯、不自欺、不气馁,有力地展现社会主义尤其是社会主义核心价值观的优越性与先进性。另一方面,高度的文化自信能够使大学生以饱满的热情参与进思想政治教育的课堂,在我国优秀传统文化、革命文化和先进社会主义文化的渗透、感召、吸引下,提升个人的人文素养和思想境界。两者都体现出文化自信是高校思想政治教育的理论底气来源。文化自信建构的精神底气和理论底气,让高校思想政治教育在"以德育人"的实践中满足了教育主体的精神文化需求,潜移默化地影响着大学生对于真、善、美的追求,趋向着大学生正确价值理念的形成,提升了高校思想政治教育的内涵与境界。

第二节　高校思想政治教学中培养学生文化自信的重要意义

思想政治教育是一项以"育人"为目的的教育实践活动，而对于"育人"而言，不可能离不开其所处的整体文化环境。我国的思想政治教育亦离不开经过漫长历史发展和积淀而形成的底蕴深厚的传统文化。与西方的"智性文化"不同，中国传统文化正是一种研究如何培养人、教育人的文化，更加注重道德教化，形成了一种崇德尚贤的伦理型"德性文化"，并在漫长的中国古代历史进程中构建了成熟的道德价值体系，形成了丰富而系统的个人伦理、家庭伦理、国家伦理乃至宇宙伦理，并相应地确立了一整套完备的道德教育理论，它崇尚德性，注重德教，注重培养人仁爱、孝悌、谦和有礼、诚信笃实、忠贞爱国等道德品质和"天下兴亡，匹夫有责"的社会责任感。中国传统文化所具有的这种浓厚的道德特征与道德色彩，对于调和人与人、人与社会以及人与自然之间的矛盾和冲突，维护社会的稳定，推动历史发展具有重要价值。它对于德性与德教的重视与强调，不仅在我国古代的道德教育中产生了良好的影响，培育了一代又一代崇德尚贤、公而忘私的仁人志士，还为我国当代思想政治教育事业的发展构建了良好的"以文化人"的文化语境。二者相互渗透、融合必将促进我国思想政治教育事业的不断创新发展。

一、有助于提高人们的思想道德素质和文化素养

我们知道，崇尚道德是中国传统文化的核心价值取向，崇德、重德、德教是中国传统文化几千年来的优秀传统。中国古代教育教学科目繁多，早在先秦时代就包括礼、乐、射、御、书、数六艺，然而这种纯知识或技能的教育并不是中国古代教育的终极目的，它通过对受教育者各个方面的教育与培养，意在培养德才兼备，不断接近设置达到"圣人""君子""觉行圆满"等理想品格之人。这种传统在中国整个古代社会一直延续下来而并没有中断，可见中国传统文化对道德的崇尚与对个人德行培养的重视。然而，近代以来，随着西方列强的入侵，中国社会日趋衰败，人们对自身的传统文化产生了怀疑，并拉开了反传统思潮的序幕。在我国近现代三次反传统文化思潮的影响下，中国传统文化遭到严重破坏，致使许多人对我们自身的民族传统文化态

度淡漠、认识不足，最终导致民族文化的失落与人们精神家园的相对荒芜；另一方面，自新中国成立以来，我国思想政治教育在其三十多年的发展历程中，虽然取得不少成绩，但其偏重理论灌输的教育模式单一枯燥，使得人们对马克思主义这一科学理论的认识与接受大打折扣，自然使得人们树立科学的人生观与价值观也显得极为困难；再次，市场经济时代的经济形态一方面强化了人们的平等观念和经济意识，提高了人们的自主意识和竞争观念，另一方面也导致了以金钱多寡作为价值判断标准的拜金主义的滋生，引发了极端的个人主义和无政府主义；加之在当今经济飞速发展与信息爆炸式传播的全球化时代，多元文化交流亦日趋频繁，在各种各样的价值观的影响下，人们尤其青少年学生不免会受到诸如狭隘的功利主义、享乐主义、拜金主义、个人主义等各种不良价值观潜移默化的影响。正是上述这种种因素的综合影响，造成了人们人生观与价值取向的盲目与混乱，因此，将中国传统文化中优秀的德育思想不断融入思想政治教育，不仅有助于中国传统文化自身的发展，也有助于改变我国当前思想政治教育工作中过分偏重理论灌输的教育模式、受教育者消极被动等教育困境，有助于消除功利主义、享乐主义、拜金主义、个人主义等各种不良的价值观对人们的消极影响，有助于人们树立正确的人生观与价值观，提高人们的思想道德素质和人文文化素养。

二、有助于增强民族凝聚力和培养爱国主义精神

文化具有民族性，是维系民族团结和共同价值观念及生活方式的纽带。中国传统文化是中华民族在世世代代的生活环境中所创造出来的精神文化，是包括海外华人在内的所有中华儿女的精神支柱。由于共同的文化心理，每位中华儿女，不论何时何地都对中国传统文化有着自然而然的亲切感和认同感。同时这种文化认同感在一定的历史条件下还可以调和国家或民族内部不同阶级、阶层和群体之间的对抗性矛盾。此外，当国家或民族由于种种原因尤其是因为统治者腐败骄横而处于落后状态时，人们往往会对国家或民族团体产生失望心理和不满情绪，造成国家和民族的凝聚力下降，但由于共同的文化心理，绝大多数人，特别是有识之士能很自然地将腐败者同民族、国家分离开来，从爱国的目的出发反腐败，除奸恶，而不会因社会的一时黑暗而抛弃自己的民族和祖国。上述这些都是文化认同的民族凝聚力所在。

爱国主义一向是中华民族的优良传统，是中华民族生生不息、自立于世界民族之林的强大精神动力。继承和弘扬爱国主义优良传统，是对我们每一个公民的基本要求。然而，自20世纪70年代末我国实行改革开放以来，西方的文明成果不断涌入中国，因此，在我国当前的思想政治教育中加强中国

传统文化教育显得尤为重要，充分发掘其中的思想政治教育资源，有助于我们弘扬传统文化中所具有的民族精神，有助于我们增强民族文化认同感，进而有助于我们树立民族自尊心和自信心，增强民族凝聚力，有助于我们继承和弘扬爱国主义优良传统，培养爱国主义精神。

三、有助于挖掘更加丰富的思想政治教育资源

崇尚道德，重视道德教化以及其注重渗透、自觉自省与践履的道德教化方式是中国传统文化一以贯之的重要特征。中国传统文化的这些特征不仅使其具有了浓郁的"以文化人"的人文精神，也使其在数千年的历史积淀中，在诸多方面都为我国当前的思想政治教育提供了丰富的教育资源。首先，中国传统文化以对圣贤人格的追求作为道德教育的目标，着重培养人的道德品格和社会责任意识，引导人们向圣人、君子等理想人格看齐，从而不断提升自己的道德水平和人生境界，进而不断接近甚至达到"止于至善"的道德理想。其次，中国传统文化注重整体观念的培养，追求天人合一的自然观念，倡导自强宽厚、群体至上的民族精神和国家观念，秉持和而不同的社会及人际关系，践行开放融通的创新精神，强调诚信求真的道德品质，追求内圣外王的理想人格与人生取向等。再次，中国传统文化注重言传身教，强调教育应该遵循身正为范、因材施教、循序渐进等基本原则。最后，中国传统文化注重"知行合一"的道德教育方式，强调学思结合、向内自省、身体力行、追求"慎独"等基本的道德教育方法。可以说，中国传统文化中内在蕴含着丰富的思想政治教育资源，然而由于20世纪三次反传统思潮的影响，中国传统文化遭到十分惨重的破坏，进而使其各方面的功能亦受到严重蒙蔽，加之我国思想政治教育自身对传统文化的忽视，其内在蕴含着的丰富的思想道德教育资源亦很少被思想政治教育拿来使用。因此，重新审视中国传统文化的价值所在，努力挖掘其中与思想政治教育相通相合的教育资源正是中国传统文化与思想政治教育相融合的必经之路，反过来中国传统文化与思想政治教育的不断融合，也有助于我们以更积极的主动意识去发掘中国传统文化中丰富的思想政治教育资源。

四、有助于拓宽思想政治教育的研究视野

思想政治教育学科自20世纪80年代初在我国建立起，就一直笼罩着浓重的政治色彩，成为我国特有的一门应用学科。不可否认，思想政治教育为我国的社会主义事业发挥了巨大的政治功效。然而，分析其概念的内涵我们

知道，思想政治教育并非我国所特有，它是阶级社会普遍存在的一种教育实践活动，只不过在其他国家它是以公民教育、国民精神教育、道德教育、宗教教育等名称存在。不过在我国，长期以来，由于思想政治教育被赋予过于浓厚的政治色彩，其被限定在一个固定的框架内，人们只能用一种严肃的单一枯燥的话语系统来对其解读，而不能自由地多视角地对其进行审视与研究，这就使得思想政治教育的研究视野亦相当狭窄，思想政治教育学界也一度陷入沉寂僵化状态。后来，伴随着中国社会的开放转型与快速发展，思想政治教育亦需要不断拓宽研究视野，以顺应时代发展的要求。因此，将蕴含着丰富思想政治教育资源的中国传统文化融入思想政治教育，不断挖掘其中可利用的思想政治教育资源，有助于拓宽思想政治教育的研究视野，有助于人们从不同视角来对思想政治教育进行审视和研究，进而有助于改变其单一枯燥的话语系统和理论灌输说教模式，使其更好地适应时代和社会发展要求。

五、有助于拓展思想政治教育学科的创新途径

一门学科想要有所创新发展，就必须借鉴其他学科的理论成果，与不同学科之间交叉渗透，以获得新的理论生长点。可以说，不同学科交叉学科的交叉融合，是学科发展成熟到一定程度后的必然要求和表现，只有以不同学科的视角来审视本学科的发展，本学科才能不断获得新的生长点，这是学科发展的客观规律。而且，学科的交叉融合、不同思想理论之间的相互借鉴与相互渗透，也是促进学科发展、推进理论创新的必由之路。作为一门明确指向"人"的学科，思想政治教育本身就是马克思主义哲学、教育学、心理学、伦理学、政治学、逻辑学、美学等多门学科交叉渗透的产物。思想政治教育要有所创新发展，就必须继续加强与其他学科的交叉渗透研究。作为一门综合性、实践性都很强的应用型学科，思想政治教育的根本任务是解决人的思想问题。在我国，思想政治教育学科经过三十多年的建设发展，取得了巨大成就，为我国的社会主义建设事业做出了巨大贡献。然而随着时代的发展，在当前经济全球化与信息爆炸化的背景之下，多元文化不断冲击着人们的头脑，人们的思想观念、认知水平以及价值取向等都发生了重大变化，不再受制于传统被动的思想政治教育理论灌输与说教模式，更加注重个体的自由发展，这些变化都给思想政治教育工作增加新的难度，对思想政治教育工作者和思想政治教育学科自身的发展提出了新的要求和新的挑战。中国传统文化正是由于其自身对道德教育的推崇与重视及其教育内容的丰富性、教育方法的渗透性等原因而重新回到思想政治教育工作者的研究视野。因此，中国传

统文化与思想政治教育互相交叉渗透融合,拓展了思想政治教育研究的新视角,亦成为思想政治教育创新的途径之一。

第三节 红色文化的概念及其相关理论

一、红色文化

（一）红色文化的内涵

文化（culture）是一个内涵庞大而宽泛的概念,其定义有一千多种。有学者认为文化就是文明,如有西方"人类学之父"之称的爱德华·泰勒（Edward Burnett Tylor）这样定义文化："文化,或文明,就其广泛的民族学意义上而言,它是一个错综复杂的总体,包括知识、信仰、艺术、道德、法律、风俗和人作为社会成员所获得的任何其他才能和习惯。"泰勒认为文化主要跟人有关,主要是精神文化方面的内容。也有学者认为文化不仅包括精神文化,还包括物质文化,甚至还包括社会制度。《辞海》中对文化做了广义和狭义之分,广义的文化"指人类社会历史实践中所创造的物质财富和精神财富的总和",狭义的文化"指社会的意识形态,以及与之相适应的制度和组织机构"。还有学者认为人类的社会生活就是文化本身。我们认为,如下定义比较恰当："广义的文化指的是人类有意识地作用于自然界和人类社会的一切活动以及这些活动产生的结果。""一般意义上文化是人类活动的历史记载,也是人类活动一切遗产的历史积淀,它是指人类在实践活动中创造的一切物质文化、制度文化和精神文化的总称。""文化是一种历史现象,每一个社会都会有与其相适应的文化,并伴随着社会的物质生产和精神生活的需要而不断发展。作为意识形态的文化,是一定社会和经济的反应,也极大地影响和作用于一定形态下的政治和经济。"

红色文化是在中国共产党领导中国人民进行革命和建设的背景中产生的。红色文化继承了以爱国主义为核心的中华民族精神,是中国共产党把马克思主义和中华优秀传统文化相结合而产生的一种新型文化,凝结着中国共产党人的思想意识、精神风貌、优良传统和心理品格,是以革命为思想内核和价值取向的文化形态。一般来说,红色文化是以五四新文化运动为开端,形成于土地革命时期,在抗日战争时期、解放战争时期和社会主义革命时期继续发展,趋于成熟,红色文化是我国社会主义先进文化的一部分。

对于红色文化的内涵，学术界有不同的观点，总结起来主要有以下几种。

1. 是一种革命的信仰文化

即红色文化是中国共产党人带领一批具有共产主义信仰的先进分子在进行革命过程中创造出来的文化。

2. 就是共产主义文化

中国革命的最终目标是实现共产主义，其历程就是实现共产主义的历程，并且是世界共产主义运动的一部分，所以一切有着共产主义色彩的革命遗址遗迹和精神等都可以算作是红色文化，而且中国的红色文化应该定义为共产主义文化。

3. 就是中国共产党的文化

中国革命是中国共产党领导的，而中国革命历程中所表现出来的文化与中国共产党的文化互为一体，一脉相承，所以红色文化实质上就是中国共产党的文化。

4. 内涵主体是精神

特指中国共产党在领导全国各族人民在革命斗争和建设实践中所形成的伟大精神。

5. 就是带革命性质的文化

因为在人们的传统观念中，红色历程就是革命历程，红色文化就是革命历程中的一种文化形态。

6. 就是新民主主义文化

这是按照中国共产党领导革命的斗争时期划分，中国红色革命时期主要就是新民主主义革命时期，而这一时期所产生的文化就是新民主主义文化。

7. 属性与精神

在中国共产党领导全国人民进行革命和建设的过程中，那些能够顺应历史潮流，弘扬爱国主义精神的一切活动中所凝结的人文景观和精神都属于红色文化。

红色文化产生在中华大地之上，作为一种独特的文化形态，具有特殊的内涵。"红色"是红色文化区别于其他文化类型成为一种独特文化形态的核心。红色文化不是红色和文化的简单相加，而是将中国历史文化中红色寓意与社会历史实践思想有机地整合。在我国传统文化中,"红色"作为一种色彩往往与喜庆、吉祥、荣誉、富贵、美丽等意义和语境相关。红色文化是在中国共产党领导下,以马克思主义为指导思想,在长期的革命斗争和建设中经过不断选择、重组、整合中外优秀文化的基础上形成的中国特色文化。

红色文化形成于新民主主义时期,成熟和发展于社会主义革命和建设时期,是中国革命和建设时期的产物。20 世纪初叶,中国无产阶级革命运动中出现"红旗""红军""红色苏维埃"等一系列新符号、新语汇,标志着"红色"被赋予了特殊的含义和鲜明的政治色彩,"红色"一词的内涵与共产党、马克思主义、社会主义、共产主义、无产阶级革命、先烈、英雄、劳动人民、战天斗地等概念密切关联,成为革命与奋斗的象征。中华人民共和国成立以后,红色更成为国旗、国徽和天安门城楼不容更改的底色,成为中国现代文化的经典。红色所象征的文化精神,已融入我们的血脉和灵魂,成为现代中国生活和社会价值观的一部分。红色已经成为一个不断成长的价值体系,已成为中华民族在长期革命和建设实践中形成并不断发展升华的精神宝库。"中国的红色文化是中国共产党人及其领导下的无产阶级革命运动在伟大斗争与建设实践中所创造的丰富多彩的物质财富和精神财富的总和",是无产阶级革命斗争历史上所产生和形成的思想精神和具有重要影响的事件及其物质遗存和历史人物所展示的文化形态,是中华民族先进文化的集中体现。

(二)红色文化的表现形式

韩延明认为,红色文化是中国共产党在领导中国革命和建设过程中形成的优秀文化,主要表现为物态文化、制度文化、行为文化、心态文化等形态。就物态文化而言,红色文化表现为红色奋斗历程中的事件、人物、组织机构等留下的遗址遗迹,以及红色文化影响下人民大众的衣食住行。就制度文化而言,红色文化表现为一系列体现马克思主义原则、立场、观点的经济制度、政治制度、文化制度等上层建筑。在当代中国,红色制度文化最明显的体现是中国特色社会主义制度。就行为文化而言,红色文化主要表现为建党纪念日、建军节、国庆节、学雷锋纪念日、"五四"青年节等红色节日,节庆与拥政爱民等红色民风、民俗。就心态文化而言,红色文化塑造了几代中国人的社会心理,确立了"人民群众是历史的创造者"等观念,形成了"翻身求解放、男女平等、追求自由"等意识。红色文化还影响和重塑了人们的思维方式、价值观念、道德情操和审美情趣。在此基础上,形成了追求民族独立、国家富强、人民民主的社会心理。

"红色文化"可以分为物质形态的红色文化和精神形态(非物质形态)的

红色文化。物质类红色文化主要包括三类：红色（革命）遗址遗迹，红色博物馆、红色纪念馆、名人故居、红色展览馆、红色公园、烈士陵园，红色文艺作品。红色文艺作品主要包括文献、标语、文学、传记、影视、戏剧、歌曲、乐曲、舞蹈、绘画、动漫等形式的作品。非物质类红色文化主要指附着在物质形态红色文化之上的、五四运动以来形成的革命精神、革命传统及其价值理念，可分为红色制度文化和红色精神文化两个方面。"红色文化的器物形态是红色文化建设、发展的物质基础，是红色文化发展演进中跳动着的最为活跃的元素，是红色文化精神层面的外在物化形态。红色文化的制度形态是红色文化器物形态的深化，是红色文化发展的结果和必然要求，是红色文化得以繁荣发展的理性构建和根本制度保障。红色文化的精神层面是红色文化发展的源泉，离开了它的精神层面，红色文化将失去赖以存活的骨血与活的灵魂。红色文化的三个层面，你中有我、我中有你、相互依赖、相互促进、共同发展。"物质文化和制度文化是红色文化的现实载体，精神文化是红色文化的核心和灵魂。

制度形态的红色文化，主要是我们党在革命、建设和改革开放新时期形成的理论、路线、方针、纲领、政策等，如三大法宝、三大优良作风、三大纪律八项注意、群众路线等。

精神形态的红色文化，指革命先辈和先进英雄人物在革命战争年代、社会主义建设和改革开放时期形成的先进的创业精神。"红色精神是红色文化的灵魂，在不同时期红色精神既一脉相承，又与时俱进。中国共产党领导人民把马克思主义与中国革命具体实际相结合，形成了以民族独立和人民解放为奋斗目标的红色革命精神，例如红船精神、大革命精神、井冈山精神、苏区精神、鲁迅精神、长征精神、抗战精神、白求恩精神、延安精神、南泥湾精神、太行精神、沂蒙精神、红岩精神、西柏坡精神、抗美援朝精神等，主要体现了独立、解放、平等、自由、民主等价值诉求。""中国共产党领导人民发扬战天斗地、无私无畏的革命传统，培育形成了以自力更生、艰苦创业为基本内容的红色创业精神，如大庆精神、大寨精神、雷锋精神、铁人精神、焦裕禄精神、孟泰精神、时传祥精神、红旗渠精神、北大荒精神、两弹一星精神，等等，主要体现了爱国、苦干、勤俭、敬业、奉献、互助、廉洁的价值取向。""在社会主义改革开放新时期，诞生于新民主主义革命时期和社会主义建设时期的革命文化与革命精神与时俱进，与中国特色社会主义现代化建设的伟大实践相结合，逐渐形成了以解放思想、改革创新为核心的红色时代精神，如小岗精神、女排精神、张海迪精神、孔繁森精神、九八抗洪精神、抗击非典精神、抗震救灾精神、奥运精神、航天精神等，革命文化和革命精神在和平与发展的年代得到了进一步的继承与弘扬,主要体现了创新、富强、卓越、人本、公正等价值理念。红色文化在社会主义现代化建设中进行了创造性转换,是社会主义核心价值体系和核心价值观建设的重要源泉,成为中国特色社会主义文化的重要组成部分。"

"总体来讲,红色文化是五四运动以后,主要是在新民主主义革命和社会主义建设实践中形成的,是中国共产党领导的、以马克思主义为指导的、为广大被压迫劳动人民自由解放的、以实现共产主义为目标的先进文化。从红色文化中凝练出来的红色精神和价值理念,不仅体现了中华民族源远流长的精神传统,还吸收了世界文明成果,是马克思主义与中国革命、建设和改革实际相结合的产物,包含革命精神、创业精神和时代精神的红色精神所体现的价值观,不仅是中国共产党依靠人民、为了人民、服务人民的宗旨的集中反映,还代表了中华民族爱国爱家、自强不息、追求真理、渴望自由平等、追求世界大同的奋斗方向。"这些精神都是伟大民族精神在新的历史时期的锤炼和升华,是党的光荣传统和优良作风的集中体现,是我们中华民族极其宝贵的精神财富。今天,红色精神仍然在鼓舞、激励社会各阶层奋发图强、锐意进取、与时俱进。

(三)红色文化的基本特征

1. 政治性

政治性是红色文化最为显著的特征。政治性与阶级性是分不开的。红色文化是由中国共产党带领中国广大无产阶级劳苦大众为了推翻帝国主义、封建主义、官僚主义的剥削和压迫,建立一个独立、民主、富强的新中国,过上幸福安康的生活而不懈努力、不断奋斗的历史实践过程中形成的。红色文化的政治性体现在它是无产阶级的文化,代表无产阶级政党的意志和无产阶级人民的利益。

2. 导向性

文化承载着一定的价值观念,具有一定的思想导向性。红色文化具有马克思主义思想、社会主义信念、共产主义理想的意识形态导向性。能够引导社会主流意识形态的方向,引导人民树立马克思主义信仰,提高对中国特色社会主义道路的认同,坚定追求共产主义远大理想。

3. 先进性

红色文化的先进性特征主要体现在三个方面。第一,思想理论的科学性。

红色文化是在具有真理性和科学性的马克思主义思想指导下形成的先进文化。指导思想理论的科学性是其先进性的重要体现。第二，指导革命、建设和改革开放实践的先进性。红色文化发展过程中的中国共产党提出的理论制度指导着我们革命、建设和改革开放事业取得了一步步的成功。红色文化对历史实践的指导价值证明了红色文化的先进性。第三，红色精神的先进性。红色精神是我国人民一直推崇的伟大精神。爱国主义精神、创新精神、艰苦奋斗精神、无私奉献精神等引领着一代代中国人团结一心为建设富强的祖国而努力，红色精神永不过时。

4. 人民性

红色文化的人民性主要体现在两方面。第一，红色文化的创造主体是人民。红色文化是在革命和建设事业中形成的，人民是历史的主人，是实践的主体，因此人民是红色文化的创造主体。红色文化的形成、发展和壮大都离不开广大人民群众。第二，红色文化服务于人民利益。人民群众的意志和利益需求始终是红色文化发展的动力和指向标。如红色精神文化是跟人民群众的思想意识和价值观念高度契合的，红色制度文化是为广大人民建设一个富强、民主、文明、和谐、美丽的社会主义现代化国家，带领我国人民全面建成小康社会服务的。

红色文化体现为如下六个方面的辩证统一。第一，科学性和先进性相统一；第二，阶级性和革命性的统一；第三，政治性与群众性的统一；第四，时代性和价值性的统一；第五，民族性与开放性的统一；第六，理论性和实践性的统一。

二、红色文化资源

（一）红色文化资源的概念

简明地说，资源是具有开发利用价值的所有事物的集合。资源可以表现为有形的物质形态，也可以表现为无形的非物质形态。如制度、科技、知识、组织、管理、教育、艺术、民俗、社会关系等都可以归结为资源。从这层意义上说，文化显然也是一种资源。

"红色文化资源是红色、文化和资源三个概念有机合成的范畴，主要指中国共产党领导中国人民在革命战争年代进行的革命活动及其结果。""红色在政治上通常象征革命。在红色文化资源这一语境中，红色代表的显然是人们赋予它的社会意义而不是词语的本义。具体地说，红色在中国现代史上表征的是中国共产党及其领导中国人民进行的革命事业。""需要特别指出的是，红色文化资源这一范畴并不是红色、文化、资源三个概念的简单叠加，而是它们的有机整合。红色概念规定了红色文化资源的主体和年代，即主体是中国共产党和中国人民，年代主要指革命战争时期；文化概念界定了红色文化资源的内涵是中国共产党领导中国人民所进行的伟大革命活动及其结果，这种活动和结果表现为文化形态的历史遗存；资源概念则揭示了红色文化具有资源属性，强调红色文化可以开发利用并因这种开发利用而产生满足人们需求的新效用或新价值。这三个方面的相互规定与有机整合，就形成了本书理解的红色文化资源，即红色文化资源主要是中国共产党领导中国人民在革命战争年代进行的革命活动及其结果，这种活动及结果表现为人们可以开发利用的物质形态、信息形态、精神形态的历史遗存。"

关于红色文化资源的形态类型，将红色文化资源分为物质类、信息类、精神类三大类型，适用于一般的理论研究。若要从理论与应用相结合的维度开发利用红色文化资源，则可以做出以下更进一步的划分：①红色旧居旧址类；②红色器物类；③红色文献类；④红色文学艺术类；⑤红色纪念建筑类；⑥红色意识形态类。

（二）物质类红色文化资源

红色物质文化主要表现在革命根据地、解放区等地方的农业生产、工业生产、商业贸易、军事斗争和根据地、解放区在生产生活中所建造和使用的建筑、徽章、服饰、生活工具、斗争武器、宣传媒介如革命文献和文学文艺作品，等等，它们能够体现当时革命者的先进革命思想和良好的精神风貌，是革命者坚定理想信念、英勇拼搏、艰苦奋斗、依靠群众、献身共产主义事业的崇高精神的象征，这种体现在物质层面的红色文化就是物质类的红色文化。红色文化的器物形态是构成红色文化精神纯粹的客观载体，是红色文化主体参与红色政治实践活动的外在显性部分。具体地说是指中国共产党在革命战争年代所形成的历经沧桑、饱经风雨的革命文献、革命战争遗址、革命纪念地等一些红色文化的物质产品，它们详细地记录了中国共产党领导广大人民群众抗争和奋斗的历史经历，内在地体现着中国特色社会主义先进文化的起源和发展的历史过程，这些器物性的东西总是时时刻刻发出历史的回声和现实的号角。

1. 红色遗址遗迹和红色纪念馆

例如广东作为中国共产党早期活动的主要地区之一，特别是国民革命时期，留下了大量的革命遗址遗迹。37个主要红色遗址遗迹名录如下：中共三大会址纪念馆；农民运动讲习所旧址；广州起义烈士陵园；广州起义纪念馆；叶剑英纪念馆；广东东江纵队纪念馆；叶挺将军纪念园；中共广东省委机关旧址；中山市杨殷烈士故居；海丰红宫红场旧址纪念馆；东江纵队司令部旧址；深圳革命烈士陵园；中共宝安县"第一次党员代表会议"旧址纪念馆；苏兆征故居陈列馆；小漆涌党支部；红场革命老区；"三谭"革命事迹纪念馆；大沥二七革命烈士纪念碑；邓培烈士故居；邓培烈士纪念碑；西海抗日烈士陵园；中国人民解放军粤中纵队纪念馆；水口战役纪念公园；河源革命烈士陵园；阮啸仙故居；紫金苏区革命遗址群；"八一"南昌起义军三河坝战役烈士陵园；平远县红军纪念公园；高潭中洞东江红都革命遗址；陆丰市张威纪念亭；彭湃故居；广东人民抗日游击队珠江纵队司令部旧址；周文雍陈铁军烈士陵园；张炎故居；高州革命烈士陵园；凤凰山革命纪念公园；邓发故居。

2. 红色文艺作品

红色文艺作品是不同时期创作的，指反映在中国共产党领导下进行革命、建设和改革开放的文化产品，主要包括红色文献、红色小说、红色故事、红色传说、红色人物传记、红色诗歌、红色歌曲、红色戏剧、红色舞蹈、红色影视作品、红色绘画、红色动漫，等等。红色文艺作品集中体现在红色文化的物质形态所承载的主体革命精神，是红色文化深层结构中的精神凝练。这些作品颂扬民族独立、人民解放和对未来的光明愿景，颂扬革命英雄主义精神，歌颂中国共产党和领袖人物的历史功绩，讴歌人民军队的丰功伟绩，倡导团结、和谐的社会关系，赞美党群关系和军民关系，赞美自由、平等、互助的美好生活，表征个人积极向上的心态和健康的精神追求，赞美和倡导爱国爱民、勇于奉献的价值取向，形成了红色文化引领和主导社会文化发展的现实功能，它们挥发出的正能量植根于中国几代人的精神生活之中。红色文献主要是指党在革命时期的政治理论、方针政策、会议决定、工作部署的历史文献资料和书籍。例如，从1918年起，著名的民主革命人士林修梅将军在十月革命和李大钊、陈独秀等人的影响下先后发表了《精神讲话》《社会主义之我见》《社会主义与军队》等讲演和著作，提出了《战时财经计划草案》《农工军组织大纲草案》。这些著作共计三万八千余字，由林伯渠珍藏，并在林修梅病故后在广州编印成《林修梅遗著》一书，得以流传于世。1921年陈独秀在广东法政学校作了题为《社会主义批评》的演讲，1925年中共广东区委发表《中国共产党对于广东时局宣言》和《中国共产党告罢工工友与民众》，1926年中共广东区委常委张太雷在《人民周刊》上发表了《到底要不要国民党》，中共广东区委农委负责人罗绮园在会上作了《第二次农民代表大会后广东农运情形》的报告和《为反对英国炮舰政策宣言》，1927年广州苏维埃政府还发布了《广州苏维埃政府宣言》和《广州苏维埃政府告民众书》等。还有重要会议的文献如1923年在广州恤孤院后街召开的中国共产党第三次全国代表大会通过的《中国共产党第三次全国代表大会宣言》，1928年中共广东省委在香港举行的全体会议通过了《关于目前党的任务及工作的方针》《关于广州暴动问题》《党的组织问题》《职工运动》决议案，1939年琼崖特委召开第八次扩大会议，冯白驹在会上作了《当前形势与我们的任务》的报告等。

红色革命歌曲有《西沙，我可爱的家乡》《争取革命战争胜利歌》《青年勇敢歌》《一九二九年斗争歌》《最后胜利终归我们》，等等。

红色电影有《英雄儿女》《红日》《怒潮》《海霞》，等等。

（三）非物质类红色文化

非物质类红色文化主要是红色制度文化和红色精神文化。红色制度文化是指在革命道路中所形成的路线、理论、纲领、方针、政策，等等。红色精神文化则是指在革命道路中革命志士所表现出来的革命精神、革命传统等，它作为红色文化的思想内涵和精神指向，创造出了惊人的革命精神，比如东江纵队精神、叶剑英精神、三元里精神、黄埔精神等。"无论从哪个层面来看，它们都是中华文化的宝贵财富，是推动中国社会不断前进的巨大动力。红色文化不仅显示了中华民族厚重的文化底蕴和强大的民族凝聚力，而且也彰显了中华民族的团结统一、勤劳勇敢、艰苦奋斗、自强不息的民族精神。"

三、"红色文化教育"的基本内涵

红色文化教育，就是教育者根据受教育者的身心发展规律，选择适当的红色文化教育内容，借助一定的教育手段和方法，以发挥红色文化的影响与作用，达到教育或感化的目的。具体来说，红色文化教育是指利用中国共产党领导人民群众在革命和建设历史实践中积淀、形成、发扬，创造出来的一种特定的红色文化资源，通过学习、参观、考察、研讨等方式，了解历史文化遗产，深入理解其中的精神内涵，使公民受到红色文化的影响和激励，从而获得爱国主义教育、革命精神洗礼、党性纪律对标和人格修养提升的一种教育方式。

红色文化是在中国共产党的领导下，无数革命先烈在民族存亡之际用鲜血和生命铸造、凝结的宝贵精神财富，它承载着深厚的社会主义、共产主义理想信念、爱国主义情怀、集体主义原则、艰苦奋斗作风和勇于创新精神的文化内涵，是思想政治教育的重要载体和宝贵资源。红色文化中蕴含的优秀精神品质，具有极大的教育价值。特别在培养青年的爱国主义情感和民族责任感方面，能够极大地激发他们的爱国热情，能够引导他们树立崇高的理想信念，能够帮助他们形成正确的世界观、人生观和价值观，能够促使他们养成优良的道德品质，能够培养他们开拓创新的精神。

概括起来，红色文化教育的内涵主要体现在以下几个方面：第一，共产主义理想信念教育；第二，爱国主义、革命人道主义教育；第三，全心全意为人民服务思想教育；第四，科学世界观、人生观、价值观教育；第五，艰苦奋斗教育；第六，思想道德教育；第七，开拓创新教育。

从教育目标来看，红色文化教育，目的在于使受教育者形成革命先辈所具有的道德精神。具体来说，在于促进受教育者内化先进的社会道德规范，实现社会化；此外，促使受教育者生成稳定持久的高尚品格，完善其人格；同时，促使受教育者个性发展，使其达到个性化与社会化的有机统一。从红色文化教育的本质来看，人在改造客观世界的同时，也在改造主观世界，在不断提升、完善自我品质。对受教育者而言，红色文化教育过程就是促使其不断创新自我、超越自我、完善自我的过程。由此可见，红色文化教育的本质可以归纳为：革命先辈道德人格对受教育者道德人格的同化。红色文化教育的内涵丰富，在当代社会人才培养中具有特别重要的现实意义。在建设中国特色社会主义，全面建成小康社会的新征程中，我们需要大力弘扬中国革命道德传统，对广大公民深入开展红色文化教育。加强新时期的思想政治教育，要利用好宝贵的红色文化资源，充分发挥其独特而重要的思想政治教育功能。

第四节　红色文化资源的价值及其思想教育功能

一、红色文化资源的价值

红色文化资源是一种历史资源、政治资源、经济资源，也是一种教育资源。红色文化具有政治价值、经济价值、文化价值、教育价值，而教育价值才是红色文化的本质所在。弘扬红色文化，不仅是建设先进文化的需要，还是全面建设小康社会的新要求,同时也是构建社会主义核心价值体系的重要内容。

韦顺国认为,红色文化为文化强国建设提供了优质"基因":红色文化为文化强国建设提供了正确的价值导向"基因",提供了强大的内在驱动"基因",提供了健康的免疫"基因"。文化强国建设为红色文化的发展繁荣提供了重要战略机遇,维护了文化安全的时代发展需求,提升了文化影响力的现实需求。

黄惠运分析了井冈山革命文物的教育教学价值,指出井冈山革命文物具有爱国主义和艰苦奋斗精神教育价值,理想信念和思想道德教育价值,创新教育、诚信教育和美育价值。

田青刚指出,红色文化资源蕴含着与社会主义核心价值观相一致的价值理念和价值追求。首先,红色文化资源是在马克思主义指导下,在中国共产党领导的革命实践中产生的。马克思主义理论和实践的终极目标是追求人类的解放,实现共产主义,其中包含着富强、民主、文明、和谐、自由、平等、公正等价值理念和价值追求。其次,红色资源中的红色文化代表着先进文化的前进方向,弘扬的是社会正能量。再次,红色历史文化资源中的人物、事迹、遗址、遗物、故事传说所展现的中国共产党人、先进人物、革命群众为理想信念而奋斗、奉献和牺牲的历史真相,对今天社会中的每个人来说都是极好的历史关照。人们在接触红色资源中学习历史、感受历史,启迪今生。

冯淑华分析了红色文化与社会主义核心价值体系建设的关系。首先,红色文化作为先进文化,代表的是执政党的主流文化价值观。其次,红色文化是以马克思主义先进文化为导向,融合中国本土文化而形成的一种独特文化形态。它是社会主义核心价值体系建立的思想源泉。应该理性回归红色文化的本体价值,增强亲和力和感召力。红色文化的价值包括本体价值和认识价值两个层面。红色文化的本体价值主要体现在三个方面:历史价值、文化价值和遗产价值。红色文化的认识价值包括三个方面:政治价值,社会价值,经济价值。

陈始发强调,新时代需要党员干部传承红色基因:"红色基因是中国共产党人在革命斗争过程中形成和发展而来的优良革命传统,沉淀于中国共产党成长、发展的历史长河中,经历了井冈山时期、瑞金时期、延安时期、西柏坡时期等几个发展阶段,凝结为井冈山精神、长征精神、延安精神、西柏坡精神等,主要包括信念坚定、矢志不渝的革命信仰;坚忍不拔、求真务实的精神风貌;公而忘私、无怨无悔的奉献精神;纪律严明、清正廉洁的为民情怀。在社会主义建设时期，'红色基因'随着时代的发展而不断被注入新的时代内容，焕发着勃勃生机，如坚守岗位、精益求精的敬业精神；奋力进取、追求卓越的创新精神；万众一心、众志成城的团结精神等。"新时代需要党员干部传承红色基因：传承红色基因是优化政治生态的需要，是坚持群众路线的需要，是迎接新的挑战的需要。

总之，红色文化资源是在中国共产党领导各族人民在革命斗争和建设实践中所形成的伟大革命精神和载体，是代表历史发展趋势的先进文化，是新时期思想政治教育的宝贵资源和重要载体。它承载着深厚的共产主义理想信念、爱国主义情怀、艰苦奋斗的优良作风和敢于创新等丰富的文化内涵。

2011年，习近平同志强调："革命传统资源是我们党的宝贵精神财富，每一个红色旅游景点都是一个常学常新的生动课堂，蕴含着丰富的政治智慧和道德滋养。要把这些革命传统资源作为开展爱国主义和党性教育的生动教材，引导广大党员干部学习党的历史，深刻理解历史和人民选择中国共产党的历史必然性，进一步增强走中国特色社会主义道路、为党和人民事业不懈奋斗的自觉性和坚定性，永葆共产党人政治本色。"2014年4月29日，习近平总书记看望慰问新疆军区某红军师，他叮嘱部队官兵，要发扬光荣传统，永葆老红军政治本色，"要把红色基因融入官兵血脉，让红色基因代代相传"。2014年10月31日中午，习近平总书记在福建龙岩古田镇同11位部队基层干部和英雄模范代表围坐在一起，吃"红军饭"，回顾老红军艰苦卓绝的战斗岁月。他语重心长地叮嘱大家："青年一代是党和军队的未来和希望，革命事业靠你们接续奋斗，优良传统靠你们继承发扬。军队政治工作要大家一起来做，基层做好工作是重要环节。要带头学传统、爱传统、讲传统，带动部队官兵传承好红色基因、保持老红军本色。"2014年12月14日，习近平总书记到南京军区机关视察时叮嘱军区领导："军区领导要把红色资源利用好、把红色传统发扬好、把红色基因传承好，教育官兵学传统、爱传统、讲传统，始终保持老红军本色。"

在新时期我们要利用好红色文化这一宝贵的资源，充分发挥其独特的育人功能，开展思想政治教育和公民教育。红色文化教育的意义体现在：第一，可以充分发挥红色文化在公民教育中的思想引领作用；第二，传播红色文化，学习红色人文经典，可以提高文化修养；第三，红色文化教育是进行社会主义核心价值观教育的重要方式；第四，红色文化教育是建设中国特色社会主义先进文化的重要方式；第五，红色文化教育是培育爱国主义情操和提高民族自豪感的重要途径。

二、红色文化资源的思想教育功能

(一)加强共产主义理想信念

建立在科学认识基础上的理想与信念,是人们战胜一切艰难困苦的强大精神动力。革命理想是中国革命时期最宝贵的精神财富,也是当前全面建成小康社会新的历史时期,团结全国各族人民前进的巨大力量。中国人民的理想与信念,是建设新中国、建设社会主义并最终实现共产主义。近现代以来,无数仁人志士历经千辛万苦,克服种种挫折,浴血奋战,最终实现了中国人民当家作主。人类已进入新的纪元,在这新的历史发展阶段,我们党面临着继续执政的考验,还面临着改革开放和发展社会主义市场经济的考验,面临着反对和平演变的考验。我们要坚定共产主义的理想与信念,坚定只有社会主义才能够救中国,只有中国特色社会主义才能发展中国的信念,同危害社会主义的错误言行作斗争。

由于我国市场经济的发展,人们的理想信念、艰苦奋斗精神和道德意识有所削弱。"红色文化教育的一个重要内涵就是理想信念的教育。特别是对青年学生的教育,因为青年时期是理想形成的重要时期,也是立志的关键阶段。追求崇高的理想是美好的,但需要执着的信念,没有对理想的执着,就不可能达到一定的目标。坚信不疑地对待科学理想,才能坚定自己的向往和追求,才能将理想落实到行动。理想信念是人民乃至国家奋勇向前的精神动力。对大学生而言,树立了坚定的理想信念,他们将毫不动摇、矢志不移地朝着既定目标奋斗、努力。在长期艰苦的革命斗争中,那些革命者经历了多少艰难困苦、多少流血牺牲,克服种种困难和挫折,最终取得新民主主义革命的胜利,建立中华人民共和国,他们正是凭借着'革命理想高于天'坚定的信念支撑着。因此,我们要充分挖掘红色文化中蕴含的社会主义、共产主义理想信念内容对当代大学生进行理想信念教育。利用红色文化加强理想信念教育,可以更生动、更形象地引导和激励他们树立建设中国特色社会主义的共同理想和坚定信念。"

(二)培育爱国主义思想情感

爱国,是中华民族永恒不变的主题。在中华民族五千多年的历史长河中,中华民族形成了以爱国主义为核心的团结统一、爱好和平、勤劳勇敢、自强不息的伟大民族精神。爱国主义是人民对祖国的深沉的热爱情感,是为祖国繁荣富强的奉献精神。爱国主义是中华民族的宝贵精神财富和优良传统,是维护国家统一和民族团结的纽带,是个人实现人生价值的力量源泉,是推动中国社会进步发展强大的精神动力。加强爱国主义教育,有利于增强中华民族的凝聚力,有利于提高全民族的整体素质,有利于引导人们树立正确的人生观、价值观。爱国主义教育需要载体,红色文化资源是其最好的载体。因为红色文化本身就是一种典型的爱国主义文化,它是以爱国主义为核心的民族精神和以改革创新为核心的时代精神在实践中相结合的产物,它蕴含着丰富的爱国主义精神和许许多多典型的爱国主义事例。因此,我们可以发挥红色文化资源的爱国主义教育基地作用,利用红色文化资源中蕴含的爱国主义精神和典型事例来教育人民,将其所包含的爱国主义内容和思想传达给人们,使群众性的爱国主义教育活动更加深入,激发更多人的爱国热情,使年轻一代更真切地体会和感悟革命先辈的爱国主义情怀,使其从内心深化对祖国的认同感,树立维护国家利益、维护改革发展稳定的大局的意识,树立民族自尊心、自豪感和自信心,认识当今幸福生活的来之不易,认识到自己肩负的责任,从而自觉树立为祖国强大而奋斗的爱国情怀,努力提高自身的综合素质,提高为国家服务的本领,以昂扬的斗志投身于中国特色社会主义建设的伟大事业。

(三)增强国家认同

国家认同是指在一个国家范围内的国家公民对这个国家的一种归属认知和认同感,包括对这个国家的政府、文化、传统的情感等。按照国家认同的内容可分为两个维度,第一是内政方面,包括国家主权和治权关系、政府的合法性等问题;第二是外交方面,即一个国家在国际社会的地位,以及与其他国家的关系。

红色文化是中国共产党在革命战争时期形成的精神品质,是博大精深的中华文化的重要组成部分。它是马克思主义与中华传统文化相结合的产物,它实现了对中华传统文化价值的传承与超越。中华人民共和国是新民主主义革命和社会主义革命的产物,中华民族的意识和爱国主义精神在中国共产党领导中国人民抵抗外敌的艰苦斗争中得到强化。民族独立、人民解放,国家富强、人民富裕一直是红色革命和社会主义建设的奋斗目标。基于红色文化资源拥有的优秀精神品质和中国传统文化的精髓,它可有效增强公民的文化认同感,提升民族自豪感,增强国家认同感。所以,红色文化资源的育人功能对于凝聚民族精神、增强国家认同有着重要作用。

(四)培育民族责任心

民族责任心,是个人基于对自己与民族、国家关系的深刻认识后而形成的高度认同和主动作为的精神状态。强烈的民族责任感是关系到祖国兴旺发达甚至生死存亡的大事,也是衡量一个人的道德和人格是否高尚的试金石。中华民族历来就有良好的忧国忧民的传统,但在新的历史时期,这种传统却受到诸如市场经济、外来文化、经济全球化、政治腐败等的影响,所以当下培养国人的民族责任心显得尤为必要。"爱国主义和民族责任感是社会责任感的核心,爱国主义是人们对自己祖国的一种最深厚的情感和为她的独立和富强而斗争的献身精神。它是动员、鼓舞各族人民团结奋斗的一面旗帜,是推动社会历史前进的动力,是增强国家经济实力、国际地位、民族凝聚力的强大精神支柱和力量源泉。诞生于中华民族危亡关头的红色文化蕴含了无数中国共产党人对祖国的挚爱之情,他们为了取得民族独立和人民解放,不怕牺牲、前仆后继,英勇斗争,谱写了一个个经典的爱国篇章。运用红色文化资源对公民进行爱国主义教育,可以使他们感性地认识到我们今天的幸福生活,是无数先烈用鲜血和生命换来的,从而陶冶其情操,升华其心灵,激励其精神,培养其爱国主义情感,增强民族责任心。"

(五)培养革命英雄主义精神

红色文化是在血与火的革命战争年代孕育并不断发展的,它发展的每一步都见证了党和人民大无畏的革命英雄气概,体现了敢于牺牲、勇往直前的战斗精神。革命英雄主义是革命者为了革命利益和革命理想敢于斗争、勇于自我牺牲的思想行为。无产阶级革命英雄主义的主要特征是:代表无产阶级和劳动人民的根本利益,为共产主义事业奋斗到底;视革命利益高于一切,对革命事业有高度的责任心和创造性;相信群众,依靠群众,是群众的英雄主义。人民军队的革命英雄主义表现是多方面的,主要有以下几方面:①英勇顽强的战斗作风;②勇于为革命献身的自我牺牲精神;③革命乐观主义精神。

新时代新阶段,影响国家安全的不确定因素增多,传统安全与非传统安全相互交织。为应对多种安全威胁、完成多样化军事任务,履行新世纪新阶段我军担负的历史使命,仍然需要广大人民继承和弘扬革命战争年代所形成的战斗精神,强化其英勇善战、敢打必胜的战斗意志,激发他们献身使命、不怕牺牲的坚强意志。传承红色文化所体现的革命英雄主义精神,是做好军事斗争准备、打赢战争、维护国家安全、维护世界和平的重要保证。

(六)弘扬艰苦奋斗的精神

艰苦奋斗精神是一种不怕艰难困苦、为国家和人民的利益甘于奉献的英勇顽强的斗争精神，是马克思主义与中国革命、建设实践相结合过程中产生的革命精神和革命作风，是我党的优良传统和政治优势。中国共产党在革命年代和建设时期艰苦奋斗、自强不息，克服了一个个困难，取得了一个个胜利，创造了一个个奇迹，形成了一个个精神，铸就了一座座革命丰碑，留下了一处处记载革命和建设印迹的红色资源，最终取得了中国革命和建设事业的伟大成就。回顾党的历史，我们可以得出一个结论，那就是每一次成功，每一个胜利，都离不开艰苦奋斗。新民主主义革命和社会主义建设就是典型的艰苦创业的历程。红色文化蕴含着艰苦奋斗的精神，要始终发挥红色资源的育人功能。

如今，我国社会主义事业虽然取得了很大的成就，人民的物质和文化生活水平也有了很大的提高，但是我们还必须清醒地认识到，我国的基本国情和社会基本矛盾没有改变，我国作为发展中国家的地位没有改变，发展仍然是第一要务。我国在政治建设、经济建设、文化建设、社会建设、生态建设等方面还面临着一系列亟待解决的问题，改革开放的伟大事业并非一帆风顺，社会主义建设事业在前进道路上还会碰到诸多困难和坎坷，实现现代化还任重道远。在全面建成小康社会和实现民族伟大复兴的道路上，我们还要继续秉承艰苦奋斗的优良作风。

当今时期，祖国的发展日新月异，仍然要注重在人民群众中倡导时刻不忘先辈遗志，继承和发扬艰苦奋斗的优良作风。因此，要利用红色文化资源中一些鲜活生动的典型事例进行思想政治教育，使广大人民深刻认识革命先辈在艰苦卓绝环境中，依靠自强不息、锐意进取的精神克服了一个个困难，取得了一个个胜利；要加强对广大党员和人民群众艰苦奋斗精神的教育，尤其是要加强对广大青少年艰苦奋斗精神的教育，厉行勤俭节约，讲拼搏、讲奉献、敢于打硬仗，反对拜金主义、享乐主义、奢靡之风，在全社会大力弘扬艰苦奋斗的作风，在和平时期建功立业。

（七）加强党性教育

黄祥兴指出，红色典籍关于党性教育的内容主要集中在四个方面：全党的统一性、集中性和"看齐"意识；革命利益为第一生命、个人利益服从党的利益；理论联系实际、追求真理；批评与自我批评。学习红色典籍关于党性教育的重要论述，有助于深入学习贯彻习近平总书记关于党性教育的重要论述，弘扬党的光荣传统和优良作风。其一，通过学习红色典籍，追根溯源，理解党历来重视党性教育的传统，从而增强党性修养的自觉性；其二，通过学习红色典籍，了解党对党员、干部历来都要求很严，从而增强"三严三实"

的自觉性和主动性；其三，通过学习红色典籍，了解党历来对党员处理个人利益与党的利益关系的要求，从而做到大公无私，公而忘私，甘于奉献；其四，通过学习红色典籍，了解党历来强调全党的团结统一，纪律是党的生命，从而增强党章党规党纪意识，在政治上、思想上、行动上与党中央保持高度一致。

（八）坚持群众路线

自中国共产党创立之日起，中国共产党就始终坚持发挥人民群众在社会历史变革中的重要作用，中国革命实践也无数次证明只有依靠群众力量，我们党和国家的事业才会取得成功，社会主义建设事业才能兴旺发达。在中国革命历史实践中，中国共产党始终坚持群众史观，始终坚持把人民群众放在政党建设和自身发展的核心地位，为人民服务是革命和建设时期中国共产党的立党宗旨的集中体现。中国共产党从只有零星党员的小党发展壮大到今天拥有九千多万党员的大党，之所以取得如此巨大的发展和骄人成绩，最重要的一个原因就在于中国共产党始终坚持把全心全意为人民服务作为根本的政治追求和价值理念。红色资源的丰富内容深刻地记录着中国共产党在新民主主义革命时期和社会主义建设时期的群众观。党的群众路线，既体现在党章的理论表述上，更体现在实践中处处散发着为人民服务的道德光芒。正是秉持着为人民服务的政治诉求，中国共产党才能在无数次危险关头得到广大人民群众的支持和帮助；也正是在为人民服务宗旨的指引下，中国共产党才始终如一地把人民群众利益放在第一位，立党为公、执政为民，感知群众冷暖、急群众所需，始终与人民群众同呼吸、共命运、心连心，从思想和行为上践行饮水思源、吃水不忘挖井人的道德情怀。

永远要加强党的建设，永远要强化宗旨意识。依靠群众，为了群众；密切联系群众，从群众中来，到群众中去。"人民群众对美好生活的向往，就是我们的奋斗目标。"红色文化中革命先辈的"人民"情怀和党的群众路线的优良传统，以其朴实而深刻的政治经验、宝贵精神遗产和生动感人的素材，为今天的国防教育和人民大众的思想政治教育提供了十分宝贵的资源。坚持群众路线，对于今天全面从严治党、密切党群关系、凝聚社会力量、全面深化改革尤其具有十分重要的意义。教育工作者要不断地发掘红色资源中的有关理论文献和历史事例，用以教育、启迪和培育当今时代人民群众的人生观和价值观。

（九）推进廉政文化建设

所谓廉政文化，就是人们关于廉政的知识、信仰、规范和与之适应的生活方式、社会评价等。廉政文化作为一种新型的文化现象，相对于从制度建设、源头治理等治本措施进行反腐斗争来说，具有更深层的潜移默化的作用。不断提高预防腐败能力，深入开展党风廉政建设和反腐败斗争更是需要以廉政文化为支撑和动力。发展廉政文化是贯彻习近平新时代中国特色社会主义思想，发展中国特色社会主义的先进文化的要求，是永葆共产党人先进性的要求，也是建立教育、制度、监督并重的惩治和预防腐败体系的要求。全面从严治党，其中一个重要方面就是从严反腐，树立清廉的政风。

在物资匮乏、条件艰苦的革命战争时期和中华人民共和国成立后一段时期，中国共产党和革命群众一直保持着廉洁的作风。党员干部和一般群众严守纪律，廉洁奉公，发扬同舟共济、同甘共苦、助人为乐的共产主义精神，热爱集体，热爱国家，无私奉献，自觉抵御自私自利、享乐主义、损公肥私的意识，与各种贪污腐败行为作坚决的斗争。红色资源中的廉政文化对于今天加强党的建设和树立良好的社会风气具有重要的历史价值和教育功能。利用红色文化资源开展廉政文化建设，有利于在全党全社会营造尊廉崇廉的氛围，积极探索反腐倡廉的新途径；加强对廉政文化意义和作用的深入思考，从而运用廉政文化的独特作用，推动反腐倡廉工作不断深入。通过开展廉政教育，促进全体干部职工树立正确的世界观、人生观、价值观、权力观和廉洁从政的理念，增强廉洁自律的自觉性和坚定性。

（十）弘扬开拓创新精神

中国的红色文化蕴含着革命先辈的开拓创新精神。马克思主义基本原理同中国具体实践相结合的历程，就是不断开拓创新的历史。中国共产党的成立，是中国历史上开天辟地的大事。人民军队的创立、人民政权的性质及其组织形式和运行方式、中国共产党与人民群众的关系、中华人民共和国的成立、新型政党关系等，都有别于历史上任何军队、政权、政府和执政党，充分地体现了"人民性"。土地革命战争时期，第五次反"围剿"失利后，中国革命面临危亡的紧要关头，正是中国共产党领导革命群众进行了伟大的长征。在历时两年艰苦卓绝的斗争中，革命先辈坚定理想信念，克难攻坚，不惜流血牺牲，坚持独立自主、实事求是，顾全大局、严守纪律，紧密团结、紧紧依靠人民群众，取得了一次又一次的胜利，开创了中国革命的新局面。中华人民共和国建立后，党领导人民进行了伟大的社会主义改造，进行了社会主义建设道路的初步探索，完成了广泛而深刻的社会变革，社会主义建设取得了巨大成就，巩固和发展了社会主义制度，丰富了科学社会主义的理论和实践。中国的社会主义事业在开拓创新中破浪前行，在较短的时期内建立起了比较完整的国民经济体系,社会各项事业稳步发展,还自己开采出了石油,取得了"两弹一星"的骄人成绩。那是一个激情燃烧的时代,那是一个拼搏奉献的时代!与时俱进、开拓创新是中国共产党和中国人民永恒的追求,独立自主、实事求是是在开拓创新中必须遵循的基本原则。20世纪70年代末80年代初,邓小平同志领导人民开辟了中国特色社会主义道路,使中国迈向了"富起来"的历史征程;今天,在中国特色社会主义新时代,我们仍然要继承和弘扬革命先辈的开拓创新精神,在决胜全面建成小康社会、建设社会主义现代化强国的新征程上刻苦奋斗、积极奉献,推进中华民族伟大复兴。

(十一)团结华侨华人

华人华侨的爱国精神也是红色文化的一部分。世界各地分布着数千万的海外华人华侨,他们从来都怀有爱国爱家的血脉感情和历史传统,曾经为中国的独立解放、建设发展和中外交流做出了重要贡献。在民主革命时期、抗日战争时期、解放战争时期和社会主义建设时期,数以万计的华人华侨,或者捐款捐物,或者亲自投身战场,或者在国外奔走宣传、组织后援、接纳和帮助革命人士,以不同的方式为祖国的正义事业谱写了可歌可泣的感人篇章。抗战时期"南洋华侨机工"的英雄事迹脍炙人口。在国与国之间的竞争日益激烈、合作亦日益紧密的今天,华侨华人在促进中外交流、推动中国经济社会发展和软实力的提升以及维护祖国统一等方面依然发挥着非常重要的作用。红色文化是得到全体中国人和海外华侨华人一致认可和认同的。红色文化包含着丰富的中华传统文化,是连接祖国和海外华侨华人的重要纽带,吸引着无数海外华侨华人回国参观,丰富的红色文化资源对于团结华侨华人发挥了举足轻重的作用。当前我国正在进行社会主义现代化建设,团结海外华人华侨,建立海外统一战线,对于实现中华民族伟大复兴的中国梦具有重要意义。

三、国防教育与红色文化资源的关系

国防教育作为强化国防观念、增强忧患意识的重要手段,是任何国家都不可或缺的基本教育方式。当前社会价值多元化倾向对国防教育工作提出了新的挑战,作为社会主义核心价值体系重要组成部分的红色文化,以其特有的教育功能成为国防教育的宝贵资源,要充分利用红色文化资源切实增强国防教育的实效性。红色文化资源是开展群众性爱国主义教育活动、弘扬民族精神、陶冶革命情操、促进公共文化建设、增强国家软实力的生动材料和有效载体。开展红色文化教育,利用红色文化资源加强人民的爱国主义教育、理想信念教育、艰苦奋斗教育、创新精神教育等，形成正确的"三观"，可以增强人民的国防意识和国防精神，增强民族凝聚力和国家认同。

在国防教育方面，我国《国防教育法》规定："烈士陵园、革命遗址和其他具有国防教育功能的博物馆、纪念馆、科技馆、文化馆和青少年宫等场所，应当为公民接受国防教育提供便利，对有组织的国防教育活动实行优惠或者免费；被命名为国防教育基地的，应当对有组织的中小学生免费开放；在全民国防教育日向社会免费开放。"烈士陵园、革命遗址和其他具有国防教育功能的博物馆等场所既是国防教育基地，也属于红色文化资源。应当把国防教育功能恰当地融入红色文化资源游览的过程中，培养公民的国防教育意识。

国防教育功能蕴含于红色文化资源教育功能之中。红色文化资源，是党和国家在历史进程中留给我们的宝贵财富，是开展国防教育得天独厚的有利条件，是振奋民族精神、增强国家凝聚力和向心力的源泉。从红色文化资源的历史价值、文明传承、励志育人、经济效能的角度来看，具有以下四种功能作用：一是历史昭示价值功能。红色文化资源见证了"没有中国共产党就没有新中国"的历史，昭示了"只有社会主义才能救中国"的真谛。运用红色文化资源开展国防教育，不仅有利于激发干部群众的爱国主义情怀、弘扬社会主旋律，而且有利于帮助人们了解共产党执政地位的来之不易，巩固党的执政根基。二是文明传承价值功能。红色文化资源既传承了中华民族五千年积淀而成的优秀传统文化、五四运动以来马克思主义中国化发展进程中的红色基因，又提炼和凝聚了中国共产党人的革命精神，是激励干部群众开拓进取、矢志不渝的强大精神支柱和宝贵精神财富。三是励志育人价值功能。运用红色文化资源开展国防教育，能够使人们在寓教于乐中思想受到熏陶，灵魂得到启迪，信念更加坚定。四是经济发展价值功能。大力发展红色文化产业，既有利于传播先进文化知识，又有利于把红色资源转变为新的国民经济增长点，推动革命老区的经济发展，实现群众脱贫致富。因此，我们应该把红色文化资源的教育功能与国防教育功能有机结合起来，在开发利用红色文化资源时对其国防教育功能进行深度挖掘，发挥其应有的价值。

第二章　红色旅游的功能和意义

第一节　发展红色旅游是一项重大政治教育工程

红色旅游，顾名思义就是"红色"和"旅游"的有机结合，"红色"是内涵，"旅游"是形式。中共中央办公厅、国务院办公厅印发的《2004—2010年全国红色旅游发展规划纲要》指出：发展红色旅游对于加强革命传统教育，增强全国人民特别是青少年的爱国情感，弘扬和培育民族精神等具有重要的现实意义和深远的历史意义。红色旅游集革命传统教育、爱国主义教育和游乐等价值为一体，是新形势下思想政治教育工作的一大创新。红色旅游是巩固党的执政地位的政治工程。

一、政治教育功能

红色旅游之所以具有政治教育功能，首先是因为，作为红色旅游的特定内涵，红色文化即以革命战争年代所遗留的纪念地、标志物及其所承载的革命历史、革命事迹和革命精神等具有思想政治教育的作用，能够达到"缅怀前人，教育今人，激励后人"的目的。中国共产党在领导革命人民进行新民主主义革命的过程中，流血牺牲，英勇奋斗，留下了丰厚的历史遗存，包含着厚重的文化内涵，成为今天中国共产党执政的政治资本，成为进行国民思想道德教育的活教材。其次是因为，作为一种教育形式，红色旅游能够承载红色文化这一特定内涵，有效地开展思想政治教育活动。也就是说，红色旅游是开展思想政治教育活动的有效载体。

思想政治教育载体是指承载、传导思想政治教育因素，能够为思想政治教育主体所运用，且主客体可借此相互作用的一种思想政治教育活动形式。思想政治教育载体一般必须同时具备两个基本条件：一是必须承载思想政治教育的目的、任务、原则和内涵等信息，并能够为思想政治教育者所操作；二必须是联系教育主体和教育客体的一种形式，主客体可以借助这种形式发生互动。旅游从来就有陶冶情操、增长见识的作用，而红色旅游作为红色文化特定内涵的载体，是党和政府这一教育主体和广大青少年这一客体进行互动交流的好形式。

（一）它更便于操作

作为一种思想政治教育的新型活动载体，它能够使教育潜移默化地进行，能够实现教育与自我教育的统一，能够使思想政治教育的客体转化为主体，积极主动地接受教育。因而成为覆盖面更广、承载的信息更多、也更便于操作的新载体。

（二）它更符合心理学规律

思想政治教育的过程就是受教育者思想发生变化的过程。一般来说，人的思想发展变化受到来自主观、客观两方面因素的影响，诸如人生观、世界观、道德观、思想方法、个性心理特征、文化知识和实践经验、个体的生理条件等主观因素和政治、经济、社会、工作、家庭、生活等客观因素。这两方面因素相互作用、相互影响，构成人的思想发展变化过程。这种相互影响的过程必须按照心理学规律加以正确引导，否则就会导致心理阻抗现象出现。因而必须对思想政治教育内容与形式加以创新。红色旅游采取"游中学、学中游"、寓教于乐、寓教于游的生动形式，正是结合思想政治教育和心理学规律，迎合广大青少年等受教育群体心理、生理特征而创新的一种新型教育形式。

（三）它是思想政治教育的理想结构

思想政治教育系统的基本要素包括主体、客体、介体、环体。这四要素相互联系，相互结合，从而构成不同的思想教育结构模式。与主体中心模式、多元主体模式、等级结构模式、客体中心模式不同，红色旅游形成的双向互动模式即以主体与客体之间的交互作用即主体起主导作用，客体起主动作用，相互影响，相互作用，互相促进，在一定条件下相互转化；其平等性、互动性、转化性就构成一种较为科学合理的思想政治教育模式。作为介体，红色旅游承载和传递革命传统、革命精神和民族精神等，使主客体之间形成良性互动；作为环体，红色旅游为思想政治教育提供了轻松舒适的环境，为更好地实现教育价值起到催化作用。

二、政治教育功能的实现

红色旅游的思想政治教育功能的实现是一个复杂的过程。而之所以能够实现，是因为红色旅游符合思想政治教育过程运行规律。红色旅游思想政治教育过程是一个大的动态系统。一般由四个子系统构成：教育者的意识活动过程、教育者的实践活动过程、旅游者的意识活动过程、旅游者的实践活动过程。这四个子系统依次展开，按照知（识）、情（感）、信（念）、意（志）、行（动）的内在程序循环往复，构成了红色旅游思想政治教育的整体演进和持续进行。游客通过接受、内化、外化等阶段，达到教育功能的最终实现。

（一）红色旅游思想政治教育者的意识活动

各级政府和各个红色旅游景点工作人员是思想政治教育者。其意识活动包括相互联系的两方面：认识活动和情感活动。

从认识活动看，主要包括如下方面。

1. 教育者对自身的认知

教育者本身应具有思想政治教育意识，并力求使自己所从事的实践符合教育规律，防止空洞乏味的说教。否则就难以具备教育性。

2. 对客体即游客的认知

不仅需要对受教育者的思想意识状况包括接受倾向和接受能力等有准确全面的认知，而且应提高针对性，讲求艺术，在引导、启发中使游客受到熏染、有所感悟，达到潜移默化的效果。

3. 对教育内容的认知

红色旅游的游乐性，就要求教育者对教育内容包括理论背景、内在结构、教育目的等有深刻的认识，才能编制更有针对性的内容与方法，提高教育效果。

4. 对教育活动反馈信息的认知

只有加强对反馈信息的认识，才能在循环往复的教育过程中，不断提高教育效果。

从情感活动看，在红色旅游活动中，认识活动与情感活动密不可分。情感活动为教育者、受教育者的认识和实践活动提供驱动、感染、催化力量。离开情感活动，思想政治教育功能就不能得到充分发挥。

（二）红色旅游思想政治教育者的实践活动

红色旅游思想政治教育者的实践活动，是在认知活动的基础上进行编制教学内容、创设教育情景、选择教育方法、向游客传递教育信息的实践活动。主要包括如下几点：一是保护真实性，突出地域文化性，呈现历史性；二是精选管理和讲解人员，提高教育针对性，同时规范自身言行；三是构建旅游六要素产品体系，并使"红""绿""古""俗""新"等旅游资源相整合，促进革命老区社会经济协调发展，同时营造良好教育情景与氛围；四是提高旅游活动参与性、体验性、趣味性，实现从传统的单一的"文物展览"向现代模式的"彩色文化旅游"和从单一的"说教式"思想教育方式向体验、熏染、感悟、潜移默化教育方式的新跨越。只有这样，才能防止游客产生心理阻抗现象，保证教育活动的有效进行。

（三）红色旅游思想政治教育中旅游者的意识活动过程

红色旅游中思想政治教育对象即游客的意识活动也包括认识活动和实践活动。在认识活动中，教育对象即游客成了能动性的主体，而教育者及实践活动、教育内容、教育对象自身等成为被认识的客体。教育对象在红色旅游诸多活动中，会对"吃、住、游、行、购、娱"等产生体验性想法。如果游客对产品、线路设计、服务、讲解、娱乐等不满意，就会对景点甚至红色旅游产生排斥、怀疑乃至逆反心理。可见游客的切身体验对思想政治教育的目的和效果起着非常重要的作用。在红色旅游活动中，对教育者合理科学的引导，就会对教育者在情感上产生接近、尊重、信任等积极的情感体验，对教育内容及教育目的就会产生关注、认同、接纳及偏爱，从而产生强烈的践行愿望、信念、意志，内化为受教育者的内在品质，实现教育内容和目的从"外我化"向"属我化"的转化。

（四）红色旅游思想政治教育中旅游者的实践活动过程

认知、情感、信念、意志内化过程的完成，不等于思想政治教育过程的终结。相反，还要看教育内容和目的通过受教育者"外化"情况即旅游者的实践活动过程。在思想政治教育过程中，知（认知）是先导，情（情感）是动力，信（信念）是支柱，意（意志）是关键，行（行为）是归宿。因而必须"晓之以理，动之以情，练之以志，强之以信，导之以行"。接受是前提，内化是关键，外化是教育价值的最终体现。这种外化即旅游者的实践活动，就是看受教育者能否在实际生活中自主、自觉地养成相应的理论思维能力，能否在实际学习、工作、生活中严格要求自己,能否以优良的革命传统与爱国热情激励自己,以艰苦朴素的生活作风和勤劳勇敢、百折不挠的工作作风展示自己,以勇往直前的革命热情鼓舞自己。这正是检验红色旅游思想政治教育效果和检讨教育过程得失的最终标准。

总之,红色旅游思想政治教育过程是一个复杂的连续统一的过程。不论教育者还是受教育者,不仅经过意识和实践活动的过程,而且从认识到实践,其间还有情感、信念、意志诸要素的作用,都需要经过接受、内化、外化等几个阶段。因此在每个环节对每个要素都绝不能掉以轻心。

三、政治教育功能实现的意义

正因为红色旅游符合思想政治教育的客观规律,因而成为进行爱党、爱国、爱社会主义教育的有效载体,成为新的历史条件下进行思想政治教育工作的新方法、新途径,成为教育人民特别是青少年一代的特殊课堂和鲜活教材。发展红色旅游对于加强党的领导,巩固党的执政地位,提高公民尤其是党员干部的思想政治素质具有不容低估的作用。

(一)发展红色旅游有利于巩固中国共产党的执政地位

1. 发展红色旅游,为开展保持共产党员先进性教育提供了一个有效的活动方式和载体

中国共产党是建设中国特色社会主义事业的领导核心。发展红色旅游,使广大党员在回顾中国共产党的革命历史的过程中理解革命精神,能够提高他们坚持党的基本理论、基本路线和基本纲领的自觉性,进而增强广大党员的党性观念,增强党组织的吸引力和凝聚力,使广大党员牢记党的宗旨,发扬革命优良传统,真正做到立党为公,执政为民。保持共产党员先进性教育是一种特殊的政治教育,其根本目的就是要使我们党始终代表中国先进生产力的发展要求,代表中国先进文化的前进方向,代表中国最广大人民的根本利益。这是中国共产党执政的由过去打江山的政治资本转化为当今坐江山的政治资本的根本所在。红色旅游的内在实质,正是新时期保持共产党员先进性教育活动开展的要求与结果。红色之旅,就是一部重温光荣革命历史,重走胜利之路的革命史诗。

2. 红色旅游是新形势下对党员、干部思想政治工作的创新

红色旅游把传统的思想政治教育方法如学文件、听报告、开讲座,转变

为在一种轻松愉快的过程中进行的思想道德教育,克服了形式呆板、内容枯燥的弊端,为人们提供了一个道德情感激荡的环境和机会。通过红色旅游的实地考察,回顾中国共产党的革命历史,重温、学习党的优良传统作风,寓思想道德教育、党性教育于参观游览之中,将革命历史、革命传统精神和党的理想信念等通过旅游这一形式,给党员以知识的汲取、精神的激励和思想的启迪,有利于提高广大党员的思想道德素养,增强其党性教育效果,使广大党员继续发扬优良传统,保持党的先进性,提高党的执政能力。

(二)发展红色旅游有利于公民思想道德教育

红色旅游对提高公民的思想道德素质起着重要的作用。一个社会是否和谐,一个国家能否长治久安,很大程度上取决于公民的基本道德素质。无论是处理人与人之间的关系还是协调人与自然的关系,无论是实现社会公平正义还是维护社会安定团结,都要求不断提高全社会的文明程度和公民的思想道德素质。红色旅游弘扬中华传统美德,把老一辈革命家艰苦创业的精神发扬光大,为社会主义现代化建设提供强大的精神动力,使全国人民始终保持昂扬向上的精神风貌,提高了我国公民的思想道德水平。也就是说,开展红色旅游有利于对公民进行以爱国主义为核心的民族精神,尤其是革命精神、革命传统、革命历史和理想信念教育。

民族精神是一个民族生命力、创造力和凝聚力的具体表现,是一个民族赖以生存和发展的精神支撑。今天我们面对世界范围内各种思想文化的相互激荡,必须把弘扬和培育以爱国主义为核心的民族精神作为文化建设一项十分重要的任务纳入国民教育全过程,使全体人民始终保持积极向上的精神状态。中国革命史是中国历史的重要组成部分,红色文化包含的革命精神是中华民族精神的传承与升华。红色文化遗产是中华民族宝贵的精神财富,具有丰富的内涵和价值。发掘红色旅游文化就是弘扬革命精神,进而教育和引导广大民众爱党、爱国、爱社会主义。红色旅游主题产品的推出,为全民族的爱国主义教育提供了阵地,并在全社会营造出学习革命历史,弘扬革命精神,发扬革命传统的良好氛围和舆论导向。理想信念教育,即世界观、人生观、价值观的教育,是思想政治工作的最高层次,它着力解决人们为什么而活着、为什么而奋斗的问题。随着人类社会的进步发展,人类对信仰和生存意义的追求愈加强烈。如中国工农红军之所以在长征中拖不垮、难不倒、打不败,并表现出百折不挠、一往无前的英雄气概,就是因为理想和信念构成了最根本的精神支柱。理想与信念的力量,使红军将士展现出常人难以想象的毅力和献身精神,产生了强大的凝聚力和感召力,正如鲁迅先生当年所言:中国人民正是从红军身上看到了中国的光明未来。

（三）发展红色旅游有利于培育新一代社会主义事业的建设者和接班人

高度重视对下一代的教育培养，努力提高青少年思想道德素质，是我们党的优良传统，更是党和国家事业后继有人的重要保证。红色旅游是提高和加强青少年思想道德教育的有效途径，是党中央加强学生思想政治教育的一项重大举措。随着经济社会的发展、对外开放的扩大和科学技术的进步，人民群众特别是青少年了解世界、了解社会的渠道和方式更加多样化。思想道德教育必须更加"贴近实际、贴近生活、贴近群众"，与知识性、科学性、娱乐性、趣味性相结合，深入浅出，寓教于乐，才能深入人心，取得实效。相对于其他思想教育内容与方式，红色旅游具有如下更大优势。

1. 红色旅游教育层面较广

遍布全国各地的红色旅游区都蕴含着丰富的文化内涵，每一处革命遗迹、每一件珍贵文物都折射出革命先辈的理想、信念和品质。从教育内容看，它对培育青少年以爱国主义为核心的伟大民族精神，树立正确的理想信念，养成良好的道德品质和文明行为，促进青少年的全面发展具有很强的针对性。从教育对象看，它内容丰富，形式多样，适合青少年学生，适用性强，是道德建设的一部珍贵的教科书。

2. 红色旅游感染力较强

旅游是青少年最喜爱的活动之一，用旅游方式对其进行爱国主义和民族精神教育，通过亲身经历、实地体验，使广大青少年在潜移默化中接受教育，在主动参与中接受熏陶。

3. 红色旅游价值永恒

红色文化既有一定历史条件下的特定内涵，又有与时俱进的品质。在发挥红色旅游的教育作用时，既要深入发掘其优秀的内涵，又要在改革开放和现代化实践活动中不断赋予其新的内容与时代精神，在新的历史条件下引导广大青少年从小树立远大理想，养成艰苦朴素、吃苦耐劳、奋发向上、自强不息的良好行为习惯，树立社会主义荣辱观，把自己培养成为中国特色社会主义事业的合格建设者和接班人。

总之，充分发挥旅游深入浅出、生动活泼、潜移默化、润心无声的特点，把当前亟待加强的思想道德建设和爱国主义教育融入青少年喜闻乐见、主动参与的活动之中，通过手段和方式的创新，寓教于游，使思想道德教育更加生动形象，入耳、入脑、入心，不仅可以迅速扩大教育的范围，还能够大大增强教育的效果，使旅游者思想感情得到熏陶，精神生活得到充实，思想境界得到升华。红色旅游将以其深刻的感染力、强大的生命力，成为范围广、影响大、效果好的思想道德建设的新方式。

（四）开展红色旅游有利于抵御外来不良思想的侵袭

当今国际国内形势已经发生了深刻变化。改革开放以来，外来文化泥沙俱下，已有的价值观念、文化观念等受到很大冲击，以致一些人思想认识模糊、道德行为失范、理想建构空虚，国民特别是青少年的思想道德建设面临严峻的挑战。在这种情况下，我们必须保证"变革不变质"，针对西方国家的"思想改造"为先的计划，一定要以先进的思想文化予以回击。目前青少年出国留学较为普遍、外资企业不断增加、民间交往日益频繁，很多腐朽的思想与行为传入并流行开来，成为社会主义建设的思想障碍。面对这种现实，以何种方式加强爱国主义教育成为迫在眉睫的问题。红色旅游适时地把我党的革命遗址、声像图文与仿真场景结合起来，以较强的震撼力令每个人感叹共产党人的真实与伟大，感叹大好河山的来之不易，强烈的民族自豪感和爱国主义情绪也会油然而生。大力发展红色旅游，抵御外来不良思想侵袭就多了一道坚不可摧的屏障。

（五）红色旅游实现了思想政治教育工作的全面创新

任何时代任何阶级都有维系其统治的思想政治教育工具与载体，只是教育效果不同而已。红色旅游作为一种集革命传统教育、爱国主义教育与休闲游乐于一体的新型旅游和教育形式，是旅游业和思想政治教育工作的一种创新。具体讲：

1. 红色旅游实现了思想政治教育功能的创新与发展

思想政治教育的一般功能主要包括导向功能、保证功能、育人功能和开发功能等。红色旅游具有政治教育、发展经济和文化传播等功能。这种多重功能正是其思想政治教育功能在外延上的延伸。正是在这种延伸中，传统的单一的政治教育功能发展为政治、经济、文化等诸多功能。不只表现为对红色景点所宣示的革命精神和党的理论政策等的宣传和教化，而且表现为对革命老区和旅游者所在地区经济发展的推动，表现为革命精神的传播和社会主义先进文化建设的健康发展。

第二章 红色旅游的功能和意义

2. 红色旅游实现了思想政治教育方法的创新与发展

红色旅游通过红色文化资源与旅游的巧妙结合，为思想政治教育方式方法的创新和发展提供了较大的空间。红色旅游的过程，集观光赏景与学习历史、陶冶情操、提高修养于一体，"游中学，学中游"，寓教于乐，寓教于游，不仅符合受教育者尤其是青少年的心理、生理特征，而且通过体验式、参与式的活动达到潜移默化的教育效果。

3. 红色旅游实现了思想政治教育管理模式的创新和发展

要使思想政治教育活动有效地开展并产生应有的教育效果，就必须有相应的管理模式。与以往"灌输式"等教育方式和权威管理等模式不同，红色旅游采取"寓教于游"的教育形式，承认和尊重受教育者的本体价值，强调体验性和参与性，突出了教育与自我教育、管理与自我管理的结合，这是一种教育客体起主动作用、教育主体起主导作用的互动式管理模式，不仅迎合了思想政治教育创新与发展的总趋势，而且能够指导今后思想政治教育的创新和发展。当然，有效开展思想政治教育活动不仅要有与之相适应的教育内容和教育环境，而且要有能够使其价值功能得以顺利实现的良好机制。

第二节　发展红色旅游是一项重大经济工程

红色旅游具有发展经济的功能。作为一种优势政治资源，能够转化为经济资源，促进红色旅游区区域经济发展；作为一种文化资源，能够促进经济社会发展；作为一种旅游活动方式，对于整个旅游经济和其他经济的发展具有直接或间接的推动作用。因此，发展红色旅游是一项重大经济工程，具有重大经济意义。

一、发展经济功能

中国革命老区（以下简称革命老区）拥有丰富的红色文化遗迹。革命老区是指第二次国内革命战争时期和抗日战争时期在中国共产党和毛泽东等老一辈无产阶级革命家领导下创建的革命根据地。革命老区遍布全国 28 个省、自治区、直辖市的 1300 多个县（市、旗、区）。如第二次国内革命战争时期革命根据地划定标准：曾经有党的组织，有革命武装，发动了群众，进行了打土豪、分田地、分粮食、分牲畜等运动，主要是建立了工农政权并进行了武装斗争。坚持半年以上时间的，包括建立过苏维埃政权，分配过土地的地区和只建立过苏维埃政权,尚未分配过土地的地区。革命老区是一个政治概念,被界定为无产阶级革命家创建的革命根据地。那些认为落后的偏远山区就是老区的说法是一种错误的解读。革命老区在历史上,特别是在中国共产党领导的解放斗争中,表现出极大的热情,作出了很大的牺牲和贡献。当时老区人民在中国共产党领导下,进行社会变革的伟大实践,在政治上开展斗争求解放,争当新社会的主人,建立人民民主政权;在经济上打破旧的经济制度,建立新的生产关系,创造新的生产力,曾经是中国社会发展的先进区域。但新中国成立以后特别是改革开放以来,由于国家财力所限等原因,革命老区发展相对迟缓,不少老区甚至还相当落后,游离在现代文明的门外。表现在:一是老区人民的受教育程度比较低,文化素质不高,成为制约老区经济社会发展的重要因素;二是计划经济的色彩很浓,市场意识缺乏,商品经济不发达,经济发展的活力不够;三是安于现状,"小富即安"的思想比较流行,导致老区经济发展的动力不足,影响了社会的进步和各项事业的发展。发展红色旅游是改变革命老区落后面貌,实现中国区域经济社会协调发展,建设社会主义新农村的重大举措,同时也是促进旅游业新发展的重大举措。因此,发展红色旅游同样是一项经济创新工程。发展红色旅游是将革命老区资源优势转化为经济优势、产业优势的有益探索,同时发展红色旅游是丰富旅游形式和旅游文化内涵,提升旅游层次,创建特色旅游品牌,促进旅游业发展的举措。

二、发展经济功能的实现

旅游业是一项劳动密集型的综合性产业。红色旅游发展经济的功能,主要通过如下途径发挥作用:

(一)红色旅游是革命老区经济发展的"助推器"

1. 景区(点)规划、开发与建设

由于中国革命走的是一条独特的胜利道路,即"农村包围城市,武装夺取政权"的道路,以至红色文化遗产大部分在偏远落后的农村。这些红色文化遗产呈现出分布广、数量大,文化底蕴深厚,且自然、人文生态环境好等特点。红色旅游景点、景区的规划与开发建设,经过资源的调查与评价、市场的分析与预测、总体布局与项目规划、产品规划与建设、商品开发、形象策划与推广、服务设施规划与建设、交通规划与建设、保障体系规划与建设、环境保护与管理等严格科学的过程,就是为革命老区经济发展注入新活力,培育新的经济增长点,就是要把革命老区丰富的红色文化资源和政治优势,通过发展旅游转化为经济优势，乃至产业优势，从而带动当地经济的发展，促进经济结构的调整，促进农村经济增长方式的优化，促进农村生产力的解放，促进农村经济的发展，从而缩小农村和城市的经济差距，缩小与经济发达地区的差距。

2. 完善当地农村经济产业结构

农业经济结构合理与否，主要看其是否能适应市场发展的要求，是否有利于合理利用当地资源，是否能发挥地区优势和特色以及是否能产生最大的社会经济生态效益。发展红色旅游，就是通过增加第三产业在经济结构中的比重，进而促进其经济结构的调整，建立新型的经济结构体系。

3. 通过增加就业、增加税收，提高当地经济收入

红色旅游是一个劳动密集型产业，所需就业人数相对其他产业要多，能提供直接的就业机会。同时，发展红色旅游也会带动其他相关行业的发展，提供间接的就业机会，大大拓宽了农民的就业渠道。发展红色旅游能够通过旅游业和相关行业发展，增加税收，提高当地经济收入。如井冈山将红色旅游与绿色旅游相结合，旅游产业对当地财政的贡献率超过35%。

（二）红色旅游能够培育旅游业新的增长点

随着我国人均国民收入水平的不断提高，居民的旅游消费支出逐年增长，对旅游内容和产品提出了新的要求，迫切需要旅游业进一步调整和完善产品结构，更好地满足人们多样化、多层次、多形式的精神文化需求。红色旅游作为旅游业的重要组成部分，对于满足旅游需求，促进旅游业发展，增强旅游业发展后劲，开拓更广阔的旅游消费市场具有积极作用。红色旅游以其深厚的文化内涵，不仅能够丰富旅游形式，丰富和提升旅游文化的层次和品位，而且有利于创造特色旅游品牌，增强旅游业的吸引力和竞争力，更好保护旅游资源，进而促进当地旅游业可持续发展。同时，旅游业能够带动当地建筑、商贸、交通、电信、加工业和农业等关联产业发展，形成"一业兴而百业旺"的良好局面。

三、发展经济功能实现的意义

（一）发展红色旅游有利于带动革命老区经济社会协调发展

革命老区包括部分民族地区，大多地处偏远地区，经济发展水平普遍不

高。帮助老区人民尽快脱贫致富，是各级党委和政府的重要任务。发展红色旅游，是带动老区人民脱贫致富的有效举措，可以促进革命老区与外界的文化信息交流和思想解放，培育特色产业，促进生态建设和环境保护，带动商贸服务、交通电信、城乡建设等相关行业的发展，扩大就业，增加收入，为革命老区发展注入新的生机与活力。发展红色旅游，是促进革命老区经济社会发展的重要契机，将推动老区人民脱贫致富，使老区的经济走上一条切实可行的良性循环之路。具体来说，表现在以下几个方面：

1. 发展红色旅游能够促进农业产业结构调整，给农村带来新的发展道路

以前农村的发展道路是单纯的大农业甚至是单一的种植业，红色旅游充分发展后，许多农村将走上一条全新的发展道路，即旅游业成为经济的亮点，甚至成为当地的主导产业。红色旅游可以加快农业产业结构升级。

首先，发展红色旅游，能增加第三产业在经济结构中的比重，进而促进其经济结构的调整，建立新型的经济结构体系。如井冈山依靠"红色旅游"的发展，使得老区经济结构序列实现了由原来的第一产业、第二产业、第三产业到现在的第三产业、第二产业、第一产业的大跨越，旅游业已成为井冈山市国民经济的主导产业，占全市GDP近三分之一，且每年以高于20%的速度递增，农业产业结构由第一产业为中心向第三产业为中心的合理调整，促进了当地经济的发展，同时也为老区农民致富开辟了新的道路。

其次，通过发展红色旅游，农村可以走上农业多元化道路，增加农业附加值。旅游商品的原材料大部分是依靠农产品的加工再造，旅游产品需要农民参与，这些有利于提高精品农业、设施农业、高效农业和观光农业的比重，使优势产业进一步壮大，新兴产业迅速发展，呈现出农业多元化发展的良好势头，为农村经济的发展注入了新的活力。

最后，发展红色旅游，尤其是发展大中城市周边的农村红色旅游，可以实现城市支持农村发展，吸引城市的资金及人才向农村流动，真正体现"城市反哺农村"的方针。旅游业能够促进产业结构和产品结构的调整，能推进农村及整个社会经济结构调整和经济增长方式转变，提高农业的平均利润率，能够极大地促进农村生产的发展。据测算，目前全国各地红色旅游景区每年旅游综合效益约为200亿元，并带动建筑、商贸、交通、电信、加工业和农业等关联产业发展，形成"一业兴而百业旺"的良好局面。比如河北西柏坡，近年来通过接待参观旅游者，直接收入达800多万元，综合效益7500万元，吸纳就业人员3300多人。

2. 发展红色旅游能够增强革命老区自主发展经济的能力

革命老区89%位于山区和丘陵，人均国内生产总值和人均地方财政收入比全国县市平均水平低20%，经济发展水平普遍不高。以往的做法是国家划拨专项扶贫资金对老区进行救济，但收效甚微。结合国家对发展红色旅游的政策优势，革命老区对其革命历史、文化和生态资源可以进行开发，自主发展旅游业及相关产业，将资源优势转化为经济优势，增强自主发展经济的能力，实现老区经济的可持续发展。如"革命摇篮"井冈山，通过红色旅游文化的开发，旅游收入占该市年经济总量60%以上，老百姓大部分收入也来源于旅游业，生活水平大大改善。近年来不但摘除了贫困帽子，而且经济、社会形势发生了翻天覆地的变化。现在，高速公路、机场、居民住宅、新城区等全面建设，井冈山市已成为高山中的花园城市，成为海内外市场瞩目的"红色旅游"和"绿色旅游"圣地，旅游业对当地财政的贡献率已超过35%。目前全国各地的红色旅游景区，每年旅游综合效益约为200亿元。红色旅游已经成为一批革命老区新的经济增长点和脱贫致富的有效途径，成为一项无污染、可持续发展的扶贫工程、富民工程，成为一条切实可行的良性循环发展之路。

（二）发展红色旅游能够促进旅游经济更快发展

作为旅游业的重要组成部分，发展红色旅游对于进一步调整和完善旅游产品结构，满足人们多样化、多层次、多形式的精神文化需求，进而增强旅游业发展后劲，开拓更广阔的旅游消费市场，具有积极作用。

1. 发展红色旅游能够丰富旅游形式

改革开放以来，中国的旅游业发展虽然起步晚，但十分迅猛。就旅游形式而言，有山水旅游、民俗旅游、乡村旅游、都市风情旅游、商务旅游、会展旅游、购物旅游、工业旅游、农业观光旅游等。红色旅游丰富了旅游形式，给人们更大的出游选择空间。

2. 发展红色旅游能够丰富和提升旅游文化内涵

文化是旅游的灵魂。对于文化的忽视，不利于旅游业的持续、健康发展。当今世界文化旅游蓬勃发展。红色旅游以其深厚的贴近时代、贴近生活、贴近大众的文化内涵，能够提升旅游层次，使"游"与"学"相结合，创造了一种旅游休闲和学习教育相结合的好形式，实现文化旅游的目标。这有利于创造特色旅游品牌，增强旅游业的吸引力和竞争力。

3. 发展红色旅游能够更好地保护旅游资源

红色旅游具有伴生资源丰富的特点。许多地区开发红色旅游资源，往往非常注重对绿色生态旅游资源、历史文化旅游资源、民俗旅游资源等的整合与开发，因此，发展红色旅游常常能够起到对包括红色旅游资源在内的旅游资源的有效保护和合理利用，从而有利于旅游业可持续发展。

旅游业开展红色旅游既是响应党和政府的号召，又是自身产业链发展、业务拓展的需要。同时，红色旅游资源相对集中的革命老区，通过发展红色旅游，培育特色旅游品牌，可以加快老区旅游业发展，也将有利于改善旅游产业的区域布局，促进全国旅游业的持续、协调、全面发展。

第三节　发展红色旅游是一项和谐社会建设工程

社会建设是"四位一体"（政治、经济、文化、社会建设）的中国特色社会主义事业总体布局的重要组成部分。党中央十分重视社会建设，先后提出建设小康社会、学习型社会、新农村建设等决策。特别是构建社会主义和谐社会，是中国共产党在科学发展观指导下，从中国特色社会主义事业的总体布局和全面建设小康社会的全局出发而提出的重大战略任务。自从2002年11月党的十六大报告首次提出构建社会主义和谐社会以来，党中央非常重视，各级政府认真落实，取得了良好效果。而发展红色旅游正是构建社会主义和谐社会的重要手段。

一、和谐社会建设功能

和谐是对立事物之间在一定的条件下，具体、动态、相对、辩证的统一，是不同事物之间相同相成、相辅相成、相反相成、互助合作、互利互惠、互促互补、共同发展的关系。这是辩证唯物主义和谐观的基本观点。社会和谐是中国特色社会主义的本质属性，是国家富强、民族振兴、人民幸福的重要保证，更是我们党不懈奋斗的目标。和谐社会是民主法治、公平正义、诚信友爱、充满活力、安定有序、人与自然和谐相处的社会，它是目前发展的一个目标、愿景，既是目标又是过程。2020年，构建社会主义和谐社会的目标和主要任务是：社会主义民主法制更加完善，依法治国基本方略得到全面落实，人民的权益得到切实尊重和保障；城乡、区域发展差距扩大的趋势逐步扭转，合理有序的收入分配格局基本形成，家庭财产普遍增加，人民过上更加富足的生活；社会就业比较充分，覆盖城乡居民的社会保障体系基本建立；

基本公共服务体系更加完备，政府管理和服务水平有较大提高；全民族的思想道德素质、科学文化素质和健康素质明显提高，良好道德风尚、和谐人际关系进一步形成；全社会创造活力显著增强，创新型国家基本建成；社会管理体系更加完善，社会秩序良好；资源利用效率显著提高，生态环境明显好转；实现全面建设惠及十几亿人口的更高水平的小康社会的目标，努力形成全体人民各尽其能、各得其所而又和谐相处的局面。我国建设和谐社会的举措目前主要有：扎实推进社会主义新农村建设，促进城乡协调发展；落实区域发展总体战略，促进区域协调发展；实施积极的就业政策，发展和谐劳动关系；坚持教育优先发展，促进教育公平；加强医疗卫生服务，提高人民健康水平；加快发展文化事业和文化产业，满足人民群众文化需求；加强环境治理保护，促进人与自然相和谐。这些举措和发展红色旅游在本质上是一致的。发展红色旅游对于构建社会主义和谐社会的促进作用是多方面的，比如经济发展，就业率提高，收入增加，思想文化建设加快，人与人、人与社会、人与自然关系更加和谐等方面。

二、和谐社会建设功能的实现

（一）和谐社会建设的经济基础

通过发展红色旅游促进经济发展，尤其是能够促进偏远、落后的革命老区经济发展，这是构建和谐社会的经济基础。发展红色旅游能够促进当地旅游文化资源的开发与利用，能够促进旅游业的发展，并带动相关行业的发展。经济基础决定上层建筑。投资增多了，经济发展了，财政收入增加了，人民生活水平提高了，就为和谐社会建设奠定了坚实基础。

（二）和谐社会建设的思想基础和人文社会环境

通过发展红色旅游提高国民思想道德和科学文化素质，这是实现和谐社会的精神支柱。发展红色旅游，能够促进红色文化的传播，能够促进革命老区对外开放和经济、文化的交流，同时保护当地特色文化，进而提高当地居民的思想道德和科学文化素质，改善当地居民的精神风貌，促进革命老区形成人与人、人与社会和谐发展的人文社会环境，从而为和谐社会建设奠定思想基础。

（三）和谐社会建设的自然环境要求

通过发展红色旅游促进资源的合理开发和利用，这是实现人与自然和谐的环境要求。红色旅游资源是稀缺资源，红色旅游地的生态资源也是稀缺资源，保护好才能利用好。为此，要加大对红色旅游及其生态资源保护和环境整治力度，杜绝滥占乱建等破坏自然生态环境行为的发生。红色旅游产业化不能一哄而上，不能搞恶性开发，要注重环境保护，做到开发和保护相互协调，在保护的基础上开发。这不仅是红色旅游，更是农村经济、文化可持续发展的重要保障。

（四）和谐社会建设的根本目标

通过发展红色旅游增加就业，提高收入，提高人民生活水平，这是建设和谐社会的根本目的。革命老区的经济发展水平还比较低，大多数人民群众的生活比较艰苦。让革命老区尽快发展起来，让老区人民尽快富裕起来，是党和政府的重大责任，是促进经济和社会事业、区域之间协调发展的重要措施。发展红色旅游，可以加快革命老区的基础设施建设，培育和发展特色产业，把资源优势转化为经济优势，大力发展经济，实现共同富裕。

三、和谐社会建设功能实现的意义

（一）发展红色旅游是实现区域、城乡协调发展，实现社会公平的重大举措

改革开放以来，中国区域经济发展经历了由小区域到大区域，再到小区域，由点到线，由线到面，再重新回到点的过程，形成点、线、面错综交织，同时推进的多元化区域经济格局。国家对红色旅游区域、线路和景点的开发，正显示了这种向小区域和点回归的最新走向。多个层次、多种形式的改革开放政策使中国造就了中国经济发展的三个增长极，即珠江三角洲、长江三角洲和京津唐地区，以及两个快速增长半岛——辽东半岛和山东半岛。另外，通过实施"西部大开发""振兴东北老工业基地""促进中部地区崛起"的重大决策，使中国区域经济发展由沿海小区域独秀，走向东南沿海、大西北、东北和中部四大区域争奇斗艳。然而，由于前述综合原因，在这一进程中，昔日革命老区受惠十分有限，成为内陆地区开发振兴三大战略的盲点，造成内陆地区内部的发展不平衡，成为中国经济社会发展不平衡的又一深层表现。《2004—2010年全国红色旅游发展规划纲要》的实施，重点红色旅游区域、红色旅游精品线路和经典景点的推出，是在中国区域经济格局三大内陆板块的盲点上开拓新的经济增长点，使这三大内陆板块内部的区域发展更加协调。

这是一种新的小区域开发战略,它标志着我国区域经济发展已经开始触及小区域内的深层结构失衡问题。实施《2004—2010年全国红色旅游发展规划纲要》,就是要把这些战略支点纳入区域经济大战略中,从革命老区资源优势出发制定的一项低成本、高效益的切实可行的开发战略。这是从面到点的回归,是我国区域经济发展战略日趋精致化的标志,最终形成点、线、面齐头并进,协调发展的态势。而发展红色旅游有助于实现区域、城乡协调发展,实现公平公正。具体有如下表现。

1. 发展红色旅游能够缩小革命老区与发达地区的经济差距,这也是构建和谐社会的基础

缩小区域、城乡发展差距,促进革命老区经济发展是构建社会主义和谐社会的应有之意。红色旅游不再是以往单一的政治教育模式,同时也是市场经营模式,它已成为发展老区经济、造福老区人民的重要产业。和谐社会的构建首要一条就是在经济上得到发展,物质上得到满足,这是社会和谐的基础和前提。由于革命老区大多地处偏远的地区,经济发展水平普遍不高,所以帮助老区人民尽快脱贫致富,是各级党委和政府的重要任务。发展红色旅游,是带动老区人民脱贫致富的有效举措,可以将历史、文化和资源优势转化为经济优势,推动经济结构调整,培育特色产业,促进生态建设和环境保护,带动商贸服务、交通电信、城乡建设等相关行业的发展,扩大就业,增加收入,为革命老区经济社会发展注入新的生机活力。同时,随着红色旅游的进一步开展,必然促进革命老区思想的进一步开放以及人才素质的进一步提高,从而对加紧赶上经济发达地区、平衡国家经济横向发展、实现共同富裕、加快国家综合国力提升的节奏具有重要意义。

2. 发展红色旅游能够推动民族地区经济社会发展

民族地区大多地处偏远,经济发展水平不高,帮助民族地区尽快脱贫致富,是各级党委和政府的重要任务。发展红色旅游是优化民族地区区域经济布局,加快民族地区经济社会发展的重大举措。民族地区自然风景优美,民族风情浓郁。通过开发红色旅游来培育地方旅游业新的增长点,有助于把民族地区的绿色资源、彩色资源传播出来,从而拓展和丰富民族地区的旅游产品、优化旅游业结构和布局,壮大旅游业支柱产业地位。通过交通、景区基础设施的建设拉动,可以将历史、文化和资源优势转化为经济优势,推动经济结构调整,促进生态建设和环境保护,带动商贸服务、交通电信、城乡建设等相关行业的发展,为民族地区经济社会发展注入新的生机活力,实现民族地区经济社会协调发展。比如百色推行以"邓小平足迹之旅"为主线的爱

国主义教育旅游活动,当年该市旅游收入就近亿元;贵州的红色旅游与自然山水游、少数民族风情游相伴而生,形成了全面发展的复合型旅游产业,每年吸引大量不同层次、不同民族和文化背景的中外游客,形成了良性互动的发展势头。2004年,贵州省实现旅游总收入167.5亿元,相当于全省国内生产总值的10.5%,其中红色旅游的贡献率在三分之一以上。

3.发展红色旅游也是一次社会利益再分配的过程,使整个社会进一步趋向于公平、公正

"红色旅游"作为一项发展老区的社会工程,也是一次收入再分配的过程,有助于缩小人们的收入差距和地区发展差距。"红色旅游"是一个统筹协调发展的过程,红、绿、古并举,东、中、西部联动,统筹经济与社会,共同发展;而且实施"红色旅游"工程,有助于老区与发达地区一样,形成目标统一、措施系统、操作规范和相对公平的扶持政策,从而增加人们之间的相互信任、相互理解,促使其共同奋斗,共同进步。发展红色旅游也是社会福利的优化。根据新福利经济学的观点,如果既定资源配置经过调整能够使某些人的福利增加,而又不使其他人的福利减少,那么这种配置就是最优的。就红色旅游区而言,通过发展红色旅游业,可以增加红色旅游区人民的收入,提高当地人民的物质生活水平和生活质量,进而改善当地人的福利水平,且不会损坏和降低其他地区人们的福利,使社会福利整体向最优状态趋近。

(二)发展红色旅游是全面推进老区社会主义新农村建设的助推器

社会主义新农村建设是缩小区域、城乡发展差距,实现社会和谐的重要手段。社会主义新农村建设是指在社会主义制度下,按照新时代的要求,对农村进行经济、政治、文化和社会等方面的建设,最终实现把农村建设成为经济繁荣、设施完善、环境优美、文明和谐的社会主义新农村的目标,这是中国共产党建设中国特色社会主义方略的重要组成部分。2005年10月,中国共产党十六届五中全会通过《十一五规划纲要建议》,提出要按照"生产发展、生活富裕、乡风文明、村容整洁、管理民主"的要求,扎实推进社会主义新农村建设。发展红色旅游有助于推进社会主义新农村建设。

1.发展红色旅游能够促进农村经济发展

(1)发展红色旅游有助于为老区培植新产业

要实现农村经济发展,就要求农村各地根据自身条件和实际情况,培育具有发展前景的特色产业。红色旅游开发就是在红色旅游丰富的农村地区发

展旅游业，将当地的资源优势变成经济效益，将旅游业建设成为当地经济的亮点甚至是支柱产业。而培植新的产业，调整农业经济结构，转变生产方式和经济增长方式，促进农村经济发展，提高农民收入，这是新农村建设的关键。

（2）发展红色旅游有助于基础设施和旅游接待配套设施建设

基础设施的完善是新农村建设的重要任务。红色旅游在乡村的开发不仅能争取政府在基础设施建设上的更多资金投入，更重要的是能吸引外商对项目进行投资，从根本上解决农村经济发展过程中的资金短缺问题，激发农村的经济活力。

（3）发展红色旅游有助于新农村科学规划

旅游追求个性化、特色化、原生态文化基础、唯一性等，有助于形成旅游村庄的独特面貌和村容，是打破目前新农村建设中千村一面的最佳模式。同时在农村发展红色旅游，有利于加快建设资源节约型、环境友好型社会，有利于保护资源和环境，促进农村科学规划与基础设施建设，有助于实现"村容整洁"的建设目标。

2. 发展红色旅游能够推进农村精神文明建设

（1）发展红色旅游能够提高农民的思想道德水平

积极发展红色旅游，寓思想道德教育于参观游览之中，将革命历史、革命传统和革命精神通过农民身边的红色旅游产品传输给广大农民群众，对于建设和巩固社会主义思想文化阵地，大力发展先进文化，支持健康有益文化，努力改造落后文化，坚决抵制腐朽文化，提高农民的思想道德素质，促进农村的精神文明建设，具有重大而深远的意义。

（2）发展红色旅游能够促进农民综合素质的提高

红色旅游产业，实质是服务产业、文化产业。发展红色旅游需要一批高素质的农民，这样就会使政府增加对农民教育的重视，同时在市场的引导下，在现实的教育下，农民也会努力提高自己的知识、能力与素质，从而造就一批懂经营会管理的适应现代化建设的新型农民。市场是一所最好的学校，能将农民培养成为文明礼貌的公民。发展农村旅游，由于将大量的外来文化和先进思想带入农村，可以迅速提高农民的文化水平，使农民接受先进思想，实现思想转变，紧跟时代的步伐。

（3）发展红色旅游能够推动乡村文明建设

旅游对于环境卫生及整洁景观的要求，将大大推动农村村容的改变，推动卫生条件的改善，推动环境治理，推动村庄整体建设的发展。红色旅游的发展能够促进革命老区和外界的文化交流，引起老区人民思想观念的转变，能有效帮助老区人民改掉陈规陋习，提高文化修养，为老区经济的全面、健康发展创造良好的人文环境。

（4）发展红色旅游有利于老区特色文化的保护与传承

发展红色旅游，首先能够有效地保护和展示以红色文化为核心的老区特色文化。红色旅游的发展，会使老区有意识地加强对文化的保护力度，将老区的优秀传统和文化较完善的保护起来，从而使老区的文化在经济发展的同时还能得到有效的保护，成为永续利用的精神财富。其次是推动老区特色文化的创新与发展。文化是随着时代的发展而发展，不同的时代某种文化的意义会有所不同。老区特色文化是在革命战争年代积淀形成的，在当今新时代，它仍具有特殊的意义。但老区文化也要与时俱进，需要创新，使之适应现代潮流与满足现代人的文化需求，以达到传统与现代相结合，对挖掘出来的文化进行规范与提升，极大地丰富与完善了老区特色文化。再次是宣传并弘扬老区特色文化。"红色旅游文化"的品牌营销，极大地宣传和推广了红色文化。旅游者对老区特色文化的憧憬、遐想等所导致的文化需求，吸引更多旅游者前往红色景区以满足其需求，加深对特色文化的理解；同时向家人、朋友、同事等口头宣传了老区文化，使他们朝着红色文化的精神境地迈进，使红色文化得以弘扬。当然，也要注意功利主义、重金主义对红色文化、民俗文化环境的冲击、破坏，防止过度的商业开发引起的物价上涨，导致当地居民生活成本的提高。

3. 发展红色旅游能够拓宽农民就业途径，促进农村社会问题的破解

农村社会问题的症结在于，劳动力相对于土地的过剩，因此要破解农村社会问题，关键在于解决农村闲置人口的就业问题。现在很多欠发达地区包括革命老区中有很多农民都到经济发达地区工作，即所谓的劳务输出，这一现象在一定程度上能缓解农民就业的暂时压力，但从长远来看，这种劳务输出对当地的经济发展是不利的，最好的解决办法就是就近安排农村剩余劳动力。红色旅游是一个劳动密集型产业，所需就业人数相对其他产业要多，提供许多直接的就业机会；同时，发展红色旅游也会带动其他相关行业的发展，提供间接的就业机会，大大拓宽了农民的就业渠道。

4. 发展红色旅游有助于提升革命老区形象

发展红色旅游为革命老区宣传自身、提高形象创造了难得的契机。比如，作为红色旅游资源大省的江西省，通过大力发展红色旅游，使"红色摇篮，绿色家园"的旅游形象深入人心，并且这一品牌正以更高的旋律、更强的后

劲唱响中华、走向世界。这十分有效地宣传了江西的历史文化、生态文化，有效地宣传了江西近年来发生的巨大变化。这些将有助于提升江西老区形象，树立江西的新形象。红色旅游对于提升革命老区形象的重要作用，首先表现在红色旅游改变了许多人思想上存在的老区落后的观念。旅游是一种跨文化交流形式。革命老区地处偏远之地，传统的小农经济意识、安于现状、不思进取的思想观念深深地影响着人们，再加上人们文化水平低，以致一些人认为老区人民封闭、愚昧。开发红色旅游资源，不仅能吸引众多游客前来旅游，并以自身较为时尚的意识形态与生活方式影响老区人们思想观念的转变，同时提高其文化修养和综合素质，从而使外来者对老区产生美好的印象，并通过口碑效应，让更多的人对老区有一个更客观的认识，使老区不再是贫穷落后的代名词。其次，红色旅游向外界展示了一个更加开放的老区。由于地理、历史等原因，革命老区基本处于比较闭塞的状态，与外界的经济、社会联系很少。而红色旅游首先带来的是旅游客源地的人员的位移，并且人的流动带来的是物流、资金流、信息流、文化流等。这样，老区不再只是神秘的老区，而是一个开放的老区，从而树立革命老区新形象。如井冈山，以"和谐乡村"为主题，将红色旅游与新农村建设结合起来，开展村庄整治，开发"乡村体验游"，农村发展与旅游相结合，把旅游产业链向农村延伸发展。开发相关旅游商品，使其成为农村经济新的增长点。红米饭、南瓜汤等红色旅游食品受到游客的欢迎，竹凉席、根雕等红色旅游纪念品、工艺品的加工生产得到发展。同时，改造了农村环境，建设了一批环境整洁、生态良好、村风文明的特色旅游文化村、生态村和民俗村。

第四节　发展红色旅游是一项重大文化工程

一、文化传播功能

发展红色旅游是一项重大的文化工程。它包括文化传播和文化建设。而红色旅游正是建设和传播社会主义先进文化的重要载体。文化建设后面有专门论述，这里只讲文化传播。文化传播又称文化扩散，指人类文化由文化源地向外辐射传播或由一个社会群体向另一群体的散布过程。文化散布过程取决于文化的实用价值、难易程度、文明声望、时代适应性和抗逆性等多种因素。红色旅游热也正是缘于人们对党的拥护、爱戴和信赖，反映了人们富而思源、乐不忘本的精神追求。红色文化传播的过程本身就是社会主义先进文化建设的过程。在当代中国，发展先进文化，就是建设中国特色社会主义文化。就是发展面向现代化、面向世界、面向未来的、民族的科学的大众的社会主义文化，以不断丰富人们的精神世界，增强人们的精神力量。这既是建设物质文明的重要条件，也是提高人民思想觉悟和道德水平的重要条件。

民族文化是一个民族的精神和灵魂，是民族相互区别的重要特质，也是民族发展的根基。中华文化源远流长，积淀了一批宝贵的优秀的文化财富，除传统的优秀民族文化之外，在中国长期革命战争中形成的革命优良传统文化，即红色文化也是中国社会主义先进文化中不可或缺的重要组成部分。红色旅游的兴起集中体现了人民群众对革命优良传统文化这一红色精神的崇敬，是人民群众精神文化团结进步的象征。因为红色精神集中体现了中国共产党和革命群众的奋斗精神，这是中华民族伟大复兴的重要精神支柱，是中国优秀传统文化的杰出代表和集中体现。同时，中国共产党和革命群众这种追求独立解放、挑战生命极限的精神，也是全世界反压迫、反殖民统治、追求正义事业的壮丽篇章，理当成为一种十分重要的世界文化遗产，向世界展示它的魅力。革命优良传统是当今先进文化的形态之一，而红色旅游资源则是这种先进文化的重要载体。人们通过对革命历史遗址和遗物的参观游览，就可以起到缅怀前人、教育今人、激励后人的积极作用，从而有利于革命优良传统文化的传播，有利于社会主义文化事业的发展，同时也是建设社会主义先进文化的客观需要。

二、文化传播功能的实现

（一）文化传播的阶段

文化人类学家 R. 林顿把文化传播过程分为三个阶段：一是接触与显现阶段。一种或几种外来的文化元素在一个社会中显现出来，被人注意。二是选择阶段。对于显现出来的文化元素进行批评、选择、决定采纳或拒绝。三是采纳融合阶段。把决定采纳的文化元素融合于本民族文化之中。从地理空间看，文化传播是由文化中心区向四周扩散，根据传播途中信息递减的一般规律，离文化中心区越远的地方，越不能保持文化元素的原形。当一种文化元素传播到另一个地区以后，它已不是原来的形态和含义，在传播和采纳过程中已被修改过。因此，两地文化只有相似处，完全相同的文化十分少见。红色旅游虽是政府倡导，但作为一种文化传播，同样受文化传播规律支配。

（二）文化传播的方式与媒介

文化传播的方式有两种，一种是直接的采借，把外来的文化元素或文化丛直接接纳过来。另一种是间接传播，即一种文化元素或文化丛传入一个地区，引起那里人们的思考，由此引发传入地的人创造一种新的文化。这种现象被称为"刺激性传播"。在当代，由于交通通信技术手段的发达，文化传播的媒介增多，文化传播正通过各种途径以前所未有的规模和速度进行着，由此必然导致文化的同质性日益增强。文化传播是引起社会变迁的重要原因之一，有批判地采借和吸入外来文化是实行社会改革、推动社会进步的必要条件。文化传播的媒介除了人的迁移和流动以外，旅游引起的人员流动，也是传播文化的重要媒介。红色旅游是红色文化有效传播的重要途径，而且相对于其他传播方式，其亲身体验，亲身感悟，触景生情，情景交融，非一般传媒所能比拟。

（三）文化传播分类和文化建设项目

文化传播主要包括物质文化传播、精神文化传播、媒介文化传播、报纸文化传播、影视文化传播、广播文化传播、网络文化传播、形象文化传播、体育文化传播、饮食文化传播、服饰文化传播、旅游文化传播等。这就需要全方位地加强红色文化建设，拓宽传播途径，重点搞好红色旅游景观文化建设、红色旅游展馆文化建设、红色旅游景区广场文化建设、红色影视文化建设、红色旅游服务文化建设、红色旅游节事文化建设、红色旅游审美文化建设、红色旅游生态文化建设等。

第五节　发展红色旅游是一项国际文化交流工程

一、国际文化交流功能

中国革命在中国乃至世界历史上都占有十分重要的地位，且影响广泛。向世界展示中国的红色文化魅力，把红色景点景区建设成为国际形象的窗口，是中国和世界旅游发展的需要。红色文化和革命精神，不仅是中国共产党和中华民族的宝贵财富，也是全世界人民的宝贵财富。发展红色旅游不仅是满足国内外旅游者需求、实现红色旅游持续发展的客观要求，也是增进世界各国人民感情、传承人类共同精神文化遗产的需要。

（一）中国红色旅游是国际文化传播交流的载体

红色旅游具有文化传播的功能，而文化传播可以超越国界。也就是说，中国红色旅游能够在国家间承担传播、交流红色文化的重任，这是红色旅游文化传播功能在国家间的延伸。之所以能够传播交流红色文化，其原因就在于：中国革命许多红色事件具有世界影响；中国革命涌现出许多杰出人物，特别是中国革命领袖在国际上享有崇高威望；中国革命精神能够引起各国人民精神上的共鸣，成为世界文化遗产的重要组成部分；国外许多国家存在着类似红色旅游的爱国主义教育旅游产品。这些因素就使得中国的红色旅游能够成为世界各国人们进行文化交流的重要桥梁。

（二）中国红色旅游是向世界展示新中国形象的窗口

向世界展示中国的红色文化魅力，把红色景点景区建设成为国际形象的窗口，是世界旅游发展的需要。目前国外旅游市场上，红色文化的独特魅力越来越令许多外国人感兴趣，越来越受到世界人民的肯定。2002年，美国一家权威杂志，在排列20世纪最具影响的一百个人物和一百件事件之中，中国被列入最具影响的人物是毛泽东，事件是红军长征。2002年，两位英国青年徒步亲身重走长征路，亲身体验长征，了解中国，了解马克思主义在中国发展的过程。世界旅游组织顾问、奥地利旅游专家奥普兹在参观井冈山、瑞金等革命遗址后认为，"这是中国人的骄傲，应该向世界展示它的魅力"。世界人民带着不同的眼光来欣赏和了解中国革命的历史和文化，深刻地说明红色文化和革命精神，不仅是中国共产党和中华民族的宝贵财富，也是全世界人民的宝贵财富。

二、国际文化交流功能的实现

（一）打造适应国际市场需求的红色旅游产品

1. 突出红色文化精神

红色精神的穿透力、震撼力是红色旅游吸引国际游客的核心因素。充分挖掘红色资源所蕴藏的丰富内涵，使国际游客在思想上、精神上得到升华。在中国革命的伟大历程中，各个阶段、各个地区都不同程度地培育出了带有不同特点的革命精神。在这些旅游区或旅游线上开展红色旅游，一定要使国际旅游者深刻了解和领会这些精神，感受中国革命精神的丰富内涵。

2. 开发红色旅游体验项目

把握红色旅游的精髓，注重体验性的产品设计理念，发展和设计参与度较高的旅游项目活动，使游客在游览过程中，更易于经历心灵震撼，得到精神感悟。如利用战争遗址再现战争场景，策划穿越、探险、竞赛等参与性旅游项目，吸引旅游者参与和体验。

3. 完善红色旅游产品结构

结合红色旅游地的旅游资源特征，实施深度开发策略，变单一的观光型产品结构为生态游览、休闲度假、猎奇探险等的多元化旅游产品结构，增强红色旅游地的吸引力，提高国际游客的满意度。

（二）打造红色旅游国际精品线路

1. 重点打造红色旅游国际品牌

由于红色旅游资源历史地位和地域发展很不平衡，因此应首先选择韶山、井冈山、瑞金、百色、遵义、广安、延安等比较成熟、具有世界发展意义的红色旅游区，打造各具特色的国际红色旅游品牌。

2. 红色景观主题项目的结合

在进行游览线路安排时应有意识地强调某种革命文化主题，使游历过程成为一种意境流的体验程序。利用革命名人和革命事件在世界人民心目中的崇拜地位和国际知名度，再现革命伟人的革命路径和革命事件的发展过程，构成一类特殊的旅游路线。

3. 红色景观与其他世界级景观的结合

红色物质景观观赏性不强，需要将它与其他类型的世界级景观有机结合，实现资源互补、客源共享的目的。

（三）加大宣传促销力度

1. 加大国际市场宣传

根据国际旅游的特点和需求，可着重进行联合营销、概念营销、定制营销，编写发行外文宣传图书资料，以吸引海外游客到中国来。

2. 开展多渠道促销

不仅要利用电视、报纸、杂志和广告牌的形式进行全方位的宣传和介绍，更要根据国际市场的特点进行针对性促销。如节庆营销，即举办以各种红色文化及红色旅游为主题的节庆活动。要发挥政府优势，广泛邀请国外政要、社会名流、国际知名媒体记者和海外旅游批发商等对游客具有导向性效应的人士参加，塑造和提升中国红色旅游的国际知名度。还有外国资源营销，如斯诺、斯特朗、史沫特等国外友好人士通过作品对中国红色革命所作的客观介绍，在世界上影响非常大。充分挖掘和利用这类资源进行形象传播，增加亲和力和吸引力。

另外，还要增强国际市场开发意识，加快基础服务设施建设，重视国际旅游服务人才培养等。

第三章 红色文化教育价值实现的路径探索

第一节 明确红色文化教育价值实现的基本原则

基本原则在方法论体系中处于较高层级,它是红色文化育人价值实现所要遵循的基本方法,指引着红色文化育人价值实现路径的设计和规划。实现红色文化教育价值要坚持科学理论指导与生活实践养成相结合、先进文化引领与区分不同层次相结合、社会效益与经济效益相结合的基本原则。

一、坚持科学理论指导与生活实践养成相结合

利用红色文化教育人就是要把人们的思想引导到正确的方向,并且把低层次的心理状态提升到高层次的思想意识,这就既要坚持科学理论的指导,又要从人们的思想实际及社会发展实际出发,开展实践活动,把理论性与实践性结合起来,做到合规律性与合目的性的统一。

第一,实现红色文化教育价值首先要坚持科学理论的指导,坚持主流意识形态的指导;坚持正确的政治方向,与党的基本路线、方针相适应。这是因为任何阶级、任何政党的教育活动都具有强烈的政治目标,服务于自身的政治利益。比如,美国举办纪念革命胜利日活动的目的是培养具有本国民主理念和民主行为的美国公民,日本开展原子弹爆炸纪念日活动的目的是塑造富有日本式完美人格的公民。因此要宣传红色文化,实现红色文化育人价值必须坚持正确的政治方向。具体而言,就是在我们党的领导下,始终坚持马列主义和中国特色社会主义理论体系,紧紧抓住社会主义核心价值体系,全面落实党的主旋律教育方针,既坚持社会主义方向,又引导广大群众坚定政治信仰。另外,弘扬红色文化,实现红色文化的育人价值,就必须大力加强红色文化的知识传授和理论教育。既动之以情,又晓之以理,通过摆事实、讲道理,从理论层面让人们明白红色文化的产生发展、来龙去脉、理论渊源等,深化人们对红色文化的认知。通过理论教育,使人们自觉用马克思主义

科学理论审视和分析各种错误思潮和不良倾向,进而在多元多样文化生态环境中坚持正确方向。

第二,实现红色文化教育价值要坚持实践性原则。用红色文化的优势资源帮助人们树立正确的世界观、人生观和价值观。克服错误思想的影响,必须进行实践教育。实践教育主要是通过参加社会服务活动、参加学雷锋活动、参加社会志愿活动、组织社会调查和考察等具体方法,提高人们对理论的正确认识,培养全面发展的人才。同时,传播红色文化要立足中国特色社会主义实践和人民群众的生活。在坚持贴近人们生活的基础上深入挖掘红色文化中生活化、平民化、草根化的内容,拉近红色文化与人们之间的距离,注重让人们进行自我感受体验和理解运用,增强对红色文化精神的认知度与认同感。文化工作者要深入到人民群众的日常生活之中,真正表现社会大众的喜怒哀乐、酸甜苦辣,积极热情地讴歌人民群众的精神面貌,创造出反映人民群众主体地位和现实生活、为广大群众喜闻乐见的红色精神文化产品。只有以新的视角阐释红色文化的宣传内容,以反映新时期红色文化精神的先进人物和先进事迹来传播红色文化,才能实现红色文化的创新发展和时代转型,增强红色文化的感染力、信服力、亲和力与影响力。

二、坚持先进文化引领与区分不同层次相结合

红色文化要实现教育价值必须以先进性为灵魂,以层次性为载体。一方面要坚持先进文化的前进方向,提倡核心价值追求,抵制低俗媚俗;另一方面,又要照顾到不同层次人群的特点,增强教育的针对性。只有把先进性和层次性有机结合起来,红色文化育人价值才能更好地实现。

首先,推动红色文化育人必须坚持先进文化的前进方向,用先进的文化理念教育广大群众。文化建设不是简单的快快乐乐、蹦蹦跳跳,而是为了提高全民思想素质和思维能力。无论是开展文化活动,还是提供文化产品,都要传播知识和传承文明,用美好的理想和坚定的信念支撑人生、用深厚的文化内涵滋养人生。当然,宣传红色文化可以以大众化、娱乐化的方式更好地让人们接受红色精神理念的洗礼,但不可低俗化。先进性与娱乐性并不冲突,比如革命战争年代抗日军政大学的校风就是"团结、紧张、严肃、活泼"。对于《百家讲坛》成功的原因,有学者认为:"娱乐化是我们的传播技巧、传播手段,我们只是给严肃的文化裹了一层'糖衣',它的内核没变,我们对学术底线的坚守也没变。……《百家讲坛》前进的方向是坚定而明确的,就是要给老百姓在电视上留一个安静的课堂。"毫无疑问,这为我们如何有效地宣传红色文化、增强红色文化教育实效性提供了有益借鉴。红色文化的精神内涵

是崇高的、伟大的，提及红色文化，人们不由自主地想起我们党为建立新中国抛头颅、洒热血，为建设新中国勇往向前、百折不挠，在改革开放的时代浪潮中勇于尝试、敢于创新等等。这种历史的艰辛和历史的厚度，让人们肃然起敬，对红色精神产生敬畏之情。而将红色文化精神以娱乐性的方式融入人们的日常生活、文艺作品之中，实现寓教于乐，有助于红色文化育人价值更好地实现。

其次，在坚持先进价值理念的基础上，要实现红色文化的教育价值必须坚持层次性原则。"我们在鼓励帮助每个人勤奋努力的同时，仍然不能不承认各个人在成长过程中所表现出来的才能和品德的差异，并且按照这种差异给以区别对待，尽可能使每个人按不同的条件向社会主义和共产主义的总目标前进。"红色文化宣传教育既要生产"阳春白雪"，还要推出"下里巴人"，才能满足不同群体、不同阶层、不同层次人们的精神文化需求。传播红色文化要把握宣传内容与宣传对象的一致。宣传对象上分为青少年、大学生、群众、党员干部等，面对不同的对象有不同的宣传内容，比如对青年学生，可以注重讲解我们党是如何开辟新中国并取得伟大的成就，从而增强他们的爱国之情，树立报国之志；对于广大党员干部，可以加强讲解我们党的光荣革命传统以及如何白手起家，从而提高党性修养。同时，宣传红色文化要针对不同阶层、不同群体采用不同的方法。要把握人们的心理过程及其个性心理特征，包括人们的接受性、感知性、意志力、理想信念、情绪情感、需要、动机等，并且根据人们的知识层次、年龄层次，以及稳定群体、流动群体、正式群体、非正式群体等的差异性以及时间节点所产生的不同氛围和情境，选用恰当的方式方法和手段，使红色文化的精神内容与人们的内心情感、心理需要相融合。只有在把握教育对象层次性的基础上，采取有针对性的宣传内容和宣传方式方法，才能使红色文化的教育价值得到充分实现。

三、坚持社会效益与经济效益相结合

文化既表现为事业形态也表现为产业形态；既具有凝聚民族精神、教育人民、维护社会稳定、引领风尚的属性，又兼具通过市场交换获取利益的属性。红色文化也是发展文化事业和文化产业的优势资源。所以，要实现红色文化的育人价值必须坚持社会效益优先，兼顾经济效益，切实满足人们的物质需要和精神需要。

第一，红色文化育人要坚持把社会效益放在首位。人的需要是多方面的，并且人的需要不断从低层次向高层次方向发展。"已经得到满足的第一个需要本身、满足需要的活动和已经获得的为满足需要而用的工具又引起新的需要，而这种新的需要的产生是第一个历史活动。"物质贫乏和精神空虚都不是社会主义,社会主义社会要培养全面发展的人,丰富人们的精神世界和精神生活。红色文化要在这一过程中发挥重要作用。在市场经济条件下要实现红色文化的育人价值,发挥先进文化引导作用,不管是通过发展红色文化事业还是开发文化产业,都要把社会效益放在首位,保障人们的文化权益,丰富人们的文化生活,凝聚民心,鼓舞志气,塑造良好风尚。这就要求红色文化开发利用、红色文化产业发展遵循自身的基本规律,不能够将市场经济规律扩大到整个社会特别是文化领域,要警惕金钱货币成为衡量传承发展红色文化的唯一尺度,防止商品关系的"越位"而产生"劣红色文化""伪红色文化",尽可能削弱和避免市场经济世俗性、功利性对红色文化宣传所造成的负面影响。

第二,红色文化育人在坚持社会效益的同时也要兼顾经济效益。实现红色文化育人价值不仅在于如何通过红色文化的宣传让人民大众获得美好愿景,更在于通过文化民生来让老百姓的生活水平和政治权利获得切实改善和加强。利益与人们的思想行为密切相关,利益支配人们的行为,人们奋斗的一切都与他们的利益有关,思想一旦离开利益,就会使自己出丑。但"光是思想力求成为现实是不够的,现实本身应当力求趋向思想"。理论不仅要反映现实,"实践唯物主义者"还必须通过实践改造现实世界。红色文化作为满足人们多样性、多方面、不同层面的精神消费和精神需要的产品,具有商品的属性,能够产生经济效益。而红色文化经济效益的发挥,让人们享受文化发展成果,有助于红色文化育人价值的释放。"购买优秀文化产品的人越多,受教育的面就越大,经济效益越好,社会效益也就越广泛。从这个意义上说,没有经济效益,社会效益也是空的。"人们根据自身需要主动购买不同的文化产品,出版红色报刊书籍连环画、观看红色影视剧、红色艺术品收藏等等,便是对自身文化身份的认同。革命老区红色文化资源的开发利用要克服"旅游异化"现象,以人的全面发展作为根本目标,重视把旅游作为人们审美需求和文化需求这种更深层次的意义,并与促进当地居民就业、提高人们生活水平结合起来,使当地居民从红色资源开发中得到更多实惠,促使人们在多样多元文化生态环境中接受、认同红色文化,成为自觉的精神追求。

总之,要实现红色文化的教育价值,必须坚持社会效益和经济效益的统一。像电影《郭明义》放映后,受到观众一致好评,电影票房收入超过6000万元;《建国大业》获得了7亿元的票房收入;《理论热点面对面》发行多达300余万册。只有这样,才能更好地发挥红色文化的理论感召力、思想渗透力、精神震撼力和心理抚慰力。

第二节 加强红色文化教育

文化是人的文化。从广义看，全体社会成员都是红色文化教育的对象，因为红色文化是中国特色社会主义先进文化和国家意识形态的重要组成部分，对各阶层、各领域、各行业的人都需要进行红色文化教育。但基于我国社会阶层复杂的现状和全面建成小康社会的伟大目标，需要把青少年、人民群众和党员干部作为红色文化教育的重要对象，进而针对不同教育对象、社会群体的心理特点采用不同方式，达到更好教育效果。

一、对青少年进行红色文化教育

自古以来，青年兴则国兴，青年强则国强。青年一代能否健康成长成才，直接关系到社会主义建设事业是否后继有人。革命先辈奋斗牺牲所取得的红色文化成果，需要青少年去继承和传扬。对青少年进行红色文化教育需要把红色文化纳入课堂教学、校园文化和社会实践之中，并发挥家庭在青少年红色文化教育中的作用。

（一）对青少年进行红色文化教育的必要性

青少年是祖国的未来和民族的希望，是社会主义现代化建设的合格建设者和可靠接班人。能否全面建成小康社会和实现中华民族伟大复兴，与青少年的价值取向、人生目标密切联系。党的十八大提出了"广大青年要积极响应党的号召，树立正确的世界观、人生观、价值观，永远热爱我们伟大的祖国，永远热爱我们伟大的人民，永远热爱我们伟大的中华民族"。红色文化教育就是应有之义。

当代青少年是在改革开放的春风之中出生、成长的，享受着改革开放的成果。社会主义市场经济的发展、对外开放的深入和多样多元文化的交流碰撞，对青少年思想意识、价值观念、道德观念产生的影响也是非常明显的。社会阶层深刻分化，利益格局深刻调整，利益群体多样，利益来源复杂，利益享受存在差别，思想观念多样，这些都会导致青少年价值选择的困惑迷茫、价值取向的功利化、躲避崇高、远离经典。与此同时，对于我国社会转型中出现的一些问题，如社会分配不公平、贫富差距、腐败问题、住房困难、医疗困难等，只能靠进一步深化改革才能解决。而青少年由于社会经验不足，价值观正处于形成时期，容易受到外界因素的误导，对我国社会发展中的问题缺乏正确认识，从而对我们党、对社会主义、对马克思主义深表怀疑、失去信心，转而对资本主义社会顶礼膜拜。我们既要坚决抵制西方价值观念、政治制度、生活方式、行为方式等意识形态对青少年的侵蚀和影响；又要对青少年充分信任、给予鼓励，对他们进行红色文化、红色精神教育，使其深刻了解近现代中华民族伟大光荣的红色历史，永远热爱我们伟大的祖国，促使他们健康成长成才，并培养成为信仰坚定、理想远大和品德高尚的这样一支党的后备军和生力军。

（二）对青少年进行红色文化教育的方法

加强青少年红色文化教育可以运用通俗化的语言和个性化和多样化的展现方法，以及双向乃至多向的互动式、柔性化、隐性化的教育方式。第一，要把红色文化内容纳入课堂教学中。中小学可以把红色文化融入思想品德课、思想政治课中，精心设计形式新颖、内容生动、吸引力强的教学内容。还要编写针对不同年龄群体的红色文化教材。对小学生来说，可以用以图代文等直观形式突出革命时期的图片资料；对中学生来说，要注重史实讲解；对大学生和社会人员来说，要注重理论阐释和政治方向的引导。只有这样，才能在突出教材主体和内涵的同时满足学生的个性需要。如中国延安精神研究会组织编写了《延安精神永放光芒丛书》，将其作为对中小学生进行革命传统教育的课外读物。该丛书分为五册，即《圣地诗画》《革命故事》《窑洞春秋》《中华精魂》《延河情怀》，由浅入深，以生动感人的革命事迹和简洁明快的语言文字展示了革命先驱先辈崇高的思想境界和道德情操，受到了广大学生的欢迎，也取得了良好的教育效果。高校要把红色文化纳入"两课"教学、通识课程中，同时可以结合本地实际情况开设红色文化方面的选修课程，加强革命历史教育，不断强化大学生对红色文化的历史记忆。比如，临沂大学编写的《沂蒙精神与红色文化》一书，已作为大学生学习红色文化的选修课教材。

第二，推进红色文化进校园。学校应当邀请一些老红军、老前辈、老革命者来校做红色文化专题讲座，让学生了解那个激情燃烧的岁月，感触那崇高的理想和坚定的信念。要鼓励和扶持红色社团的发展壮大，提升红色社团的吸引力、影响力和动员力，让学生在以红色精神为主题的红色社团中接受理论的学习、精神的洗礼；把缅怀革命先烈、讲述英雄事迹、纪念抗战胜利等内容的红色文化教育与党团活动结合起来，在丰富党团活动形式的同时让学生接受思想洗礼，树立崇高理想。利用重大节庆日、纪念日，组织举办红色演讲、红色文化论坛、红歌会等红色纪念活动和红色节目；积极在学生中宣传推广《中国共产党党史》《苦难辉煌》等红色文化辅导读物，组织学生观看《建国大业》等红色经典影视剧和文献纪录片，让学生在红色文化的强大思想精神氛围中提升自我价值认知力和鉴别力。此外，加强红色宣传栏、红色板报、红色校园标语、红色广播栏目等建设，创办红色文化为主题的刊物。比如，湘潭大学创办了学生刊物《党史文苑》，有助于大学生了解党史并树立科学的世界观、人生观和价值观。

第三，开展红色文化实践活动。学校要把红色文化传承纳入社会实践服务的整体规划设计之中，注重开展以红色文化为主题的社会实践活动，引导青少年把宣扬红色文化作为提升社会责任感的重要切入点，同时通过亲身体验来感受红色文化的精神魅力和时空穿透力。为此，学校要加强与革命老区的联系，尝试在革命老区建立稳定持久的大学生社会实践基地，利用各种契机在革命老区开展大学生红色文化体验活动，组织学生开展体验红军生活、调研红色革命史实、重温红色历史、开展红色旅游、重走红色革命之路等活动。比如，西南大学利用暑期"三下乡"的社会实践平台，组织大学生广泛深入到延安、重庆红岩村等革命老区开展社会实践活动，让大学生重走"长征路"，探寻红色足迹，深入伟人故居参观学习，使红色文化的精神内涵深入到大学生的灵魂深处，使"红色精神遍校园，革命春风暖人心"。2011年1月，沈阳音乐学院、鲁迅美术学院、井冈山大学、延安大学、西南大学等5所高校被教育部确定为红色经典艺术教育示范基地，有助于加强大学生革命传统教育和爱国主义教育，引导大学生学"红色经典"、爱"红色经典"、懂"红色经典"，提高大学生文化素养和艺术修养。

第四，重视家庭教育。家庭是社会有机体的重要组成部分，对人的成长有着重要作用。家庭环境对青少年品质的形成有着陶冶熏陶作用。良好和谐的家庭环境能够培养青少年健全的人格和坚定的信心。在家庭中，父母的一言一行对孩子的影响要远远超过其他人，他们是孩子的第一任老师，也是孩子在年少时期的榜样。所以，父母在孩子成长中要有意识地对其进行艰苦奋斗、吃苦耐劳教育，以及爱国主义、社会主义、中国近现代史教育等，让他们从小就树立正确的人生观和价值观，学习优秀传统文化，增强对中华民族的自信心和自豪感。

二、对人民群众进行红色文化教育

习近平曾指出："中国梦归根到底是人民的梦，必须紧紧依靠人民来实现，必须不断为人民造福。"人民群众是历史发展和社会进步的主体力量，是推动社会主义文化发展繁荣最重要的力量源泉。中国特色社会主义文化是人民共建共享的文化，所以，要对人民群众进行红色文化教育，开展以红色文化为主题的群众性实践活动，从而让红色文化走进群众，既为群众提供精神营养，也能够增强红色文化的发展活力。

（一）对人民群众进行红色文化教育的重要性

中国特色社会主义事业是人民群众的事业，必须发挥人民群众的主体作用，紧紧依靠群众。半个多世纪以来，我国社会发展取得了巨大成就，增强了人民对党的信任和对社会主义的信心，并以更加积极昂扬向上的精神风貌投入各项工作中。但是，我国正处于社会转型中，社会阶层分化，出现了新的社会群体甚至一些弱势群体，对此如何处理；如何解决农民工的医疗保障、子女教育问题，让农民工享受与当地人一样的社会待遇，受到尊重和认同；新生代农民工受教育水平更高，更渴望融入城市，如何让他们顺利融入城镇，避免一些发展中国家出现过的大城市大贫民窟式的"城市病"；社会贫富差距不断增大，少数人占有社会绝大部分的财富，如何解决；如此等等。这些问题的持续存在不仅影响了城乡社会的和谐稳定、城乡经济的繁荣和社会的全面进步，而且影响了广大群众对我们党的认同、对国家主流意识形态的认同，制约了社会主义国家能够凝聚力量办大事这一优越性的发挥，不利于凝聚人心，实现中国梦。党的十八大提出要积极培育社会主义核心价值观。这就说明必须对人民群众进行红色文化教育，增强国家凝聚力。

（二）开展以红色文化为主题的群众性实践活动

恩格斯说过，意志自由"是借助于对事物的认识来作出决定的能力"，"人对一定问题的判断越是自由，这个判断的内容所具有的必然性就越大"。红色文化是社会主义意识形态的重要体现，红色文化作为先进的文化，在与其他各种思想交锋中必定能够胜出，为大多数人理解和接受。因此，发挥红色文化育人价值必须将其融入人们的日常活动之中，开展以红色文化为主题的群众性活动，让群众在生活中更好地感知和领悟它的巨大魅力，引导人们自我教育，实现红色文化教育"内化于心，外化于行"的目标。

首先，要注重利用重大节庆日组织广大群众参观爱国主义教育基地、博物馆等，开展宣教活动，激发人们的情感倾向。各种重要节日、纪念日凝结着民族精神和民族情感，承载着中华民族的文化血脉和思想精华，蕴藏着宝贵的教育资源，是维系国家统一、民族团结和社会和谐的重要精神纽带。利用"七一""八一""十一""五一"等重大革命纪念日、国际性节日和重大历史事件、历史人物纪念日，举行丰富多彩、形式多样的群众性纪念庆祝活动，增强人们对伟大祖国、美好家乡和幸福生活的热爱。特别是将组织广大群众瞻仰红色文化基地、纪念馆、展览馆、革命烈士陵园等场所，同入党宣誓等神圣活动紧密结合，创造神圣的教育氛围，有助于对群众进行爱国主义教育和革命传统教育，弘扬和培育民族精神，强化国民的爱国意识，培养民族认同感，增强民族凝聚力。

其次，公益文化机构要注重开展群众性红色文艺活动。各种直接面向广大群众的公益性文化机构，比如博物馆、图书馆、文化馆、青少年宫等应当发挥优势，开展生动活泼的红色文化文艺活动，为广大群众提供寓教于乐的文化服务，把红色文化的基本精神渗透到人们的日常生活之中。这就要求公益性文化机构免费对外开放，为人们接受红色文化精神的洗礼创造更好的条件。对此，中宣部等部门在2008年1月联合发布了《关于全国博物馆纪念馆免费开放的通知》，在2010年1月又印发了《关于进一步做好博物馆纪念馆免费开放工作的意见》，第十二个五年发展规划纲要中也明确规定："公共博物馆、图书馆、文化馆、纪念馆、美术馆等公共文化设施免费向社会开放。"让人们免费共享红色文化的精神大餐，对实现红色文化育人价值具有重要意义。

再次，在我国设立"烈士纪念日""国家公祭日"，开展公祭人民英烈活动。世界上许多国家都有法定的阵亡将士纪念日或者烈士纪念日，并且巧妙利用这些资源。如英、美等国家每年都在"二战"纪念日抛洒鲜花、盛装游行，以此来纪念阵亡战士；1997年，德国政府将1月27日确立为全国"纳粹受害者纪念日"；2011年美国总统奥巴马宣布12月7日为"国家珍珠港荣军纪念日"，以纪念伤亡将士。这既是祭奠先人的需要，而且又能教育当代人，使他们在这种神圣庄严肃穆的社会氛围中接受心灵洗礼。这些对于我国如何让人们不忘英雄人物、传播红色文化精神，具有重要借鉴意义。红色人物和英雄模范是红色遗迹、遗址、文物的创造者和实践者，博物馆、纪念馆等也是后人根据英烈生前的创造进行整理间接创造的，理想信念、爱国为民、清正廉洁、创新思维、艰苦奋斗等红色精神是红色英烈在前仆后继的革命生涯中创造的，并深刻地注入我们的民族意识中，成为伟大民族精神的一部分。2014年2月，十二届全国人大常委会第七次会议表决通过，决定将9月3日确定为中国人民抗日战争胜利纪念日，将12月13日设立为南京大屠杀死难者国家公祭日。2014年7月6日，"国家公祭网"正式上线。开展群众性公祭英烈活动，进行群体感化，无疑升华了红色文化的精髓，也是传承发展红色文化和开展红色文化育人工作的重要方式。特别是在信息化时代，草根文化、网络文化等严重冲击了红色文化的先进性和崇高性，红色经典、英雄人物在网上被随意恶搞。通过群体感化,对红色人物哀悼追思,内心就会自发产生对红色英烈的敬仰和爱戴之情,自觉抵制种种戏说、解构红色文化的行为,在多元文化中选择红色主流文化。

三、对党员干部进行红色文化教育

"政治路线确定之后,干部就是决定的因素。"中国共产党特别是党员领导干部的思想素质、作风状况如何,直接关系到中国特色社会主义事业的成败。所以,要重视对党员干部的红色文化教育,通过学习培训、廉政文化教育等来提高党员党性修养,更好地发挥党员干部在红色文化教育中的示范作用。

(一)对党员干部进行红色文化教育的必要性

中国共产党是中国特色社会主义事业的领导核心,中国特色社会主义道路需要在中国共产党的领导下才能够坚定不移地走下去。党的十八大从坚定理想信念,坚守共产党人精神追求的高度提出要"抓好党性教育这个核心,学习党的历史","弘扬党的优良传统和作风",引导党员干部树立正确的世界观、权力观和事业观。这就明确要求必须在党员干部中加强红色文化教育。

对党员干部进行红色文化教育,是加强理想信念教育和党性修养,始终保持党的先进性和纯洁性的需要。随着改革的深入和开放的扩大,各种思想文化的激荡日益激烈,我们党面临着腐朽思想文化的侵蚀,绝大多数党员是能经受住这种考验的,但也有一些党员、干部忽视理论学习,学用脱节,理想信念动摇,对马克思主义信仰不坚定,对中国特色社会主义缺乏信心,另有一些党员领导干部宗旨意识淡薄,个别地方党群、干群关系紧张。这些问题削弱了党的凝聚力和战斗力,损害了我们党在人民中的形象和威信,影响党和政府的公信力,影响了社会主义现代化建设的顺利进行,也制约了红色文化在全社会释放真正的价值。所以,加强党员干部红色文化教育,就是挖掘红色文化中有助于提高党员干部党性修养方面的内容,并使之更好地发挥作用。党的十八大对党员干部如何在实际工作中坚定理想信念、坚持以人为本、执政为民提出了具体要求。因而,我们必须提炼红色文化中的理想信念、为人民服务宗旨、创新等思想精神,来为新时期加强党的先进性建设服务。

(二)发挥党员领导干部在红色文化教育中的引领带动作用

榜样是旗帜,更是力量。加强党员干部红色文化教育要求党员干部以身作则,做传播红色文化的表率。广大党员尤其是党的领导干部对红色文化的认同和坚守程度，成为整个社会弘扬和践行红色文化的风向标。红色文化是中国共产党领导广大群众和先进知识分子在九十多年的历史活动中形成发展的，与中国共产党的历史、命运紧密相连，包含共产党的政治理想、思想观念、爱国情怀等。传承、倡导、领导红色文化的主体是中国共产党，特别是党员领导干部。只有党员干部自觉学习、践行红色文化，"增强自我净化、自我完善、自我革新、自我提高能力"，把自己教育好，才能成为教育者和倡导者。与此同时，党员干部要认识到，能否引导全社会成员学习、践行红色文化并凝聚社会力量共同致力于建设中国特色社会主义伟大事业，自身榜样示范作用至关重要。只有党员领导干部带头学习、践行红色文化，提升自身党性修养，才能提升红色文化在广大人民群众心中的认同感，使红色文化精神、红色文化的核心价值观深入人心。

（三）对党员干部进行红色文化教育的方法

加强党员干部红色文化教育，首先要加强廉政教育，增强党的战斗力和凝聚力。可以结合当前党风廉政建设方面存在的重点突出问题，用革命、建设时期的廉政精神武装党员领导干部头脑，打牢防腐拒变的思想底线。加强崇高坚定的理想信念教育、党的群众路线教育，以此作为党员领导干部廉政教育的永恒主题，促使党员干部保持强烈的宗旨意识和使命意识。加强革命传统教育，引导党员干部继承弘扬艰苦奋斗、勤俭节约的优良传统作风。把提高思想道德修养作为教育的重点，引导党员干部自觉加强自身修养，遵守基本道德准则，自觉讲党性、重品行、做表率。

其次，党员干部学习、接受红色文化可以通过参观博物馆、纪念馆等红色文化基地、聆听革命传统讲座等形式加强党的先进性教育。党的十八大结束后，习近平总书记和中央政治局常委到国家博物馆，参观《复兴之路》基本陈列。该陈列分5个部分，即我国沦为半殖民地半封建社会、探索救亡图存的道路、我们党担负民族独立和人民解放的重任、建设新中国以及走中国特色社会主义道路，有1200多件文物和870多张历史照片。每幅图片、每件实物、每张图表、每段视频，都把人们带回了近代以来中华儿女为实现民族复兴走过的那段跌宕起伏、波澜壮阔的难忘岁月。习近平总书记等领导干部仔细观看展览并认真听取工作人员讲解。在参观过程中，习近平指出，实现中华民族伟大复兴，就是中华民族近代以来最伟大的梦想，需要一代代中国人共同努力，并称空谈误国，实干兴邦。可以说，习近平总书记的足迹为党员干部的红色文化教育提供了范本。通过参观红色文化基地来接受优良传统教育，弘扬伟大红色精神，是党员干部进行红色文化教育、提高党性修养的好方式。党员干部还可以通过革命传统讲座的形式接受红色文化教育。同时，随着时间推移，历经革命的老红军老战士越来越少，党员干部可以通过录制相关录像、整理口述史等方式将这些资源进行保存，以便更好地学习。此外，还需要发挥全国各省区市党校系统的作用，党校可以结合当地红色文化资源的特色，开展党员干部培训活动，编写学习红色文化的教材。

再次，党员干部要把对红色文化的学习融入经济、政治等各项工作及日常生活之中。文化与经济、政治密切联系，不可分割，是一国综合国力的软实力。我们要用联系发展的观点和政治的眼光对待党员干部红色文化教育。这就要求把红色文化宣传教育纳入社会发展之中，在践行红色文化中培养优良传统作风，提高精神境界，始终保持党的先进性和纯洁性。党员领导干部要打破长期以来形成的"GDP崇拜"和单纯的经济思维模式，不要只是把文化当成一种手段和支撑来强调，即"文化搭台，经济唱戏"，也不要只是用纯经济的思维方式来发展文化，绝不能心浮气躁、急功近利，更不能用暴风骤雨、搞运动的方式来进行，要把文化本身当成目标和目的，按照文化自身发展的内在规律来建设文化，使文化发展真正指向民生幸福，让老百姓生活得更幸福、更有尊严。

第三节　创新红色文化内容及传播方式

文化创新是文化发展的实质，更是保持文化多样性的重要手段。在新形势下，弘扬红色文化，实现其育人价值，就要推动红色文化的创新，要在内容和形式等方面加大创新力度。既要规范红色经典改编，创作红色文化精品，又要因地、因时制宜，发挥大众媒体和新媒体的独特优势来传播红色文化，增强红色文化传播能力，更好地实现红色文化的教育价值。

一、创作红色文化产品

"精神产品和社会文化生活对人们的思想观念、道德情操有着潜移默化的影响，必须重视发挥精神产品的社会教育功能。"要实现红色文化的育人价值，丰富其内容是根本。对于当今红色文化产品受到恶搞、解构的现象，我们要重视和规范红色文化经典的改编。把尊重原著的核心精神与引领大众的精神需求结合起来，努力创作出新的红色文化精品力作，满足人们不断增长的精神文化生活需要。

（一）规范红色经典改编

红色经典是曾在全国引起较大反响的革命历史题材文学名著，它是红色文化的核心元素和基本载体。红色经典改编是历史与现实的交响，对于红色文化育人价值的实现有着十分重要的意义。改编红色经典需要尊重原著核心精神和大众的认识定位，在适应中引领人民群众的精神需求，注重育人的隐性化和实效性。

1. 红色经典改编要尊重原著的核心精神

"红色经典"真实记述了我党我军的光荣革命历史，生动描述了无数革命仁人志士的英勇奋斗和宝贵创造，凝聚着革命英雄主义精神、理想主义光辉、爱国主义情怀，是中国革命优秀传统和伟大民族精神的集中展现，具有超越时空的价值魅力。因此，改编红色经典的根本前提就在于尊重红色经典，把握红色经典原著的核心精神内涵和基本价值蕴含。在红色经典改编过程中，必须把红色文化育人价值的实现放在首位，坚持弘扬时代主旋律和对真善美的价值追求，坚持尊重原著的核心精神，不能为了经济利益而人为地扩大作品容量，稀释作品思想，用新、奇、怪等方式糟蹋红色经典。

2. 红色经典改编要注重引领人的需求

优秀的精神作品在帮助人们正确认识生活的同时，也影响着人们对生活的看法和态度，能引导人们树立科学的世界观和人生观。红色文化产品必须把广大人民群众的精神需求引导到正确、高雅的轨道上，抵制和消解当今社会的歪风邪气给人民精神和心理带来的负面影响。借用法国哲学家勒维纳斯的话来说，就是如何引导人们不断"升越"，而不是"下坠"。具体而言，改编红色经典要尊重人民群众的认识定位和心理期待，不能一味地迎合群众口味而降低其精神价值标准。比如，对待中老年人，红色经典改编要把握这种长期形成的稳定集体记忆和强烈怀旧心理，适当保持老照片似的"褪色"基调，能够让他们重温和回味历史；对待广大青少年，红色文化改编可适当加入一些富于现代性的"彩色"，使红色经典重新焕发出新时期璀璨的光芒。在此基础上，红色经典更应显示自身独特的精神魅力和价值内涵，积极引领人们的精神需求进入健康发展的轨道。

（二）创造具有时代气息的红色经典产品

历史充分表明，凡是经得起时间考验，能够流传至今的经典文化作品，都做到了知识性、思想性、艺术性与观赏性的有机统一，而那些公式化、概念化、脸谱化,仅仅为了单一的应景配合而生产出来的产品,早已湮没在时间的尘埃里。新世纪红色文化经典作品的创造必须融合多元文化优势,弘扬主流价值,摆脱过去的谨慎叙事和严肃说教,才能让人们铭记鲜活的历史,达到宣传教育的目的。美国好莱坞电影畅销全球,有媒体称好莱坞电影是"铁盒里的大使"。这种影片之所以受到中国大众的欢迎,就在于它顺应时代发展要求,融入许多流行元素来吸引许多人的注意力,从而在"隐性"状态下传播其价值观念。

我们要深入挖掘红色文化的精神内涵,创作具有当今中国时代特征、反映当下中国人民精神面貌的红色经典作品,塑造出当代人喜爱和认同的"红色人物"形象,使红色文化为社会主义先进文化注入不竭的前行动力,保证先进文化的"红色血脉"生生不息。红色历史与当下观众特别是年轻观众的接受之间存在一个"裂缝",红色文化产品要得到年轻人的认同和接受,就必须在思想感情方面实现个人"小我"与国家"大我"、"红色叙事"与个人化叙事的有机结合。通过对红色经典影视作品的包装、设计,注入一些娱乐元素、时尚元素、偶像元素,使其富有时代感,才能让当代青年更好地感受到昔日先辈的所思所感所行,打破时代隔膜并产生心灵的共通点。《延安颂》《开国大典》《张思德》《长征》等文学影视佳作厚重大气;《恰同学少年》《建党伟业》《风华正茂》等以"全明星"阵容或"青春"为号召,为我们探索了一条承接传统的创新之路,那种平实平易的叙事表达方式和青春靓丽的唯美风格,既坚持了"红色文化"的基本立场,烘托红色文化精神的崇高内涵,又显示出"发乎情止乎礼"的审美特征,有效地满足了受众多方面的审美需求。这样,红色影视剧坚持观赏性与故事性的统一,在还原革命历史的同时增强剧情的吸引力,避免"政治说教",打破以往"高、大、全"之脸谱化,深刻挖掘和充分展示革命领袖和英雄人物的内心世界,从而提高了红色文化在人们心中的地位,促使人们在多元多样文化中自觉选择红色文化,使其育人作用得到了很好发挥。

总之,创新红色文化内容,规范红色经典改编,创作新时期红色精品力作,才能最大限度地实现"较大的思想深度和意识到的历史内容同莎士比亚剧作的情节的生动性和丰富性的完美融合"。这不仅不会冲淡神圣庄严的红色历史,不会冲淡人们心中那种敬仰,反而使历史在可亲可感可触中给人们带来更深刻的震撼和更真切的感受,对那段岁月的崇敬之情、敬畏之心油然而生,从而涤荡思想灵魂。

二、运用大众媒体传播红色文化

文化传播是一种有目的、有计划、有意识的传播,是"以改变人的思想观念为目的，以建立一套社会主流文化系统和态势为目标的思想文化传播活动"。先进文化的主导地位是在竞争中获取的，但是文化发展的基本规律表明，先进文化并不是总能够在多元多样思想文化中占据优势。红色文化是中国特色社会主义先进文化的一部分，如果不宣传、传播，不增强自身传播能力，就会影响其育人价值的实现。广播、报纸、杂志、电视等大众传统媒体集思想性、经济性、普及性于一身，由于时间悠久拥有强烈的群众信赖感，在当今社会仍是思想文化传播的主阵地以及党和国家弘扬时代主旋律并与人民群众密切联系的主阵地。因此，我们要充分认识媒体在传播红色文化、发挥红色文化育人价值过程中的重要作用，把红色文化的思想内涵融入各类媒体的宣传报道之中，让人们在享受娱乐和审美的同时，获得精神上的收益与道德上的感化。

（一）发挥电台、电视媒体作为红色文献纪录片传播的主渠道作用

如今电视已进入千家万户，人们可通过观看红色影视剧熟知党史党情，回忆激情岁月，增强爱党爱国之情。《开天辟地》《亮剑》等影视剧，"激情广场·爱国歌曲大家唱"等红歌传唱节目，都在全国各地引起很大反响，获得了非常好的宣传效果。网上问卷调查显示，高达 71.6% 的受访者是通过电视来收看文献纪录片的。可见，电视媒体仍然是人们接受文献纪录片的主要渠道。因此，电视传媒需要重视自己宣传红色文化的社会责任，创作和传播精品力作，发挥自身的影响力。

（二）编辑出版红色报刊书籍传播红色知识，推动红色教育

中国出版集团联合多家出版社出版了红色经典连环画，如《毛泽东同志在陕北》《地球上的红飘带》《南京路上好八连》等新中国成立以来的优秀作品，用这种图文并茂的表现手法、通俗易懂的叙述特点生动描摹了中国共产党领导全国人民建立新中国的光辉历程，展现了时代的主色调，增强了人们尤其是青少年学习党史的积极性、主动性，坚定了对党的信念。《社会主义在中国》《苦难辉煌》《毛泽东传》等红色书籍再次畅销，这些经典著作让我们铭刻历史的同时，更加强调观照现实、反映后代，注重弘扬民族精神、培育民族自信。《忠诚与背叛——告诉你一个真实的红岩》被赋予新的时代背景，打破小说《红岩》"典型化"的局限性，还原一段真实的历史，激起读者的好奇心，让读者从作品中看到一部红岩斗争的真实历史，全面体现了中国共产党人的党性原则与人性精神世界，从而给读者留下深刻的印象，提高了红色文化的传播能力和育人效果。

（三）加强对大众媒体的监督管理

具体而言，要强化媒体工作人员的理论修养，在内容上侧重对党和国家方针政策的宣传，及时宣传实际生活中具有社会责任意识和奉献意识的典型人物和先进事迹。其次，媒体宣传必须立足于大众，坚持面向群众、服务群众和引领群众、鼓舞群众的基本原则，始终坚持思想性、艺术性与观赏性的统一，切实做到精品运作市场化、红色经典大众化，这样，媒体宣传才能赢得人心，满足大众积极健康向上的精神需求。再次，媒体宣传应该始终高扬时代主旋律，以强烈的艺术感染力充分展现红色文化丰富的色彩，并寻找其与时代精神的契合点。此外，加大传统媒体行业的改革力度，依法打击以权谋私、权钱交易等违法违规行为，发挥媒体作为"党的喉舌"的作用，倾听和反映民众心声，引导人们树立社会主义的共同理想信念，正确认识走中国社会主义道路的历史必然性和我国社会主义制度的优越性。

三、运用新媒体传播红色文化

当今社会，新媒体已成为人们生活的一部分，影响人们的生活方式、行为方式和思想观念。交流的互动性、便捷性，信息的丰富性和共享性，多媒体化和个性化服务是新媒体的主要优势。结合这些优势，充分运用新媒体，创新红色文化传播方式，运用多种先进技术设计红色网站、建立网络红色旅游馆、开发红色游戏、加强对新媒体的监管等无疑有助于扩大红色文化的受教育面，促进红色文化的有效传播，增强先进文化的传播能力。

（一）运用多种技术设计美化红色平面网站

比如中国红色文化网、重庆红岩联线等属于红色网站。通过开发红色文化网站，将真实的史实资料、有历史印迹的图片、拍摄的红色音像资料、红色故事等放在网页上，及时发布与当地红色文化相关的信息和新闻，使人们只要上网就能够阅读、浏览、下载红色文化信息资料，相互交流学习体会，开展红色文化论坛，随时随地接收红色文化的熏陶感染，尽享红色文化的"精神盛宴"。当然，建立红色网站还要考虑大众需求和接受习惯，要运用声音、视频、声像等符号媒介，可以在红色文化网站上设置一些以红色文化为主要内容和背景的游戏。

（二）创办红色虚拟旅游立体网站

虚拟旅游是建立在现实旅游景观基础上，通过利用全维模拟技术如3D技术，再现现实景观，构建虚拟旅游环境，使人们相隔千里就能实现对红色文化的"近距离接触"，如同身临其境进行实地旅游一样。比如中国网络电视台建立的300多个网上展馆，为人们提供了足不出户就参与红色旅游的平台。中国共产党新闻网的党史频道推出了3D网上虚拟党史人物纪念馆，大量翔实生动的文字资料及珍贵的历史照片记录革命英雄人物的辉煌事迹。特别是"中国网络电视台红色旅游网络传播平台"正式上线，拉开了用新媒体手段传播红色历史文化，塑造中国红色旅游网络品牌的序幕，推动了爱国主义教育活动的开展。由中宣部宣教局、中央党史研究室宣教局等共同组织的"寻访革命足迹，弘扬民族精神"网上红色旅游活动拉开帷幕，该活动把革命历史知识与互联网时尚元素相结合，网民通过网上红色旅游形式，重温中国共产党的红色历程，加深了对党史、国情的了解。这些对于教育和引导人们尤其是当代青少年充分认识中国共产党领导、社会主义道路和改革开放的必然性，坚定理想信念，增强历史责任感具有现实意义。

（三）加强对新媒体的监督和管理

新媒体作为当今思想文化的集散地和社会舆论的放大器，也有一些虚假信息、消极腐朽文化、恶搞红色经典等，能否积极利用和有效管理新媒体，直接关系到红色文化的健康发展和红色文化的育人效果。因而，要高度重视新媒体的建设和管理，增强文化的传播力和竞争力，使其成为传播红色文化的新阵地、公共文化服务的新平台、人们健康精神文化生活的新空间。具体而言，要加强对互联网等新媒体的监督和管理，积极做好网建工作，着力把重点新闻网站如人民网、央视国际、新华网、新浪、网易等做大做强，使其成为传播红色文化的权威信息源和强势传播媒体，并通过主流网站和样板网站形成示范效应并不断扩大辐射范围，建构开放、便捷的红色文化网络宣传系统；加强网络道德建设，构建网络道德体系，加强网民道德自律的引导；建立健全相应的法律法规，建立网上监控、制约系统，使不良信息在网上无处遁身；要正确认识网络渠道的重大意义，防止红色文化网站建设的形式主义化，使红色文化的宣传教育成为"形象工程"的牺牲品。只有这样，才能使新媒体成为人们接受红色文化教育的新手段，促进红色文化育人价值更有效地实现。

总之，文化育人的方式之一是要依靠教育。要实现红色文化的教育价值同样离不开教育。只有加强对不同群体的红色文化教育，增强文化育人的针对性，才能更有效地实现红色文化育人的价值。

新媒体时代红色旅游教育元素融入高校思政教育研究

第四节　合理开发利用红色文化资源

红色文化资源是我们党领导人民群众在革命战争时期创造并在改革开放新时期不断发展，可为我们今天所利用，具有当代价值的红色精神及其物质载体的总和。红色文化基地既是整合优化文化资源的大熔炉，也是繁荣发展文化内容的孵化器，更是传承发扬红色文化精神的策源地。红色文化教育作用的发挥必须依托于红色文化基地，要加强对红色文化资源的保护，形成全社会保护红色文化的氛围，为红色文化育人提供良好的物质载体支撑；整合红色文化资源，实现"红""绿""红""古"结合；创新旅游景区展示手段和体验开发模式，打造红色旅游品牌，提高红色旅游吸引力。

一、加强保护红色文化资源

文化遗产作为国家的一种文化积淀、文化基因、文化密码，是解释一个国家文化身份、揭示一个国家文化个性的重要依据，是一个国家走向现代化的文化根基，更是一个国家自尊、自信、自立、自强的精神源泉。文物遗址的毁灭，好比是人类社会一段历史的残缺和一段文明的逝去。美国非常重视通过本国的人文物质环境来潜移默化地影响人们的精神和思想，他们不惜重金建设各种类型的人文物质环境，如旧金山的以华盛顿、杰斐逊等重要历史人物命名的街道和塑像，华盛顿的国会大厦、白宫、华盛顿纪念塔、林肯纪念堂、国会图书馆等，都蕴藏了丰富的政治思想信息，以此作为对本国公民进行教育的生动教材和重要基地。真正释放红色文化的育人价值，必须加强对其保护，引导全民树立保护红色文化的意识，形成政府主导与公众参与的保护格局。

（一）引导全民树立保护红色文化的意识

革命遗址遗迹、纪念馆、陈列馆、展览馆、烈士陵园、红色文学、标语等红色文化，是不可再生的珍稀文化资源。红色文化是对中国历史的肯定，更是对中国特色社会主义发展道路的认同和坚持。只有保护红色文化，才能更好地守护中华民族赖以生存发展并且引领中华民族走向未来的文化根脉，才能发挥文化教育人民的作用。保护红色文化不仅要通过亲历采访、见证者、文物征集、实地考察等形式收集、挖掘、整理红色文化典籍和历史文献资料，也要重视对无形的红色精神文化的保护工作，特别是那些潜藏的、暂时未被发现或开发利用却带有红色文化性质的资源，比如散落在民间的红色革命文物、红色标语、红色艺术品、长期尘封在档案馆的红色史料、没有引起重视的小型战斗红色遗迹遗址等，这些都是红色文化气息浓厚的宝贵资源，需要用透明的眼光、珍惜的态度集中全力进行挖掘，进一步充实完善红色文化。要充分运用报纸杂志、广播电视、网络等媒体，经常举办展示、讲座、论坛等形式多样的主题活动，普及红色文化保护成果和法律法规知识，对宣传得力的单位，表现突出的个人、公民团体给予物质或者精神奖励，以便在社会上形成良好的保护氛围，增强全社会保护红色资源的意识，切实有效地发挥各个层面的红色文化在育人中的作用。

（二）构建政府主导和公众参与双管齐下的保护格局

只有形成政府与公众共同保护红色资源的局面，才能切实保护红色文化的完整性、真实性以及整体环境，做到红色文化资源的保护和开发利用同时同步进行。政府的主导作用主要表现为在保护红色文化过程中对人力、财力、物力等诸要素的投入，以及政策调控和引导等方面。在政府作用发挥不到位或不够的领域，比如红色文物捐赠、红色文物认护、红色文化保护资金募捐等，可以动员和鼓励企业、公益团体、基金会等全社会的民间力量参与红色文化的保护工作。特别是由于红色文化资源分布广泛、数量多、保护难度大，更应该依靠全社会的共同力量，引导全民关注，鼓励社会捐助。只有形成政府主导、大众参与为辅、政府与大众协同保护的格局，才能更好更有效地促进红色文化的传承发展和红色文化育人作用的发挥。

（三）制定保护红色文化资源的法律法规

美国当代政治学家亨廷顿认为，只有依靠法律的强制性，才能从根本上有力地遏制和减少无规范或反规范行为，确保市场经济下的现代社会健康发展。法律法规不仅是维持社会正常秩序和调整社会关系的基本尺度，而且也是保护红色文化资源的重要着力点。通过出台保护红色文化资源的法律法规条例，采取严格的奖惩赏罚举措，能够使保护红色文化资源的工作走上法制化轨道，并尽量减少愈演愈烈的红色文化遗址遗迹流失破坏等现象的发生。现阶段，《中华人民共和国文物保护法》是革命文物立法的基本指导思想，但仍需要大量配套法律法规进一步补充完善。现有法律中对偏僻、交通不便地区的红色文化、尚未发现的红色文化资源和红色文学、红色歌谣标语口号等精神层面的红色文化缺乏相应保护。所以，主管部门应该根据红色文化物质形态、精神形态的特点，完善保护红色文化的法律法规，使红色文化资源的保护有法可依。同时，更要贯彻落实这些条例，加强执法力度，严格按照相关法规从事保护管理，做到执法必严、违法必究，防止徇私枉法。只有这样，才能使红色文化资源置于法律保护之下。

二、整合红色文化资源

资源对人类社会发展的价值在于其效用性，资源的有用性、稀缺性等属性在红色文化资源中得以体现出来。红色文化为社会主义先进文化建设、社会主义核心价值观的培育和践行提供了精神高地和价值支撑。实现红色文化教育价值，需要整合红色文化资源，打破行政区划，将以往单一分散式的开发改为集约型、整合式开发，实现"红绿""红古"结合，加强区域合作，避免红色文化成为"闹市中的孤岛"，最大限度地发挥红色文化资源的教育优势。

（一）实现红色文化资源与当地绿色生态有机整合

开发红色文化资源，实现文化育人的价值，既要靠"红色"吸引人，又要靠其他资源，形成优势互补。利用红色文化资源的辐射能力，带动相关景区及沿线的开发，特别是与生态环境保存较好的自然景区相结合，实现从"完全红色"向"以红为主，红绿结合"转变。我国革命老区多数是山区和丘陵地带，绿色景观、生态环境优美独特、清新自然，有的革命纪念地还是国家级或者省级风景名胜区。开发红色文化应以红色为基调，把爱国、敬业、诚信等社会主义核心价值观融入其中，体现红色人文精神，又要以绿色生态为补充，深入挖掘红色文化资源附近的自然资源，打造红色文化资源与绿色资源结合的知名品牌，在促进当地经济发展、居民生活水平提高的同时发挥先进红色文化温润人、滋养人的作用。享有"革命摇篮"和"绿色宝库"之称的井冈山利用独具特色的"红""绿"资源优势，提出了"红绿结合""旅游兴市"的战略，推出了许多红绿交相辉映的红色旅游精品线路，吸引了全国各地的游客，成为红绿结合整合开发红色文化资源的成功范例。

（二）实现红色文化资源与民俗文化相结合

在我国众多红色文化资源丰富的地区，并不是所有的景区都像绍兴、井冈山那样拥有良好的生态环境。对于经济发展水平相对落后的革命老区来说，那里的民族风情、民俗民风也是红色文化资源开发的极好结合点。民俗文化是以物质、口头、行为、风俗等非官方、非正式的形式进行传播的文化，是一种文化意识，更是社会生活的一部分，是上升为更高层次文化体系的基础。众多的民俗事项当中也存在着精华与糟粕，那些对人类社会发展能够起到推动作用并将长期存在的部分才能够上升为更高层次的文化。

在推动文化大繁荣大发展的环境下，挖掘与红色文化资源相随相伴的民俗文化，把红色文化精神融入"和而不同"的地域文化中，实现"红""古"结合，形成古今相映、雅俗共赏的新格局，便于提升红色旅游的吸引力和市场竞争力，增强红色文化资源开发和育人的实效性。瑞金是中华苏维埃共和国的首都，被称为"红色故都"，但瑞金并不具有优美的生态，绿色生态资源开发缓慢，但作为客家县，拥有丰富的客家文化底蕴，多姿多彩的民俗文化吸引了来自海内外的游客。瑞金通过整合红色文化资源与客家文化资源，改变了农村传统的产业结构和发展态势，促进了当地红色旅游的发展，满足了游客的精神文化需要。

（三）整合区域红色文化资源

区域联合就是进行跨行业、跨领域、跨地区的红色文化资源整合。加强区域红色文化合作是实现红色文化育人价值和红色旅游可持续发展的必由之路。实现区域联合，第一，要以政府为主导，进行宏观调控，突破行政区划限制，防止条块分割。红色文化资源所在地政府要发挥积极性和主导作用，协调好各种利益关系，形成公平竞争、机会均等、利益兼顾的协调机制，消除地区市场壁垒，共同解决合作中出现的不协调现象，以实现利益共享，避免盲目、过度竞争。第二，要整合规划，树立大旅游、大市场的理念。把全国作为一个系统，各地红色文化作为分支。统筹兼顾不同层级的红色文化，促进红色文化产品在市场上自由流动。

（四）形成红色文化资源整合开发的合力

整合红色文化资源，发挥红色文化教育作用，需要形成一股合力。对此，第一，要建立党委宣传部门领导下的行政负责制，成立专门的联合开发协调领导机构，积极建立以研究中心、研究所为实体的开发联合体，为红色文化整合开发提供组织保障。第二，组建以政府投入为主，高校、企业和社会共同投入的全员性保障体系，建立以文献研究室、科研院所、高校历史博物馆、革命博物馆和政策研究室研究人员等为骨干的研发队伍，充分发挥社会力量与专业研究人员在红色文化开发利用及研究中的作用，形成联合研发、齐抓共管的良好局面。第三，切实利用好研发力量和社会力量，开辟一条内外结合的渠道，形成科研、新闻出版、宣教、影视、理论和网络于一体的整合开发的道路，促使红色文化开发取得整体社会教育作用。总之，通过对各地红色文化整合协调，加强纵向联系和横向联系，实现各地红色文化资源的共享互补，才能增强红色文化宣传教育的实效性。

三、创新红色文化资源开发模式

开发利用红色文化资源，要创新红色文化场馆基地展示手段，运用声、光、电等现代技术，将过去的静态橱柜展示升级为动静结合的展示；进行情景模拟、亲身体验，打造红色旅游景区文艺品牌，从而使人们感受到自然之美和精神之美的双重变奏，在无形中接受红色文化知识的汲取、心灵的震撼、精神的激励和思想的启迪。

（一）红色文化场馆基地要创新展示形式

博物馆、纪念馆、烈士陵园等红色革命文物展示的是历史，要让现实中的人们从历史中找到情感共鸣和结合点，必须缩短历史与现实之间的距离，利用有效的形式把红色文化的精神价值外化出来。因而，要重视采用声、光、电、动漫、场景模拟、影视、电脑写真等现代传媒技术手段和新颖的陈列展示手法，把传统"静态"展示拓展为现代动态展示，将红色革命文物深刻的思想内涵以图文声像并茂的形式活灵活现地展示在人们面前，以主题鲜明、具有思想性与现实针对性的陈列展览震撼和教育人们，增强红色文化的感染力和吸引力，使人们在娱乐中接受教育、磨砺斗志，使红色文化更好地发挥育人的功能。

井冈山革命博物馆首个提出"红色经典、现代表述"的理念，采用三维造型艺术、舞美技术和声光电、多媒体等技术，以现代的展陈语言来表述红色历史。《井冈山革命斗争全景画》用艺术形式真实反映了三湾改编、井冈山会师、黄洋界保卫战等重大历史场景，直观形象生动地展示了五百里井冈绿色风光和井冈山革命斗争的伟大实践，使红色陈列物从"平面化"变得富有"立体感"。通江县红四方面军总指挥部旧址纪念馆，是全国爱国主义教育示范基地，其旧址是全国重点文物保护单位。自2005年以来，该纪念馆启动陈列改进项目，聘请重庆红岩联线专家编制了改进陈列方案，该馆在原"巴山烽火"陈列主题不变的基础上，不断充实、补充和完善陈列内容，充分利用现代科技手段和科技产品强化展示方式，强化视觉冲击力和精神震撼力。在展示手段和保护设施上，改进陈列艺术设计，展室地面防潮处理、影视厅和接待室设施设备配置、防火防盗电视监控系统、展室装修、场景复原、雕塑油画、多媒体和影视系统、展品制作和处理，以及资料采编、搜集拍摄和陈列布展等，提高了宣传教育的实际效果。

（二）通过情景模拟、亲身体验等形式提高景区吸引力

红色文化入脑、入心，体验先行。"只有体验的东西，才能内化于人的生命之中，融化为生命的一部分。从这个意义上说，体验是进入生命的唯一通道。"只有亲身体验的事物，印象才深刻，学到的知识才更加扎实，明白的道理才能终身受用。对于当代青年人来说，他们多数没有经历过那个浴血奋战的革命战争年代，对革命历史既缺乏感性认识又有较少的理性思考。红色旅游体验是红色旅游者对红色旅游目的地的事物、事件的直接观察或者参与及其形成的感受。通过运用体验式教育，重新设置历史情境，能够充分发挥人们的主体作用，让人们身临其境，凭借直觉，将情感和灵性融入红色旅游产品之中，深刻感受、体验和领悟先进文化的熏陶，理解红色文化的精神内涵，震撼内心世界，树立理想信念。

当下，许多红色旅游景区通过再现情景、亲身体验或情景模拟，使旅游景区"活"了起来，提升了红色旅游的吸引力，更好地发挥了红色文化育人的作用。在瑞金叶坪景区，一些游客穿上粗布军装和老区人民手编的草鞋，有"送郎当红军"的生动表演。通过现场感受、亲身体验，人们似乎回到那个军民情深、战火纷飞的岁月，感悟当年革命根据地广大工农红军在党的领导下众志成城、艰苦奋斗、共同御敌的精神，给人以心灵的震撼和精神的鼓励。井冈山推出的由"走一小段红军小路、向革命先烈献一束花、听一堂传统教育课、吃一顿红军套餐、学唱一首红军歌谣、看一场红色歌舞"组成的"六个一"参观游览项目；在赣南赏客家舞、品农家乐；在赣东北看《可爱的中国》……这些都使革命传统教育浸染无数游客，真正入脑、入耳、入心。延安在我国革命纪念地和革命史上的特殊地位，沉淀了发展红色旅游的优质资源基础。通过重新再现老一辈无产阶级革命家指挥全国战争的情景以及他们的文化生活，或策划革命战争场景等一些参与性节目，游客能够穿红军服、学唱信天游、摇木纺车等，尽情体会陕北的独特风情，切身感受伟大的延安精神。翔实地演绎这些历史场景，能够生动展示历史事件，必然对人们产生巨大的吸引力和感染力。

（三）打造红色旅游景区优质文艺品牌

在多样多元文化背景下，要使红色文化"化人"的功能有效发挥，就要

打造文化品牌，实现红色文化产品占领市场，能够成功到达消费者手中并被他们接受。像美国好莱坞的电影大片、意大利的足球联赛、德国贝塔斯曼的图书出版、日本的动漫、英国的流行音乐、韩国的电视剧等产业品牌，无疑增强了其本国文化的影响力。发展红色旅游更是如此。各级革命博物馆、陈列馆、纪念馆、革命烈士陵园、展览馆等单位要围绕文化育人的中心任务，挖掘自身潜力，创作出富有自身特点的图书、影视剧等精品。重庆红岩联线推出了越剧《红色浪漫》，儿童剧《小萝卜头》，话剧《天下为公》，京剧《江姐》《张露萍》等以红岩革命历史为主题内容、反映红岩精神的红色经典作品，已初步形成以红岩系列展览、红岩报告、红岩系列展演、红岩系列出版物、红岩文化室、红岩网站等为特色的品牌、项目、产品，使人们在直观生动的观赏中接受文化的熏陶、心灵的净化以及人生的启迪。

四、完善红色旅游区基础服务体系

红色文化要吸引人、感染人必须完善红色旅游景区服务体系和基础设施。既要提高景区专业人才和从业人员素质，展示革命老区的淳朴风情，增强游客的满意度，又要拓宽资金渠道，加强红色旅游景区基础设施建设，提升旅游区的服务质量。只有这样，才能使红色旅游健康持续发展，真实发挥在革命传统教育和政治教育中的作用，进而促进红色文化育人价值的有效实现。

（一）提高红色旅游景区人才队伍素质

文化的发展和文化育人功能的实现源于人才的培养。恩格斯在其《自然辩证法导言》中赞扬并高度评价了文艺复兴运动的思想领潮人的"多才多艺"的素质特点，他说："那是一些在思维能力、激情和性格方面，在多才多艺和学识渊博方面的巨人。……那时，几乎没有一个著名人物不曾作过长途的旅行，不会说四五种语言，不在好几个专业上放射出光芒。"红色文化人才队伍是社会主义先进文化建设的重要参与力量，担负着传承、传播红色文化的历史重任，其思想素质、专业技术水平、管理服务质量状况直接影响了红色文化传承工作的有效开展和红色文化育人价值的实现。红色文化资源开发要实施人才战略，制定全面系统的红色旅游景区人才培养规划，提高红色旅游景区行政队伍、导游队伍和服务人员的整体素质，使其与红色文化育人工作相适应。

1. 建设高素质红色旅游景区管理队伍

针对当下旅游景区高素质高水平管理人才不足的情况，需要对这些地区的旅行社、宾馆饭店及景区负责人开设学习班，学习红色革命历史和红色精神，培养一支政治强、业务精、具有深厚文化底蕴的管理专家和理论专家队伍。可以选派干部到其他开发较好的红色旅游景区参加培训，学习现代化的管理经验，进行挂职锻炼，提高实践能力，使行政部门的决策真正做到理论与实践的有机结合。这样，才能使红色文化资源开发、红色旅游发展朝着健康正确的方向前进，使红色文化育人价值更好地释放。

2. 提高导游讲解员文化素养

一个好的导游就是一道活的风景。导游作为红色旅游景区对外宣传的窗口，他们的言行举止、品德素质直接关系到景区的服务质量和旅游传播的实际效果。所以，导游需要学习和熟知红色革命历史，了解革命人物的先进事迹。要加强导游讲解员的岗前和在岗培训，坚持持证上岗；可以扩大红色旅游景区小语种导游的队伍；要规范导游词，结合当地实际编写《红色旅游景点景区导游词》；举办景区导游大赛，提高导游的综合素质。比如，西柏坡纪念馆由纪念馆讲解员组队成立了"西柏坡精神宣讲演出团"，深入到农村、城市、学校等地进行红色宣讲。井冈山组织了一批红领巾义务讲解员，这些生长在红色摇篮里的"红孩子"们以独特的宣讲方式讲述着烽火岁月中感人肺腑的革命故事，受到社会的好评。2012年，湖南长沙举办了红色旅游和民俗文化人才培训班，通过开班仪式、专题讲座、现场讲解等方式，针对开发红色旅游产业、培养民俗文化人才、传承与创新红色文化等内容进行培训，并进行实地参观。既使学员接受了红色革命精神洗礼，饱尝了湖湘优秀文化大餐，又增强了他们发展红色文化的紧迫感和责任感。

3. 提高服务人员素质，引进专业技术人才

景区从业人员是旅游景区的标志。要加强对从业人员的红色文化资源保护、主要旅游项目、服务礼仪规范性、服务语言多样化、服务技巧灵活性、职业道德等业务技术技能的教育培训，加强对旅游景区经营人员的监督管理。对此，要坚持院校培训与在岗培训、当地培训与区外引进相结合，培养景区人才。可以组织服务从业人员培训班，通过专业培训及对红色文化知识的自觉学习，提高从业人员的思想觉悟、政治素质和服务意识，使其明白自身肩负的职责。同时积极引进具有专业技能、受过正规教育的服务人员，发挥能人效应和示范带动作用，促进从业人员素质的全面提高，从而使他们不仅能够在休闲、娱乐中引导游客，还能满足游客对红色文化知识的精神需求。

（二）加强红色旅游地区基础设施建设

文化环境、社会秩序是旅游目的地能够吸引人的最基本条件。环境脏乱、治安混乱的地方不可能成为人们观光休闲的场所。在红色文化资源丰富地区，基础服务设施落后是影响红色旅游发展和红色文化育人的重要条件。所以，红色旅游地区在当地居民发挥艰苦创业精神的同时，要实施政府主导，加强基础设施建设，实现可持续发展。一是要加强交通建设。交通和交通工具是旅游活动的必要前提，离开交通和交通工具，旅游就几乎不存在了。旅游景区的可出入性说的就是交通和交通工具。多数游客心中理想的旅游路线是旅途时间短、游览时间长、人在景中走、景在游线边的，所以，红色旅游景点要加强主干线的改造、建设工作，加大景区与主干线的连接道路以及景区内部参观游览道路的建设力度，增开班车、火车专列和航线，加强与周边城市、县区的交通联系，完善交通服务体系，满足游客"快进、快出、满游"的要求。二是加强住宿服务建设。红色旅游景点不能够盲目建设星级酒店，片面追求档次和规模，应该合理布局，建设高、中、低不同档次的宾馆、饭店，还可以建设青年旅舍、家庭宾馆等经济型住宿设施。特别是青少年作为红色旅游的主体，应为青少年提供清洁、安全、廉价、舒适的膳宿服务。此外，还要完善通信、环卫等配套设施，让游客在接受红色文化精神洗礼的同时感受到旅游的方便和舒适。

（三）努力拓展红色旅游区资金渠道

红色旅游景区建设要投入一定的经费，用于进行基础设施建设、优化展示手段、加强对资源的保护开发、开展对导游和讲解员的培训工作、聘请专家进行宣讲活动等。只有这样，才能更好地使红色旅游发挥教育人、感染人的作用。所以必须拓宽景区投资融资渠道，使各项工作有效开展。对此，一方面要把红色旅游景区开发利用所需经费纳入国家财政计划，景区所在地政府要加大对景区建设的投资力度。特别是对于一些经济基础比较薄弱的革命边穷地区的重点革命旧址、革命纪念建筑、革命烈士纪念场地的开发，政府应该拨出专款。另一方面，要拓宽民间、企业等投资渠道。在市场经济条件下，要把市场机制引入红色旅游发展之中，把发展文化产业与红色文化开发利用、发展红色旅游结合起来，以资本运作形式，将红色旅游开发项目通过合作、招标、控股等方式出让经营权，吸引资金参与红色旅游景区建设，争取形成多元化、多层次的投入格局。此外，景区所在地政府和管理部门应该发挥积极主动性，将红色旅游优势转为红色产品优势，扩大市场占有比例，实现经济效益与社会效益的统一。

总之，红色文化资源作为一种教育资源和文化资源，只有在合理开发利用之后才能发挥其教育作用。通过保护红色文化资源，整合开发红色文化资源，发展红色旅游，创新红色文化基地和爱国主义教育基地的展示手段，提高相关人员的素质，才能使文化育人的价值得以实现。

第四章　利用红色文化资源开展高校德育工作

第一节　新形势下当代大学生的思想政治状况

随着我国经济快速的发展、全面建成小康社会的步伐加快,这对人们思想的影响也是必然的,拜金主义、虚无主义等出现在人们日常生活中,多样性和复杂性成为比较明显的特征。思想活跃、个性多样和敢为人先的当代大学生,其思想更加多元化。并且我国高等教育由精英教育向大众化教育转变,每年高校招生规模逐步扩大,同时国家也一改过去"统招统分"一包到底的就业政策,而改为毕业生和单位双向选择的就业方式,使大学生的思想更为多样化。通过与学生的交流以及观察,了解到新形势下大学生的思想政治主流是好的,其思想特征呈现出奋发向上、积极进取、务实有为和健康发展的良好态势,学生一进学校便有大部分递交了入党申请书,学习勤奋,并积极主动参加各项集体活动,在学校"成才规划工程"的引导下,认真规划自己四年的大学生活以及大学毕业后所要从事的工作。但是,在四年学习过程中,部分学生也出现了一些令我们不容忽视甚至是担忧的问题,如:在政治上缺失信仰,入党动机不纯,功利性明显,争优争先的目的是为实现个人利益,一切以自我发展为中心,无私奉献的精神缺失,思想政治觉悟不高,爱国主义、集体主义感不强,使命感、责任感不强,民族自尊心、自信心和自豪感有待加强。

一、精神信仰缺失、价值观变形

新形势下的当代大学生思想政治、世界观、人生观和价值观的主流是好的,是积极进取的,但由于社会经验的不足,思想上还不成熟。面对复杂的社会现实生活,一些大学生,理想信念迷茫,对一些问题存在一些过激的、模糊的、片面的和肤浅的看法。比如有些大学生认为共产主义还没有经过实践检验，她是一种遥不可及的美好愿望，只能是一种幻想，因而有些人对共产主义理想信念产生疑虑，对社会主义产生怀疑，比如对走中国特色社会主义道路也产生疑虑。这些认识上的误区和迷茫，影响着当代大学生的精神信仰和理想追求以及人生观、价值观的形成，并对人生的发展也产生了深远的影响。当人生理想信念追求与现实利益相冲突时，大部分便倾向于现实利益，明显呈现出价值的选择和价值的实现是实惠性和功利化。有些大学生认为"金钱万能"，一切都用钱来解决，他们把师生关系、同学关系等同于金钱关系、功利关系，并把金钱看成是地位和事业成功的象征，拜金主义、享乐主义思想泛滥。

二、思想道德素质有待提高

在社会道德中强调自我，一切以自我为中心，注重个人感受不顾他人感受，集体主义感不强，爱国意识淡薄。不少大学生对于道德行为的理解，多是从个人利益和情感的角度来理解，在思想政治教育中认同的道德规范，自己却不在行为上加以实践。一些大学生从理论上十分清楚自己应如何处理个人与国家、集体以及他人的关系，但落实到具体的行动时，他们往往以自我为中心，考虑自己的多，比如评优评先、评奖学金、评国家助学金、励志奖学金及各类荣誉称号时，便表现出明显的个人本位倾向，功利性十分明显。以自己的利益得失来判断道德问题，对于国家利益、集体利益、他人利益是否受到损害，或是对周围同学的不良或不道德的行为，多是以和事佬，事不关己、高高挂起的旁观者角色以及不闻不问的态度来对待。很多大学生对爱情的本质未能有很深刻的认识，或是带着玩的心态对待爱情，因此，缺乏爱情应有的道德感与责任感。比如在公众场合勾肩搭背，旁若无人地过分亲昵，有的甚至在外面租房同居。由此可以看出，很多大学生的道德判断和道德选择标准具有较明显的偏离社会传统道德与主导价值体系、转向注重个人情感和利益的倾向。

三、吃苦耐劳精神不够

当代大学生大部分是独生子女，是父母眼中的宝贝、掌上的明珠，从小生活在父母的呵护中，百般宠爱集于一身，基本上没做过什么事，甚至连自己的衣服都是父母清洗，生活自理能力差，自我约束能力不够，心理发育滞后。考上大学，父母不在身边，无法给予照顾，生活琐事都得自己处理，由于吃苦耐劳精神不够，心理承受能力不强，一旦碰上一点挫折就变得无所适从、不知所措和心灰意冷，并容易产生逆反心理和过激行为。同时，由于没有吃苦耐劳和勤奋刻苦的精神，造成自己信心不足，不知自己毕业后想干什么、能干什么，对自己的人生没有一个很好的规划。整天担心找不到自己喜欢的工作，因而情绪低落，消极悲观，破罐子破摔。特别是2008年世界爆发金融危机以来，进一步增大了大学生的就业压力，大学生的心理问题普遍存在。大学生来自不同地方、不同家庭，有些家庭条件差的学生来校后，看到其他同学生活优越，穿名牌衣服等，便容易产生自卑和嫉妒的心理，并抑郁偏执、不合群。还有一些大学生不热爱劳动，也不尊重他人的劳动成果，在生活中又不勤俭节约，正所谓"四体不勤、五谷不分"。

四、引导大学生正确看待一些社会现象

大学生十分关注社会现实问题的解决，对于一些复杂的敏感的现实问题，如对教育、以权谋私、贪污腐败等现象不能正确看待，对关系自身的现实问题，如教育收费、助学贷款、就业等也特别关注，现实问题如果得不到妥善解决，学生往往会归咎于社会，对思想政治教育产生怀疑和不信任。

作为高校思想政治教育工作者，我们应充分肯定当代大学生思想主流是好的，积极向上、健康发展，同时，也应清醒地认识到在上述一些因素的影响下他们的思想状况已发生了新的变化，并呈现出了一些新的特点，有些变化甚至是和主流思想背道而驰的，针对这些新情况，作为高校思想政治教育工作者应查清根源，寻找原因，并采取积极有效的措施，如运用红色文化资源来开展高校德育工作，以提高当代大学生的思想政治修养和人文道德情怀以及法律素质，学习和践行社会主义核心价值体系。

第二节 红色文化资源概述

一、红色文化资源状况

红色资源是中国共产党领导中国人民在长期艰苦卓绝的革命实践中创造的。以中国革命道路、革命文化、革命精神为内涵的红色资源，是中国共产党宝贵的精神财富，也是高校进行思想政治教育的宝贵资源。全国各地红色文化资源十分丰富。

在江西，革命旧址、故居及纪念建筑物十分丰富，数量之多、分布广泛，

就如一个没有围墙的革命历史博物馆。有我们所熟知的全国规模最大的两处革命旧址：井冈山革命旧址群和瑞金革命旧址群。目前，江西共有 9 个国家级爱国主义教育示范基地，60 个省级爱国主义教育基地，268 个市、县级爱国主义教育基地。

在福建，有爱国主义教育基地 136 个，红色旅游资源 178 处，其中国家级 14 处，省级 40 处。主要分布在龙岩、三明、南平及宁德、漳州、福州等地。

在湖南，红色旅游景点共有 139 个，其中五级资源 14 个，四级资源 26 个，三级资源 32 个。《2004—2011 年全国红色旅游发展规划纲要》中提出全国 30 条"红色旅游精品线路"中 4 条涉及湖南省红色旅游景点："井冈山—永新—茶陵—株洲线；韶山—宁乡—平江线；贵阳—凯里—镇远—黎平—通道—桂林线；张家界—桑植—永顺—吉首线。《规划纲要》提出的全国 100 个"红色旅游经典景区"中，湖南有 8 个：即韶山毛泽东故居和纪念馆；长沙市红色旅游系列景点（宁乡县花明楼刘少奇故居和纪念馆，岳麓山景区）；湘潭市湘潭县彭德怀故居和纪念馆；岳阳市红色旅游系列景区（点）；郴州市宜章县湘南暴动指挥部旧址；衡阳市衡东县罗荣桓故居；张家界市桑植贺龙故居和纪念馆；湘西自治州永顺湘鄂川革命根据地旧址。这些红色旅游景点分布相对集中，主要分布在湘东地区、湘中地区和湘西地区。

陕西省是全国红色文化资源最丰富的地区之一，涵盖了中国革命的各个时期，数量多、分布广、影响大。据陕西党史部门革命遗址普查工作统计显示，自 2010 年 1 月至 2010 年 12 月，陕西省 11 个市（区），107 个县、市（区）党史部门共普查遗址 2155 个（革命遗址 2051 个，其他遗址 104 个）。

在贵州，红色文化资源数量多，分布广泛。据调查，红色旅游点 160 余处。尤其是遵义，是红军长征途中经历时间最长的地区，这里留下了大量的革命遗址和遗迹。是全国十大红色旅游基地之一、12 个"重点红色旅游区"之一、30 条红色旅游精品线之一，红色旅游资源十分丰富，主要包括遵义会议会址、红军总政治部旧址、娄山关战斗遗址、红军山烈士陵园、乌江天险、四渡赤水纪念馆、青杠坡战斗遗址、赤水丙安红一军团纪念馆等红色旅游资源。

遵义会议会址位于遵义老城区子尹路东侧，原为贵州军阀第二十五军第二师师长柏辉章的私人官邸，修建于 20 世纪 30 年代初。整个建筑分主楼、跨院两个部分。临街有八间铺面房，居中有一小牌楼，檐下悬挂着毛泽东同志 1964 年题的"遵义会议会址"的黑漆金匾。会址主楼坐北朝南，为曲尺形，砖木结构，歇山式屋顶，盖小灰瓦。楼顶有一老虎窗。楼层有走廊一圈。主楼上下的门窗，漆板栗色，所有窗户嵌镶彩色玻璃。主楼与跨院后侧伸出一石灰粉刷的船形楼房，房侧有一长方形水井。遵义会议会址，于 1955 年筹备展出，1957 年 7 月 1 日正式对外开放。1961 年国务院公布为全国第一批重点文物保护单位。

娄山关战斗遗址：娄山，位于黔北乌江与赤水河之间，距遵义城一百里许，是遵义县与桐梓县的交界处，北拒巴蜀，南扼黔桂，自古以来，为川黔两省来往必经之道，为黔北咽喉，兵家必争之地。娄山关一战，揭开了遵义大捷的序幕，首获长征以来的巨大胜利，显示了遵义会议的伟大成果。全军振奋，士气倍增。为讴歌革命的艰难与胜利，战后，毛泽东于 2 月作词《忆秦娥·娄山关》。为了纪念著名的娄山关战斗，1966 年，中共贵州省委决定在关上竖一道石碑，将毛泽东同志手书的《忆秦娥·娄山关》刻在碑上。

红军四渡赤水战斗遗址：1935 年春，红军转战黔北时，在茅台、二郎滩、太平渡、土城渡口、元厚等渡口上来回四渡，与敌人迂回战斗的遗址。当年这一带所进行的战斗，就是红军历史上彪炳千古的四渡赤水之战。为了纪念四渡赤水之战，习水县人民政府、赤水县人民政府、仁怀市人民政府和四川古蔺县人民政府相继在土城渡口、元厚、丙安、茅台镇和太平镇二郎滩一带竖立了纪念碑，并铭文缅怀红军的英雄业绩，供后人瞻仰。四渡赤水战役遗址已被列为第六批全国重点文物保护单位。

二、红色文化的德育功能

红色文化资源是开展德育的有效载体，不同的时代有着不同的德育载体。在时代变化的过程中，我们应该批判继承中国古代社会的优秀教育成果，批判借鉴国外德育活动形式好的东西。红色文化展现了一定历史时期形成的革命精神。这种精神是中华民族传统精神与时代精神相结合的产物，是对历史传统精神丰富和发展而形成的新的民族精神。它既有一定历史条件下的特定内涵，又有与时俱进、价值永恒的普遍意义。因此，红色文化资源是教育人的鲜活教材，是新时期开展德育的有效载体。红色文化之所以是开展德育的有效载体，是因为其承载、传播的文化因素符合德育的目的、任务、原则。

因此，通过"红色文化"开展德育活动是一种理想的教育方式。红色文化资源内容丰富，直观生动、感染力强，分布广泛，教育面广，为德育的开展提供了丰富而强大的精神支持。德育与红色文化资源蕴藏在人们社会生活的方方面面，能为教育主客体所运用，教育主客体可借此相互作用和交流，因而具有极强的灵活性、普遍性和自觉性。

目前，国家级、省级、市级、县级的爱国主义教育基地很多，再加上各地的纪念馆、展览馆和烈士陵园等革命遗迹数不胜数，红色文化资源已遍布全国。因此，德育与红色文化资源的结合是一种必然的历史选择，也是与时俱进的一种创新。红色文化是推进德育建设的重要内容。就德育内容而言，红色文化资源是不可或缺的。

第三节 利用红色资源对当代大学生进行社会主义核心价值体系教育

改变传统思想政治教育工作中对红色文化用讲解形式来教育学生的方法，在进行社会主义核心价值体系教育中增加学生对红色文化的体验性和参与性，创建红色文化资源对当代大学生进行社会主义核心价值体系教育的新模式，形成有特色的"红色教育产品"。

一、红色资源是新形势下开展社会主义核心价值体系教育的有效载体

全球经济化、全球一体化、信息全球化给高校德育工作尤其是进行社会主义核心价值体系教育带来了很多新问题，作为高校德育工作者必须适应形势的发展，并寻求适当的方法和载体开展工作。在德育工作中，我们可以运用红色文化资源来对学生进行社会主义核心价值体系的教育。组织带领大学生走出校门去瞻仰革命圣地，走进爱国主义教育基地用眼睛观察，用耳聆听、用心灵感受，在潜移默化中从革命先烈的英雄事迹和不怕苦、不怕累以及不怕牺牲的精神受到鼓舞和激励。

建设社会主义核心价值体系，是我们党在思想文化建设上的重大理论创新，也是一项重要战略任务，它鲜明地回答了在新的历史条件下，我们党用什么样的精神旗帜团结带领全体人民开拓前进、中华民族以什么样的精神风貌屹立于世界民族之林的重大问题。

（一）开展高校社会主义核心价值体系教育教学创新研究与实践，是社会主义大学的本质要求

始终坚持马克思主义的指导，始终坚持社会主义办学方向，是社会主义大学的重要特征。这就要求高校将社会主义核心价值体系的教育教学摆在重要位置。高校思想政治理论课是对大学生进行社会主义核心价值体系教育的主渠道，对提高大学生的思想道德素质，促进大学生全面发展发挥着非常重要的作用，这是其他课程所无法代替的。

（二）开展高校社会主义核心价值体系教育教学创新研究与实践，是贯彻落实中央关于高校思想政治理论课新课程方案实施的必然要求

思想政治理论课新课程方案明确规定，把"98方案"的7门必修课调整为4门必修课，即开设"马克思主义基本原理概论""毛泽东思想和中国特色社会主义理论体系概论""中国近现代史纲要""思想道德修养与法律基础"。这一调整体现了新世纪新阶段大学生理论武装工作的时代性、综合性、整体性要求。新课程方案中，涵盖了社会主义核心价值体系的四个方面。课程体系有史、有论、有应用，有利于把社会主义核心价值体系内化为大学生的价值追求，外化为大学生的行为自觉。开展高校社会主义核心价值体系教育教学创新研究与实践，加强"思想政治理论课"精品课程的建设，创建运用红色文化资源对学生进行社会主义核心价值体系教育的教学新机制，整合资源，切实增强思想道德课的针对性、实效性和吸引力、感染力。

（三）开展高校社会主义核心价值体系教育教学创新研究与实践，也是当代大学生成长成才的内在要求

大学阶段是大学生世界观、人生观、价值观逐步形成的重要时期。能不能形成正确的世界观、人生观、价值观，关系到大学生的成长成才。高校思想理论课要担负起对青年学生进行社会主义核心价值体系的教育教学，切实把社会主义核心价值体系鲜明地体现在课堂教学与校园文化活动的各个方面，把积极的人生追求、高尚的情感境界和健康的生活情趣传递给大学生，使他们在美的享受中受到鼓舞，获得启迪，由衷地转化为自己的自觉信念、价值追求和道德规范，落实到自己的日常行为之中。

用社会主义核心价值体系的吸引力和感召力，帮助大学生树立正确的世界观、人生观和价值观，使他们成为中国特色社会主义事业的合格建设者和可靠接班人。

对大学生进行社会主义核心价值体系的教育是整个高校工作的基础环节，是"思想政治理论课"教学的重要内容，也是大学生成长成才的必要途径。学校教育，育人为本，德育为先。改革开放特别是党的十三届四中全会以来，高校思想政治理论教育教学取得了很大成绩，在引导大学生坚定对马克思主义的信仰、对社会主义的信念，增强对改革开放和现代化建设的信心发挥了重要的作用。在提高大学生思想道德素质，维护高校和社会稳定方面发挥了不可替代的作用。

新形势下，高校德育教育仍然存在很多问题，需要进一步加强德育工作

中针对性和实效性,在马克思主义大众化进程中,担当了神圣的责任,这些迫切需要我们认真研究新形势下大学生社会主义核心价值体系教育教学,创新思想政治理论课教育教学模式,培养"四有"新人。

二、高校在思想政治理论课中运用红色资源开展社会主义核心价值体系教育的内容

以中宣部、教育部《关于进一步加强和改进高等学校思想政治理论课的意见》为指导,以高等学校建设标准的有关指标体系为依据,认真总结近年来各高校开展大学生思想政治理论课教育教学的成功经验,密切结合实际,研究和探索新形势下高校社会主义核心价值体系教育教学的理论和实践,创新德育模式,全面提高高校思想政治理论课教学质量,形成可供兄弟高校学习或推广的理论成果和实践经验。具体内容如下:

(一)以创新教育为改革动力,不断探索大学生社会主义核心价值体系教育教学的新模式

以毛泽东思想和中国特色社会主义理论体系为指导,积极进行教育创新,深入进行教育教学改革,在研究思想政治教育学科的基础上,对大学生社会主义核心价值体系教育教学进行积极的探索和实践,加强思想政治理论课精品课程的建设,创建"三主五结合"的社会主义核心价值体系教育教学新模式,即以教师为主导、学生为主体、成才为主线,理论与实践相结合、课内与课外相结合、继承与创新相结合、育人与成才相结合、思想教育与人格塑造相结合。改进和创新大学生社会主义核心价值体系教育教学新机制。

(二)以提高人才素质为核心,不断完善大学生社会主义核心价值体系教育教学内容与教学手段

全面推进大学生素质教育,坚持知识、素质、能力三位一体,按照加强基础、鼓励创新、发展个性、健全人格、注重素质、培养能力的总体要求,着力建设思想政治理论课精品课程,深入研究大学生社会主义核心价值体系教育教学的规律。在教学内容上,按照社会主义核心价值体系的四个方面按课程进行层次性梳理,并加入红色文化内容,如对《思想道德修养与法律基础》课就可以这样安排:主导性内容——政治道德(包括爱国主义、集体主义等);基础性内容——社会公德、职业道德和学术道德等;拓展性内容——

包括网络道德、环境道德、心理健康等。在教学手段上,采取多媒体教学法、案例讨论法、辩论式、社会调研等多种手段方法实施教学,把理论知识与现实问题有机地结合起来,积极引导学生思考问题、解决问题。充分发挥思想政治理论课教育教学在人才培养中的作用,使学生的个性发展与社会的需求相统一。逐步形成"学生素质综合化,培养方案个性化,实践锻炼全程化,成长成才多样化"的特色。

(三)以大学生行为准则为导向,不断巩固大学生社会主义核心价值体系教育教学的实践环节

在注重理论教学的同时,强化分层次实践教学和实践环节,促进理论教学与实践教学相长,知与行相统一。坚持以大学生行为准则为导向,突出大学生道德实践能力的培养,提高大学生道德实践教育教学效果。具体可以从以下几方面考虑:改革实践教学内容,形成校内社会主义核心价值体系实践环节(文明礼貌、节水节电节粮节能、环境保护、诚信、团队协作、校园文化活动等);改革实践教学方式,建立大学生校外实践基地(驻地部队、新农村建设、社区、企业、学校等),聘请德育导师,学习道德榜样和先进典型;改革实践教学途径,组织大学生进行社会调查、志愿服务、公益活动,组织大学生到革命圣地、爱国主义教育基地接受革命再教育,感受革命先烈们艰苦奋斗的精神,形成大学生社会主义核心价值体系教育教学实践保障体系。

(四)以提高教育教学质量为目标,不断强化大学生社会主义核心价值体系教育教学管理与监控

以高等学校思想政治理论课建设标准的有关指标体系为依据,在建立科学、合理的大学生社会主义核心价值体系教育教学内容的同时,要通过制度与管理、信息与反馈、评估与激励等措施,加强对理论教学和实践教学各个环节的管理与监控,注重教学内容、教学手段与考核方式的改革,确保教育教学的质量,同时充分发挥辅导员、班主任和导师在大学生社会主义核心价值体系教育中的作用,切实增强思想政治理论课的针对性、实效性和吸引力、感染力。

三、高校在思想政治理论课中运用红色资源开展社会主义核心价值体系教育拟解决的问题

以科学发展观统领大学生思想道德教育教学,以高校思想政治理论课改

革新方案实施为依托，构建运用红色资源进行社会主义核心价值体系教育教学的新模式；以教师为主导、学生为主体、成才为主线；理论与实践相结合、课内与课外相结合、继承与创新相结合、育人与成才相结合、思想教育与人格塑造相结合。促进理论教学与实践教学相结合，全面提高思想政治理论课的教育教学质量和教学效果，增强社会主义核心价值体系的吸引力、感召力。努力在社会主义核心价值体系建设上探索新路子，迈出新步伐，取得新成效。

（一）以科学发展观统领大学生思想道德教育教学

以科学发展观为指导，加强对新形势下大学生社会主义核心价值体系教育教学的调研，探求教育教学的规律、内容和方法。

（二）积极进行教育创新，构建运用红色资源进课堂

积极进行教育创新，构建运用红色资源进课堂，学生进革命圣地和爱国主义教育基地的社会主义核心价值体系教育教学新模式，全面提高思想政治理论课教育教学质量，努力使思想政治理论课成为大学生真心喜爱、终身受益的优秀课程。

（三）构建运用红色资源进行社会主义核心价值体系教育教学新机制

探索在大学生中如何运用红色资源进行社会主义核心价值体系教育教学新机制，调动教师和学生两个方面的积极性，不断强化教学管理与监控，细化高等学校思想政治理论课建设标准的有关指标，切实增强思想政治理论课教育教学的针对性、实效性和吸引力、感染力。

四、高校在思想政治理论课中运用红色资源开展社会主义核心价值体系教育的步骤

在运用红色文化资源进行社会主义核心价值体系教育的过程中，应深入开展对社会主义核心价值体系的学习研究，以科学发展观统领大学生思想政治教育。加强对思想政治教育学科的研究，积极探索大学生社会主义核心价值体系教育教学的新途径、新办法、新举措，努力体现时代性，把握规律性，富于创造性，增强实效性。通过研究掌握理论，更新观念，成功地进行大学生思想政治理论课的教育教学改革，努力推进社会主义核心价值体系的建设。整个课题拟分成如下四个子课题：

（一）运用红色文化资源进行大学生社会主义核心价值体系教育教学模式创新研究

创建红色文化资源进行社会主义核心价值体系教育教学的新模式，是"以教师教育为主导、以学生为主体、以学生成才为主线"。以教师为主导，就是充分发挥教师在思想政治理论课教育教学中的组织者和实现者的作用，教书育人，为人师表；以学生为主体，就是在教育教学过程中十分重视大学生在思想政治理论方面的内在需要，充分调动大学生接受社会主义核心价值体系教育教学的积极性，发挥大学生的自主性、能动性、创造性，同时在社会主义核心价值体系教育教学过程中尊重他们，让他们成为践行社会主义核心价值体系的主角；以成才为主线，就是在社会主义核心价值体系教育教学中坚持以人为本，以大学生成长成才为根本目的，把这一根本目的贯彻于社会主义核心价值体系教育教学的各个环节和方面。

运用红色文化资源进行社会主义核心价值体系教育过程中应坚持："理论与实践相结合、课内与课外相结合、继承与创新相结合、育人与成才相结合、思想政治教育与人格塑造相结合。"理论与实践相结合，就是以马克思主义中国化的最新理论为指导，遵循思想政治理论教育教学的客观规律，深入研究和探索社会主义核心价值体系；在践行社会主义核心价值体系中发展理论，探索规律，更新观念。课内与课外相结合，就是坚持思想政治理论课为主渠道，建设精品课程，在思想政治理论课教学中结合学生的实际和社会的实际，在学生课外活动中渗透思想政治理论课教学的内容，做到课内与课外在内容上相互呼应，在形式上相互映衬。继承与创新相结合，就是继承中华民族的优秀文化传统，特别是我党在长期革命、建设和改革开放过程中形成的优良传统，总结各地各校在思想政治理论教育教学方面的好经验好做法，同时根据新形势新情况新变化，改进和创新社会主义核心价值体系教育的工作理念和方法。在继承基础上进行创新，在创新指导下发展传统。育人与成才相结合，就是使社会主义核心价值体系教育不仅提高大学生的思想道德素质，而且促进大学生其他素质的发展，在培养其他素质中贯彻社会主义核心价值体系的教育，在提高思想道德素质中发展其他素质。思想教育与人格塑造相结合，就是使社会主义核心价值体系教育不仅在于解决大学生的思想实际问题，更重要的在于培养大学生的思想道德品质，使社会主义核心价值体系教育成为塑造大学生健全人格的重要手段；同时在大学生人格塑造中贯彻社会主义核心价值体系教育，使人格塑造成为社会主义核心价值体系教育的重要内容。

第四章　利用红色文化资源开展高校德育工作

（二）运用红色文化资源进行大学生社会主义核心价值体系教育教学内容创新研究

按照社会主义核心价值体系的要求，加强对教育教学内容的研究。对思想道德教育教学内容进行层次性梳理，分三个层次分别进行专题教育，如关于思想品德的教育：主导性内容——政治道德（包括爱国主义等）；基础性内容——社会公德、职业道德、学术道德等；拓展性内容——包括网络道德、环境道德、心理健康等。在思想政治理论课教育教学中，采取讲授法、案例法、讨论法、辩论式、社会调研等多种方法实施教学，把理论知识与现实问题有机地结合起来，积极引导学生思考问题、解决问题。在教学环境上，营造积极向上的舆论氛围，建设好校园文化。在教育教学活动上，推行导师制，开设成长成才的系列讲座，组织丰富多彩的课外活动，举办有深刻内涵的活动节和活动周，指导学生深入企业、社区、少数民族地区开展社会调查等。

（三）运用红色文化资源进行大学生社会主义核心价值体系教育教学机制创新研究

以全员育人为基本要求，全力构建高等教育大众化背景下社会主义核心价值体系教育工作队伍，使每一位教职工都成为社会主义核心价值体系的践行者和教育者，使每一个岗位都成为社会主义核心价值体系教育的场所。思想政治理论课教师和政工干部是思想道德教育队伍中的中坚力量，通过进修培养，不断提高他们的思想政治素质、业务素质和工作能力。积极开展"三育人"活动，树立人人都是思想道德教育工作者的思想，把社会主义核心价值体系教育渗透在教学、管理和服务等工作中，做到思想教育与各项工作同步进行，使每一位教职工在自己的岗位上发挥好社会主义核心价值体系教育的积极作用。推行导师制，完善班主任和辅导员工作制度。学校成立了校院两级学风建设工作领导小组，开始实行低年级以班主任全面负责制为主，高年级以导师制为主的管理模式；完善班主任和辅导员聘任、考核、评优机制；落实导师、班主任、辅导员的相关待遇。改革和完善教师评价激励机制，建立"教学、科研、学生思想政治教育"三维评价体系，强化育人工作在教师职务评聘、岗位聘任、评优评奖等关键环节的作用。充分调动广大教师教书育人的积极性、主动性和创造性。设立了心理咨询、指导考研、指导社会实践、特色育人等10个育人项目；明确凡教师、班主任、导师和校级标兵等，业绩特别突出者，岗位可高聘一级；充分考虑辅导员队伍的培养、使用和稳定、发展，在岗位聘任中把辅导员队伍单列，有利于形成辅导员队伍专业化导向。进一步完善教书育人评价激励机制，强化育人工作在教师职务评聘、评优评奖等关键环节的作用，提高广大教职工对大学生思想道德教育重要性的认识，引导教师积极投身教书育人工作。成立"帮困救助站"，切实解决大学生的特殊经济困难，帮助大学生顺利完成学业。建立"心理急救站"，悉心呵护大学生的心灵，帮助大学生健康成长。

（四）运用红色文化资源进行大学生社会主义核心价值体系教育教学实践创新研究

社会实践是大学生社会主义核心价值体系教育的重要环节，对于促进大学生了解社会、了解国情，增长才干，奉献社会，锻炼毅力、培养品格，增强社会责任感具有不可替代的作用。在注重理论教学同时，强化分层次实践教学和实践环节，促进理论教学与实践教学相长，知与行相统一。坚持以大学生行为准则为导向，突出大学生道德实践能力的培养，提高大学生社会主义核心价值体系实践教育教学效果。探索实践育人的长效机制，引导大学生走出校门，到基层去，到工农群众中去。具体可以从以下几方面考虑：改革实践教学内容，形成校内实践系列（文明礼貌、节水节电节粮节能、环保、诚信、团队协作、校园文化等）；改革实践教学方式，建立大学生校外实践基地（部队、新农村建设、社区、企业、学校等），聘请导师，学习榜样和先进典型；改革实践教学途径，组织大学生进行社会调查、志愿服务、公益活动，形成课程实践教学、综合实践教学和社会实践教学三个实践教学平台。形成大学生社会主义核心价值体系教育教学实践保障体系。把道德实践活动融入大学生学习生活之中。引导大学生从身边的事情做起，从具体的事情做起，着力培养良好的道德品质和文明行为。

在此基础上，逐步形成本科应用型人才培养新模式："学生素质综合化，培养方案个性化，实践锻炼全程化，成才途径多样化。"

第四节　运用红色文化资源开展高校德育工作

党中央、国务院《关于进一步加强和改进大学生思想政治教育的意见》指出，加强和改进大学生思想政治教育，要以理想信念教育为核心，以爱国主义教育为重点，以思想道德建设为基础，以大学生全面发展为目标，坚持以人为本，贴近实际，贴近生活，贴近学生，努力提高思想政治教育的针对性、时效性和吸引力、感染力。红色资源是社会主义现代化建设的宝贵财富，也是开展思想政治教育的重要资源。在大学生思想政治教育工作中融入红色

第四章 利用红色文化资源开展高校德育工作

资源，利用红色资源的教育性、故事性、趣味性和实践性对广大大学生进行思想政治教育，以增强思想政治教育工作的效果，是一个值得探讨的问题。

一、在高校运用红色资源开展德育工作的意义

思想政治教育过程是教育者根据一定社会的思想品德要求和受教育者的思想品德形成与发展的规律，对受教育者施加有目的、有计划、有组织的教育影响，促使受教育者产生内在的思想矛盾运动，以形成一定社会所期望的思想品德的过程。大学生是祖国未来的建设者和接班人，大学生的思想政治水平至关重要，直接关系到党和国家的命运，关系到社会主义建设事业，关系到中华民族的伟大复兴。党中央、国务院《关于进一步加强和改进大学生思想政治教育的意见》指出，大学生思想政治教育"以理想信念为核心，深入进行树立正确的世界观、人生观、价值观的教育"，"以爱国主义教育为重点，深入进行弘扬和培育民族精神教育，深入开展中华民族优良传统和中国革命传统教育"。这对大学生思想政治教育工作提出了要求，也指明了方向。将各地丰富的红色资源运用到大学生思想政治教育中，是新时期大学生思想政治教育方式的改革和创新，具有重要的意义。

（一）确保了大学生思想政治教育的方向

现阶段的大学生多数是独生子女，受家庭和社会环境的影响，接受的革命传统教育较少，受到的磨炼和挫折少，意志比较薄弱。而当前国际形势错综复杂，西方文化中某些腐朽思想对大学生的影响和渗透作用不可低估。一些大学生不同程度地存在政治信仰迷茫、理想信念模糊、价值取向扭曲、诚信意识淡薄、社会责任感缺乏、艰苦奋斗精神淡化、团结协作观念较差、心理素质欠佳等问题。将红色旅游资源运用到大学生思想政治教育当中，将长征时期的革命历史、革命传统和革命精神传输给广大学生，有助于他们树立坚定的理想信念。可以说，红色资源的运用，确保了大学生思想政治教育的方向。红色资源是中国共产党领导广大人民在长期的革命斗争中形成的，是中国共产党人坚定的理想信念和崇高的革命精神的凝聚和升华，是中华民族精神和文化上的宝贵财富。将这一宝贵的思想文化资源运用到大学生思想政治教育中，教育引导广大大学生树立崇高理想，坚定社会主义、共产主义的信念，培养爱国情感和高尚品质，培养集体主义的精神和艰苦奋斗、勇于承担历史使命的品质，有力地保证了大学生思想道德教育的方向。

（二）丰富了大学生思想政治教育的内容

在社会主义现代化建设的新时期，大学生思想政治教育的内容必须与时俱进，不断丰富。"在社会主义现代化建设时期要强化思想政治教育政治功能，就是要通过各种途径，系统地对广大青年一代进行主旋律的教育，其中包括共产主义理想教育、社会主义、爱国主义思想的教育，集体主义、道德观和各种行为规范的教育等，使其成为社会主义'四有'新人"。将红色旅游资源运用到大学生思想政治教育中，充分利用这些红色资源对大学生进行思想政治教育，使大学生认识了解革命历史和中国国情，培养爱国主义、集体主义、艰苦奋斗、乐于奉献的精神，体会今天幸福生活的来之不易，从而使他们树立强烈的民族自尊心和自豪感，树立正确的世界观、人生观、价值观，进而将这些精神进行演化，赋予新的时代精神，运用到建设社会主义的事业当中。所以说将红色旅游资源运用到大学生思想政治教育中，丰富了大学生思想政治教育的内容。

（三）创新了大学生思想政治教育的方式

红色资源是加强大学生思想教育的鲜活教材，是新时期进行爱国主义教育的独特载体，将其在大学生思想政治教育中加以运用，是新时期、新形势下进行思想政治教育工作的新方式、新途径。

红色资源运用到大学生思想政治教育中，改变传统的以课堂灌输、说教为主的思想教育方式。利用红色资源，组织开展一系列内容丰富、形式新颖、生动有趣的实践活动，寓思想道德教育于红色资源当中，将思想政治教育融入到红色文化的体验中，通过让大学生参观会议会址、瞻仰红军烈士陵园、听革命故事、听专题讲座、传唱革命歌曲等形式，让受教育者身临其境地获得亲身感受，克服了思想政治教育方法落后、方式陈旧的缺点，使思想道德教育更加形象生动，创新了大学生思想政治教育的方式。

（四）增强了大学生思想政治教育的效果

传统的思想政治教育，多采用的是说教、灌输的方式，由于被教育者是被动地接受，所以教育效果不明显。如何行之有效地进行思想道德教育，这是一个一直备受关注的问题。思想道德教育的理想方式，不是简单的说教或灌输，而应该是让受教育者通过自主学习，在体验实践中受到触动，从而在精神上受到洗礼，思想上产生升华的过程。把红色资源运用到大学生思想政治教育中，通过教育与实践相结合的形式，以实践体验为基本途径，通过直观的方式让大学生在耳濡目染的过程中受到教育，增强了思想政治教育的效果。

红色资源运用于大学生思想政治教育中，通过图片实物展览等展示方式，或者设计组合出"原汁原味、有惊无险、苦中有乐、先苦后甜"的实践活动，比如"穿红军服、唱红军歌、吃红军饭、走红军路"等参与性活动，使大学生了解中国革命的艰苦和伟大，感受中国共产党人的英勇形象和感人事迹，使他们清楚今天幸福生活的来之不易，值得珍惜，从而在思想上受到震撼，心灵上受到洗礼。这种方式寓教于乐，大大增强了思想政治教育的效果。

二、在高校开展德育工作中运用红色资源的对策

（一）运用遵义红色资源丰富大学生思想政治教育的内容

新时期青少年思想道德教育的主要内容，一是要树立正确的人生观和价值观，二是要培养青少年的道德品质，三是要加强爱国主义教育，树立崇高的理想信念，四是要继承和弘扬中国革命道德传统，五是要勇于承担历史使命。思想政治教育是大学生教育的一个重要内容，它涵盖了多方面的教育要求。新时期大学生思想政治教育工作的重要内容，就是要适应新形势、新要求，不断完善思想政治教育体系的内容。将遵义市红色资源运用到大学生思想政治教育中，必须要运用红色资源丰富大学生思想政治教育的内容。将遵义市红色资源运用到大学生思想政治教育中，要对遵义市的红色资源进行深层次开发，充分挖掘遵义会议精神、长征精神，赋予其时代性和地域性，让其进入大学课堂，从而弥补目前我国高校存在的思想政治理论课程结构体系的不足，丰富大学生思想政治教育的内容。

（二）把遵义红色资源纳入高校思想政治理论课的教学中

高校思想政治理论课是大学生思想政治教育的主要方式，把红色资源纳入高校思想政治理论课的教育教学体系，既丰富了大学生思想政治教育教学资源，也能大大增强和改进大学生思想政治理论课教育教学的效果。要更好地发挥遵义红色资源在大学生思想政治教育中的作用，必须把它纳入高校思想政治理论课的教学中。

要充分发挥高校知识资源的优势，抓好"红色教材"的开发，结合红色资源的实际情况，充分挖掘红军革命史实，把遵义会议、四渡赤水、娄山关战役、青杠坡战役等历史事件发生过程中的一些典型事迹编写成教材，让学生了解革命历史。为了改变思想政治教育呆板的传统方式，在具体运用过程

中，可以通过播放影像资料、讲故事、唱红歌、组织专题讲座等方式，充分发挥红色资源在大学生思想政治教育中的作用。

（三）把红色资源纳入高校校园文化建设中

大学生思想政治教育是一个系统工程，校园文化是其中的重要环节。将红色资源运用到大学生思想政治教育中，就要倡导红色文化进校园，将红色资源纳入高校校园文化建设中，把红色资源中蕴含的先进文化在大学校园中弘扬开去，让大学生在校园充分感受浓郁的红色文化氛围，引领大学生从厚重的红色文化中获取前进的动力，获得思想上的升华。

具体而言，把红色资源纳入高校校园文化建设中，应该从以下几个方面入手：一是以红色资源和红色文化为主题，开展丰富多彩的学术、艺术、娱乐活动。通过演唱红色歌曲，组织专题实践活动，进行红色题材的征文、演讲、班会、党团组织活动等，让红色文化在大学校园深入人心。二是构建红色文化传播的平台。在校园网开设"红色网站"或相关专栏，或者利用学校的校报、学报、广播、电视、黑板报等媒体加强对红色文化的广泛宣传和教育，利用重大纪念日、节假日开展红色文化论坛、红色歌会、红色演讲等，从而在校园文化中形成红色文化传播的浓厚氛围。

（四）利用红色资源开展丰富多彩的社会实践活动

坚持"贴近实际、贴近生活、贴近学生"，是加强和改进大学生思想政治教育必须坚持的重要原则。将红色资源运用到大学生思想政治教育中，就要发挥红色资源参与性和实践性的特点，按照"三贴近"的要求，利用红色资源开展丰富多彩的社会实践活动，把高校思想政治教育的要求渗透到大学生的社会实践当中，使大学生在实践中更好地体验红色资源的巨大魅力。可以利用假日或者某些重大纪念日，组织学生开展与红色资源相关的实践活动，既丰富了大学生的社会实践活动，又能达到思想政治教育的目的。

目前，红色资源开发层次还比较浅，许多红色资源的展示方式比较单一，基本上以纪念馆、雕像、陈列室等内容为主，而解说人员的解说也比较单一死板，缺少生动的描绘，很难激发学生的热情。比如很多大学生参观了遵义会议会址以后，都觉得没意思，感觉有点名不副实，没有真正受到教育，实际上就是因为遵义红色旅游文化的内涵挖掘不够，红色精神凝练不足，无法使参观者受到心灵上的洗礼和熏陶，在思想上产生共鸣。要增强思想政治教育的效果，必须运用红色资源创建思想政治教育的新模式，即"一听、二看、三练、四讲、五做"的新模式：听革命真理、革命故事；参观革命遗址遗迹、瞻仰先烈；重走长征路，采集红色文化材料，磨炼意志；讲述心得感受；把红色精神运用到学习和生活当中，使大学生思想政治教育工作能够取得实际效果。

第五节　通过红色旅游推进高校德育工作

随着人们生活水平提高，对旅游产品需求越来越倾向于专项化、个性化，大学生成为旅游市场重要的参与者。许多的研究表明：相对于其他群体而言，受教育程度更高、可支配的自由时间更多的在校大学生具有更强烈的出游意愿。目前，全国各类高等教育总规模达到 3779 万人，通过开发一些富有特色的红色旅游产品作为专项旅游产品推进高校德育工作，成为大学生旅游产品开发的首要选择。

红色旅游是以中国共产党领导人民在革命和战争时期建树丰功伟绩所形成的纪念地、标志物为载体，以其所承载的革命历史、革命事迹和革命精神为内涵，组织接待旅游者开展缅怀学习、参观游览的主题性旅游活动。它是以红色旅游为载体来宣扬革命传统教育的。因其形式特别、内涵丰富，可以成为兼具爱国主义教育与休闲体验功能的旅游产品，具有良好的社会效益和经济效益。因此，如何开发符合大学生旅游需求的旅游产品是值得关注的问题。

一、大学生旅游市场特点

（一）旅游动机充分

旅游动机是由旅游需要所催发，直接规定具体旅游行为的内在心理动力源泉，是消费者具体购买行为的依据。大学生具有追逐新潮、喜欢猎奇、富于想象、思想活泼、热情奔放等心理特点，他们通常希望能够摆脱目前的学习压力，去感受大自然的美景，和陌生人交朋友，更多地接触和了解外面的社会。因此，大学生的心理特征决定了大部分大学生有强烈的旅游意愿。首先，他们希望通过旅游置身山水之间，远离熟悉的环境、学习的压力，获得迎接新挑战的智慧和信心。其次，通过旅游可以激发他们的创新思维。旅游可以让人心情舒畅、精神愉悦，进而迸发出激情与创意。最后，提升审美水平。在旅游当中自然景观和人文景观所带来的感官和心灵上的体验，可以激发出人们高尚的审美情趣，让人重新审视自己的生活或学习，进而更加热爱生活和学习，有的甚至在体验美的过程中获得更多的感悟，使思想得到升华。其中文化和精神上的追求是他们旅游的主要动机，旅游目的多以观光娱乐为主，探险修学为辅。

（二）有充裕的闲暇时间

闲暇时间是构成人们外出旅游必不可少的条件。有关资料显示，我国公众一般享受国家法定假日全年为114天。而一些群体节假日更多，例如国家公务员以及一些外资企业管理人员享受"带薪假期"制度，每年大约有124天假期。而大学生除了拥有国家法定假日114天外，加上寒暑假全年约有160天假日。部分学校及部分年级，因专业性质、课程设置等不同，课余时间也十分充足。因此，他们具有充足的闲暇时间可以进行短途或者长途的旅游活动。

另外一方面，经调查显示："双休日占大学生出游的17.16%，法定节日占34.75%，寒暑假占39.83%，其他占8.26%。"出游经常会选择寒暑假时间进行，这样既可以避开假期高峰期带来的拥堵情况，又可以用比较优惠的价格获得更好的服务或体验。

（三）倾向于自助旅游，对旅游设施要求不高，对价格较为敏感

我国大学生的生活来源主要是父母给予的生活费，少部分同学依靠自己的奖学金、兼职打工的工资等。大部分同学的生活费只能保证基本的生活，因此他们对于旅游价格十分敏感。但是大学生作为年轻人一般身体素质较好，且追求新鲜事物、富有探险吃苦耐劳精神，对旅游软硬件条件要求并不高。因此，自助式的背包旅游已逐渐成为大学生旅游的主流形式。背包游是自助旅游的一种很形象的称呼，指自由旅行者，一般这种自由旅行者会背着一个大包，包里放有旅行中使用的东西，旅行者自行安排交通、住宿，如果是露营，则需要背上相关的帐篷、睡袋等物品，可以根据自己的喜好安排行程和参观的景点。相较旅行社组团旅游而言显得更经济、自由，符合年轻人崇尚自由、善于冒险、经济不雄厚等旅游方面的需求。

（四）追求富于文化内涵的旅游形式

一方面，由于大学生具有强烈的好奇心和旺盛的求知欲，同时具备一定的知识储备和思维能力的特点，致使他们对于旅游景点的了解往往不甘局限于事物的表面特征，通常希望能够由表及里，抓住事物的本质，能够精确、细致、深刻、全面地观察了解事物，获取更多精神层面上的享受和汲取。另

一方面，他们追求自由随意性，活动组织丰富多彩，富有文化内涵，不走"寻常路"的旅游形式，讨厌空洞无物、苍白无力的说教式的讲解方式。例如：在设计红色旅游产品时，其形式上可以考虑走一段长征路，学唱一首红歌，听一听红军故事，吃一顿红军餐，悼念一下革命先烈，过一段军旅生活等富有参与性和文化性的旅游活动，就能够很好地吸引住大学生的眼球。

红色旅游是一种专门化、个性化的旅游形式，是以红色文化为载体，通过实地重温历史、瞻仰革命先辈、体验红色历史事件等形式，充分将爱国主义教育与休闲体验两种功能结合起来，形成良好的社会经济效益。因而红色旅游产品完全可以作为我国大学生旅游市场开发中的重要研发对象。但是如何把红色旅游产品设计得有特色、有竞争力、有吸引力，是红色旅游产品能否在大学生旅游市场长久立足和良性发展的关键问题。

二、在大学生德育工作中开发红色旅游产品存在的问题

（一）产品质量不高，针对性不强

纵观目前旅游市场中已经推出的红色旅游路线和产品中，几乎没有针对大学生（即年轻人）身心特点而设计的产品，或者就是开发出来的产品往往针对性都比较差。例如许多红色旅游产品景点讲解员的讲解内容只是针对普通旅游者，忽略了他们对这段历史可能相当熟悉或者相当好奇的特点。其次，针对年轻人的讲解往往照本宣科，内容空洞乏味，缺乏与大学生游客互动或让其直接参与体验的活动，导致大学生旅游者游兴大减。有的旅行社所推出的旅游产品价格、品类不符合大学生的需求，导致想旅游的大学生望而生畏；甚至极个别旅行社因为实力不足或者管理不规范等种种原因，出现欺骗、甩团行为，这些都极大地打击了大学生旅游者的消费热情。

（二）重视程度不够，开发程度不高

首先，旅行社较少有专为大学生推出的红色旅游线路和产品这类专项产品，这在很大程度上制约了他们的出行。究其原因，是因为我国大学生的收入来源是靠家里，可自由支配收入较少，对价格敏感、消费较少。其次，随着中宣部、财政部、文化部、国家文物局联合下发的《关于全国博物馆、纪念馆免费开放的通知》，国内博物馆、纪念馆逐步向全社会免费开放，导致红色旅游产品利润空间较小，重视程度和开发力度不够。受经济利润的制约，旅行社一般放弃设计这类路线，很少推出专项红色旅游产品。

（三）专项旅游产品数量少、内容单一

目前大学生红色旅游产品基本上都是以学校为组织形式，以爱国主义教育为游览内容的消费模式。加上利润空间较小，所以产品数量少、内涵单一，表现形式死板。例如以革命圣地为依托的红色旅游产品，在景点展示上大部分都是以简单的图片文字展示和橱窗式的文物陈列为主，表现方法死板、陈旧，游客的体验、互动活动严重缺乏，讲解更是"填鸭式"教育的翻版，游览气氛沉重严肃，内容枯燥乏味，难以对学生产生强烈的视觉冲击和情感震撼，不能发挥红色资源的教育功能。

另外，红色旅游产品除了有爱国主义教育，丰富人们的精神文化、传播社会主义先进文化、弘扬社会正气、凝聚民心、促进社会和谐等文化功能外，通过发展红色旅游还有拉动革命老区的经济的增收、创汇，利于当地培养形成旅游业新的增长点等经济功能。但是由于产品设计缺乏特色、专项旅游产品开发不足、产品类型还有待拓展等原因，产品供给状况严重滞后于大学生的旅游需求。

三、在大学生德育工作中开发红色旅游产品的对策

（一）产品设计要符合大学生的身心需求

对于大学生的旅游市场来说，红色旅游产品的设计除了保留原有的爱国主义教育功能，还要通过革命人物的生平经历和人格魅力树立榜样作用，通过丰富多样的活动形式，升华红色旅游产品内涵，帮助他们建立健康的身心。首先对线路设计尽量考虑他们的身心需求，例如年轻人身体好、精力好，可以在旅游活动中增加徒步体验红色文化的活动，增加讲解的深度和长度，但是整个活动节奏要紧凑。以参观遵义的红军烈士陵园为例，在爬山过程中实地讲解那段历史，并可以在沿途组织一些拓展游戏，让大学生在身心愉悦的前提下充分体验长征精神。将长征精神、户外活动锻炼、拓展训练等优势和特点结合起来，突出宣传。在饮食方面，可以以吃苦菜为主，既能满足他们的好奇心，同时价格方面又实惠且分量足，符合他们的饮食特点。而在住宿时，主要是以干净卫生、自助式住宿设施为主。这些都符合他们对价格敏感的心理特点，同时也有集体生活的乐趣。还有线路的设计、宣传主要针对周边的大学生为主，这样价格才不会高，占用时间也不会太长。

最重要的是在旅游环节中多增加一些体验项目，减少一些购物环节。年轻人对价格敏感，但是身心又是活泼好动的，考虑通过薄利多销来吸引更多

旅游者。同时把利润点考虑在体验项目中，这样既能保证企业利益，又能极大满足大学生旅游者的消费心理。

（二）政府加大对旅游企业的扶持，重视对红色旅游产品的开发

一方面，大学生数量巨大，是国家未来发展的主人，对社会的稳定和谐有着重要的地位和作用，通过旅游特别是红色旅游，通过开阔视野、重温历史、展望未来，对于帮助他们建立健康心理有着不可替代的重要作用。另外，他们通过消费红色旅游产品，通过口碑效应对自己的亲朋好友进行宣传，积极的效应甚至会帮助他们影响到下一代的教育，因此连锁反应所产生的社会和经济效益十分可观。另一方面，虽然大学生旅游市场潜力巨大，能给旅游业带来丰厚的收益，但是经济效益的显现还需要一个过程。光是靠企业的力量是比较薄弱的，实施起来也较缓慢，需要政府的大力扶持。

因此发展红色旅游是一项利国利民的事业，政府应该将其纳入旅游业的整体规划中，采取减税、低息贷款等方式，鼓励旅游企业发展大学生旅游产品，特别是红色旅游产品。对做得较好或者有突出贡献的个人或企业进行奖励，使其健康发展，吸引更多的企业或个人投入到该项内容的发展中来。

（三）注重红色特征，丰富红色旅游的内涵

在红色旅游产品设计上，可以将其与其他旅游资源整合开发。例如以"红色旅游"为前提，用"绿色旅游"扩大市场，充分形成整合力，红与绿的充分融合应在行、游、住、食、购、娱等方面都得到充分体现。首先要突出红色旅游产品的主导地位，充分体现红色主题；其次在配套设施的建设上要体现绿色旅游。例如以青年旅馆为主的自助式服务的住宿设施，设施设备简单又符合卫生标准，投入少，耗能低。倡导客人凡事自己动手，给予客人彼此之间互相交流的空间；拒绝一次性用品、戒烟、戒酒。这种旅游住宿的方式有利于改善大学生的心理和生理健康水平，提倡朴素、自律和关心他人的美德，"自己动手、丰衣足食"，是红与绿旅游形式结合的最好体现。

红色旅游线路一定要丰富内涵，重视对旅游过程的体验。现在的红色旅游线路中最明显的缺陷就是只重视爱国主义教育的作用，不重视它作为旅游产品应该提供的基本功能，一般都是以物品陈列同时配合图文解说的说教形式为主。比如在体验遵义的红色文化和长征精神时，忽略旅游产品能带来的其他功能，如放松身心、锻炼身体、增进友谊等等。以参观娄山关为例，我们在讲解中要在注重体现红色教育功能的同时，还可以把旅游过程模拟成红军长征设计，增加拓展训练、野炊等项目。这样既实现了爱国主义教育功能，

还锻炼了学生的身体、培养他们健康的心理，增进了彼此的友谊。同时在整个活动过程中还可以规定同学们的费用及获取途径，加深他们对生活的体验。

总的来说，针对大学生广阔的旅游市场，不断开发红色旅游产品等专项旅游产品，能给旅游企业乃至当地社会带来巨大经济利益的同时所产生的社会效益也是十分明显的：首先，红色旅游能通过信仰激励、情感激励、榜样激励、名人名言激励、理想激励、成功激励等生动形式，用真实的情感和光辉的形象打动他们，为他们提供榜样，引导他们树立正确的价值观和人生观；其次，红色旅游还能帮助他们完善自我，培养健康的身心，建立良好的人际关系，创建自己的美好的事业，为稳定社会、建设祖国贡献自己应有的力量。

在新形势下，针对当代大学生思想所呈现出的新特点，在高校运用红色文化资源进行社会主义核心价值体系教育，培养当代大学生形成正确的人生观、价值观和世界观以及社会主义荣辱观，树立共产主义远大理想具有极大的学术价值和现实意义。

第五章　新媒体时代高校思想政治教育的发展

第一节　新媒体时代高校思想政治教育的现状

一、新媒体环境下大学生思想政治教育存在的问题

（一）传统的教育理念滞后

在新技术的影响下，科技也开始走进大学课堂。课堂上已不仅仅局限于传统的授课方式，而是融入了新媒体技术来加强老师与学生的交流。例如QQ、微信、贴吧等网络互动平台，虽然这和传统课堂相比进步了许多，但仍没能突破传统教育的禁锢，学生和老师之间的联系较少。在以思想政治教育者为主体开展的教学实践活动中，大学生仍不具备发言权。这就在一定程度上影响了师生之间的和谐关系，教师在学校制度的指导下没有考虑学生的接受能力，盲目的传输学术思想，这不利于发挥学生的主动性。但这种模式依然代代流传，直到今天仍未有新的教学模式出现。

在对高校问卷调查数据中，在辅导员与班主任应该用何种方式与学生交流，占总调查人数51%的被调查者选择了手机并且表示利用手机与老师进行交流可减少对老师的恐惧感进而能更好地联络师生感情。只有占总调查人数37%选择了通过课下交流或者谈心的方式，另外将近12%的学生认为由于传统教育观念的禁锢，大学生与辅导员之间很难进行真正的交流。其实，大学生非常乐于与高校思想政治教育工作者通过手机和网络实现更好地平等交流和互动。

（二）高校对媒介素养的重视不够

在科技日益发展的今天，新媒体与人们的生活联系更加密切。这在高校中也不例外，学生在课外闲暇之余有很多接触新媒体的机会。在新媒体与人

们生活联系日益密切时,我们也应该思考新媒体会对大学生产生哪些影响。一方面,大学生可以借助新媒体加强与外界的联系,帮助大学生探索书本以外的世界;另一方面,如果过于频繁的接触新媒体,那么将会对学习产生难以预想的后果。此外,新媒体还加强了世界各地的联系,在各地物质文明相交融的影响下,大学生如果不具备辨别好坏的能力,那么就会很容易会受到价值取向的干扰,无法识别和摒除不良的虚假信息。这些也是高校教育需要面对和处理的问题,因此,除了给学生传递学业知识外,学校也应宣传新媒体防范知识,帮助大学生积极面对与克服新媒体发展过程中的弊端从而更好地将新媒体与学业结合。

(三)大学生思想政治教育的形式单一

在日常实际中,学校开展思想教育主要是进行授课,最后以考试的方法来对大学生进行思想教育考核或者召开讲座强迫大学生去参加。这几种方式沿袭传统,大学生的积极性低,并没有从内心真正地去接受,也就意味着这种教育方法根本行不通。当今时代,新媒体技术为大学生的学习提供了便利,大学生通过新媒体可以从不同的渠道获取新知识,这就意味着大学生选择接受教育的方式已经不仅仅局限于传统的形式。此外,当前阶段大学生受到的规定和约束相对比较少,可以凭着自己的想法去选择学习思想政治内容的途径。调查过程中同样发现教育者具有较高水平的知识技能,可以很好地使用思想政治教育网站,可惜平台里充斥着落后的教学观念,知识信息与大学生需求不接轨。一部分高校管理大学生工作的负责人、辅导员、班主任等都纷纷开通了与大学生交流和互动的网络互动平台,但是平日里除了一些的简单问候外,师生之间缺乏学术的讨论,更多的只是大学生之间的交流互动。需要改进的是,在知识传播中老师与学生的交流过于机械化与僵硬化。师生间的交流只限于学业的传授,这就导致了师生关系与学生的预期期望严重不对称,想开展思想教育工作难上加难。因此,思想政治教育工作者应转换语言表达方式,把毫无生趣的语言向学生易接受的语言形式方面转变,为教育工作的顺利开展打下基础。

(四)新媒体的平台技术、资源开发不够

在对一些高校进行专门教学测试时发现,学校教育者开始接受新媒体,并将新媒体技术与学校教研相结合,并且在测验初期就取得了良好的成效,但由于不具备将新媒体与教学相结合的经验,故仍在一些方面存在不足。如:学校新媒体技术基本知识较薄弱,主题网站过于单一,没有足够的吸引

力促进大学生与高校互动。另一方面，没有彻底突破传统文化的束缚，只是转化了宣传传统教育的形式。新媒体网站内大部分以学校简介、创办历史、各学院特点、就业率等为主，大学生能参与的环节较少。这就造成了即使将新媒体与思想教育相融合，但也难以让大学生真正的接受思想教育的局面，同时由于大学生对学校的期望值降低，将很难再次信任学校。综上高校落实新媒体的困难之处外，高校还存在有一些普遍相似的问题，主要表现在以下方面：

第一，新媒体思想政治教育的建设与推行过程缓慢。这主要由于高校基础设施不完善，校园网网络覆盖范围小。大学生上网仅局限于特定区域，无法随时随地的通过新媒体接受思想政治教育，另一方面是由于学校上网需求多，再加上网络设施不健全。所以，导致网速慢，将无法保障大学生正常的生活与学习质量。第二，思想政治教育网站分布散乱不容易查询。新媒体建设过程是一项长远而艰巨的的任务，难免存在高校建设速度不同步的现象。当前时期内，仅有小部分的高校建立了完善的教育网站供师生间交流，大多数学校仍停留于陈旧单一的网站；二是多数高校建起的大学生思想政治教育网站，涉及与大学生学习、生活息息相关的板块和信息非常少，更新速度慢、交互性差、浏览量小、大学生参与率低。第三，高科技行业队伍建设不完善，具备较高网络知识与技能的人员较少，没有专门的网络队伍。新媒体作为新兴的技术，在其发展的阶段重视度并不是很高。在相当多的高校内，学校不重视新媒体工作的开展，这就很难在学校范围内营造高科技思想教育的良好氛围。我们也应该有这样一种认识，无论是专门从事新媒体的工作人员，还是与新媒体工作不相关者，多数思想、政治、经济工作者都缺乏对新媒体理论以及网络技术系统化的培训和学习，这将直接对高校利用新媒体开展大学生思想政治教育工作造成阻碍，不利于工作的开展。第四，大部分学校并不是有意开展新媒体思想政治教育，只是基于当前阶段下为吸引学生的注意力而实行的，没有一定的工作计划与安排，这就决定新媒体进行思想教育的路途并不是一帆风顺的。此外，高校对新媒体重视程度不够，没有足够的资金投入。学校只是把新媒体思想政治教育作为一种尝试，大部分教育工作的开展都是通过老师教授，考试考核的评判标准为依托。对于新媒体来说，由于设施建设不完善，无法对其教育质量作出评论分析；因此不能作为考核的条件之一，这也从侧面反映了新媒体不能取得较好的发展。

（五）新媒体的工作制度和监管机制不健全

新媒体之所以不能广泛流行还要追溯其自身原因。新媒体作为一种技术，要想获得广泛的关注力，就要加强各地的信息交流。由于缺乏管理机制，故一些人将会投机取巧发布一些虚假信息来混淆大学生的视线。大学生缺乏社会经验，在错综复杂的信息中很难学会正确辨别信息，如果接触了不良信息，那么将影响大学生的世界观。另一方面，大学生应该投身于学习，但由于很多学生把新媒体作为宣泄的工具，这就不利于构造文明的新媒体环境。在对相关问题的调查中发现，许多高校并没有建立相关细则来约束新媒体的传播和大学生的行为。同时，在对认为学校新媒体应加强哪些工作建设的调研中，很多大学生希望学校进一步建立新媒体校园管理约束措施，来保障新媒体的平稳发展。从大学生的建议中，高校领导者应把提高校园新媒体的约束力作为当前工作的重中之重，为学生提供一个良好的学习环境。只有这样，才能促进高校思想道德建设。

二、新媒体时代高校思想政治教育问题成因

传统思想政治教育受到新媒体去中心化特征的冲击，思维模式单一化导致教育主客体间交往不平等，与新媒体时代多维度教育目标相背离，使得思想政治教育出现有效性障碍。同时，传统思想政治教育模式遭受新媒体技术挑战，其陈旧的教育模式与新媒体时代多样化的教育方式相背离。此外，思想政治教育内容结构具有碎片化特征，这导致其教育实效性降低、教育主体难以把关、客体紊乱无序和教育环境复杂多变等。

（一）思维模式单一化导致思想政治教育出现有效性障碍

1. 思维模式单一化遭受新媒体去中心化特征的冲击

传统思想政治教育的思维模式是面对面的课堂教学，以教师为中心，教师掌控教育内容与形式，以口述的形式给学生讲解；新媒体时代的思想政治教育区别于传统教育单一、被动的灌输模式，在很大程度上是一种自我教育，其脱离了场地局限，打破了以往口口相传的形式，以多点对多点的形式进行传播，去除了教育者的中心、权威地位，在思想政治教育过程中，教育者、被教育者都能参与其中，实现了多元化的实时互动式传播。思想政治教育从训诫式灌输逐渐转变为自主式汲取。传统思想政治教育者绝对权威、中心地位的丧失，而新媒体又具有隐蔽性、自由性、平等性特征，这使得人人都有可能成为某个话题的意见领袖，而主流意识所倡导的优秀传统文化的领袖地位开始瓦解，不再成为大学生价值观的唯一基准。

2. 思维模式单一化导致传统思想政治教育主客体间交往不平等

我国高校思想政治教育长期以教育工作者单向思维模式为主要方式，这在资讯蔽塞、相对封闭的年代起到了重要作用，但这种以权力为主的一元体系，单向地将学生置于抽象的观念世界，教育者作为思想政治教育的主体处于绝对垄断、支配地位，实行的无差别、同质教育方式扭曲了思想政治教育主客体交往的平等性、正当性。特别是在新媒体技术广泛运用的今天，容易导致大学生表达自我认知空间狭小、师生间缺乏有效沟通交流、教育者无法获知被教育者的内心真实想法和诉求、教育主客体间交往不平等倾向加强等问题。

3. 思维模式单一化与新媒体时代多维度教育目标相背离

在网络虚拟世界，人人都有"麦克风"，新媒体技术影响了大学生对现实世界的感知模式。大学生在新媒体中展示个性，表达情感需要，高校思想政治教育工作者应了解大学生的兴趣，关注其现实问题，在坚持灌输方法的前提下，应用个性化教育方式，改变以往单向传输、理论灌输的教育方式，培养具有科学世界观、人生观、价值观的社会公民。单一的无差别同质教育忽视了大学生的主体性、创造性等。

（二）教育模式陈旧化导致思想政治教育不能适应时代发展要求

1. 教育模式陈旧化遭受新媒体技术的挑战

新媒体信息自由化和超自由的表达方式，增强了受众的感受性，为思想政治教育提供了一种新路径，也促使思想政治教育模式转型升级。传统思想政治教育模式主要是通过宣讲、报纸、电视等传统方式及渠道来教育学生，具有稳定性，却缺少创造性。特别是在新媒体时代，这种方式抑制了大学生的主体意识，禁锢了大学生的发散性思维，也给大学生的健康成长带来不利影响。同时，由于大学生防御信息心理机制不完善，在面对席卷而来的新媒体海量信息时，极易受到影响，这给思想政治教育带来了严峻挑战。

2. 教育模式陈旧化与新媒体时代多样化教育方式相背离

传统思想政治教育模式主要采取灌输、交流的方式，将思想政治教育内容传递给受教育者，这种单一、机械、传统的思想政治教育模式与新媒体时代多样化教育方式相背离。思想政治教育者应适应新媒体时期的育人要求，顺应合作学习、终生学习、远程学习等教育背景，实现思想教育效果的最大化。在教育过程中，应注重大学生思想价值教育的分类分层，积极寻求新的教育模式,以互联网的开放性思维,采取多样化、个性化的教育方式。

3. 教育模式陈旧化导致新媒体时代思想政治教育理论发展滞后

思想政治教育理论是连接教育者与受教育者的纽带。在新媒体时代,传统的思想政治教育未能紧随新媒体的动态变化而深化理论研究,导致其理论发展滞后,使得思想政治教育缺乏理论依据,实践活动也难以开展,思想政治教育的辐射力大大降低。

(三)教育内容结构碎片化导致思想政治教育的实效性降低

1. 教育内容结构碎片化导致思想政治教育主体难以把关

新媒体所具有的自由开放性与广泛参与性,使得以权力为中心的一元体系逐渐瓦解,教育者与被教育者都参与思想政治教育全过程,信息传播碎片化,大学生可以依据自己的喜好、时间自发地接受与传播信息,而高校思想政治教育的同心圆结构使得各个系统之间难以形成合力。传统思想政治教育传播受载体限制,承载信息量少,大学生感受性不足,难以形成共鸣,进而难以转化为自觉。同时,受时空与场合的限制,传播路径受阻,受众接受性较差,思想政治教育主阵地在网络环境下面对极大挑战。

2. 教育内容结构碎片化导致思想政治教育客体紊乱无序

新媒体具有多元多变、快速无界等特征,使思想政治教育内容的信息源呈现多极化态势,丰富了受教育者的选择;同时,思想政治教育内容体系的陈旧部分所呈现出来的滞后性与单薄性,片面强调以知识为本,偏离了内容的政治主导,忽视了大学生的全面发展,忽略了思想政治教育对象的层次性和差异性,造成大学生思想意识构建缺乏适配性、契合性。而西方普世价值、拜金主义、庸俗趣味也夹杂其中,使得大学生容易出现价值选择偏差及文化取向紊乱,这降低了思想政治教育内容的科学性与纯正性,导致思想政治教育内容一元主导的整体化格局遭受冲击,在教育客体上表现出思想文化品位矮化、社会责任意识淡薄等负面现象。

3. 教育内容结构碎片化导致思想政治教育环境复杂多变

新媒体的低门槛、无界性、辐射性致使其近二十年得到井喷式发展,它解构了传统思想政治教育权威,构建了复杂多变的文化语境。思想政治教育内容结构碎片化使得教育内容零散无味,打破了教育环境的可控性,影响大学生主流价值观的形成，导致思想文化品位矮化的现象，从而降低了思想政治教育的实效性。

三、新媒体时代高校思想政治教育工作对策

新媒体时代下，如何不断创新和完善高校思想政治教育方式方法，增强高校思想政治教育的吸引力、感染力和说服力，有效提高大学生思想政治教育工作的实效性，是当前高校思想政治教育工作要解决的重要问题。

（一）巩固主渠道，在新媒体上建设思想政治教育新课堂

利用新媒体技术建设高校思想政治教育新课堂，充分发挥新媒体技术的吸引力和影响力，提升自我学习、自我教育效果。

在课堂内，要从积极转变大学生对思想政治教育的消极学习态度入手，持续推进多媒体辅助式教学，适时注入、更新教学素材，将文字、声音、图像、视频等媒体元素融为一体，丰富课堂教学内容。并通过网络进行师生合作，积极开发、充实课程资源，使理论课程内容保持新颖、生动。在课堂外，要积极开展网络教学：一是搭建平台，建立高校思想政治理论课学习交流网站；二是开设思想政治理论网络课堂，让学生自由选择学习内容，通过内容丰富、形式多样的网络课堂进行教学；三是实行网上和网下无缝链接，建立一个覆盖高校而又覆盖社会的立体交叉大网络，课内课外互补。

（二）更新教育观念，拓展新媒体环境下高校思想政治教育工作新途径

传统的"灌输式"思想政治教育说教方式，容易使大学生产生逆反心理，教育效果微弱。当代大学生思想活跃、见识广博、思维独立，对新媒体技术充满兴趣，引入新媒体教育技术，将会为高校思想政治教育工作创造新的平台、开辟新的途径。

一是丰富了新内容。传统思想政治工作内容陈旧、单一，如共产主义教育、爱国主义教育、集体主义教育等，不易为学生接受。网络带来的海量信息、新媒体技术的应用、专题网站的建设，增添了主题教育形式，丰富了主题教育的具体内容，增强了思想政治教育的吸引力和说服力，提高了教育实效性。二是提供了新手段。随着时代发展，传统的思想政治教育工作手段，如课堂集中学习、课下讨论等方式，学生感到无趣、无味。新媒体时代出现了很多适应当代大学生教育的新方法、新手段如微博、贴吧、BBS、网上直

播、即时通信、短信群发等，实现了信息的双向交流，使思想政治工作的手段越来越丰富多样，学生往往也更乐于、易于接受。三是拓展了新领域。新媒体具有共享性强、覆盖面广、不受时空限制等特点，很多高校课内采取新媒体技术立体教学，课外通过建立QQ群、微博、开辟校园论坛板块和网络特色主页等，广泛开展丰富多彩的"网上互动、网下联动"的立体化交互活动，通过课内、课外和网络紧密结合的方式，组成高校思想政治教育平台，为每个学生提供独立表达自己的观点、意见的渠道，强化他们对思想政治教育内容的记忆、理解和认同，以便及时了解和发现学生思想中出现的不良倾向，快速做出评判、答复、澄清，消除学生的负面认识。

（三）提高教育者水平，增添高校思想政治教育工作新活力

新媒体时代下，各地高校都积极把教育教学改革作为进一步加强和改进大学生思想政治教育的重要举措，但高校教育工作者还存在能力参差不齐、整体建设水平不尽如人意等问题，尤其是在现代教育技术的运用方面。教育团队的建设是高校思想政治教育工作的基础和前提，不断提高教育者水平、加快高校硬件建设将为大学生思想政治教育工作注入新活力。

一是积极转变观念，不断提高教育者媒体素养。高校思想政治教育工作应把新媒体素养纳入团队建设的素质体系，围绕新媒体基础知识、新媒体技术、新媒体伦理道德等方面举办学术论坛或专题讲座，让广大教育工作者加深对新媒体的认识和了解，还可以通过进修培训、外出学习考察等形式，拓展学习空间、创造学习条件。高校教育工作者应养成日常上网的习惯，利用新媒体技术与学生保持"亲密"接触，做"服务型、事务型、交流型"教育者。"服务型"就是向学生提供思想教育、学生党建（包含时事热点）、心理健康知识、形势政策教育、学生事务管理（包含奖、贷、勤、助、免）、校园文化、职业生涯规划与就业指导等教育资源，如指导学生如何申请助学贷款、撰写学术论文等；"事务型"就是通过公布制度、发布通知等信息，便于学生查询了解学校发展动向、课程学习安排，同时也可记录自身具体工作内容、工作思考、工作体会、工作技巧等；"交流型"就是通过发表见解和看法，引导学生讨论，与学生沟通交流思想。二是加大投入，加快高校思想政治教育硬件建设。应用现代教育技术已成为教育教学改革的制高点与突破点。新媒体时代下，将新媒体技术运用到高校思想政治教育工作中，对提升思想政治教育吸引力、拓展思想政治教育空间、实现思想政治教育效果起着重要的作用。发展现代教育技术，实现教育技术现代化离不开硬件设施的建设，通过加强校园网络基础设施建设，改善上网条件，申建专题多媒体教室、微格教

室等措施,加快硬件设施建设,为教师应用新媒体教育技术开展思想政治教育工作创造更好的条件。

(四)合理利用新媒体,构建和谐校园文化建设新内涵

新媒体时代的高校文化建设需要将新媒体文化建设与校园文化建设紧密结合,把校园网络文化、手机文化等建设纳入和谐校园文化建设的总体格局,以增添校园文化的新内容、延伸校园文化的新内涵、扩展校园文化的新功能。新媒体条件下,优化校园网络环境无疑成为高校和谐校园文化建设的重要组成部分,同时也是校园文化建设新的优势和内涵。把新媒体的教育功能纳入思想政治教育的大系统中,以主题网站、论坛、博客等各种受大学生欢迎的形式开展,将社会主义思想道德根植于他们的心灵深处,在网络环境下建立正确的精神信仰和行为习惯,使现实社会与虚拟世界有效结合,促进思想政治教育与新媒体价值影响的相互协调,能够更好地营造健康向上、活泼生动的校园文化氛围。良好的校园文化更能促进师生感情,高校思想政治教育工作者在课堂上与学生是师生、朋友,在课下是网友、"粉丝",通过校园文化完成师生感情的教育渗透。

第二节　新媒体时代高校思想政治教育的挑战与机遇

20世纪下半叶兴起的新科技革命浪潮,正在将人类社会推向一个全新的信息时代——新媒体时代。面对新媒体时代所出现的新情况、新问题,研究高校思想政治教育的新特点,提出高校思想政治教育的新要求,这是新媒体时代对高校思想政治教育工作者提出的新课题。

一、新媒体时代的新特征

迄今为止,媒体的发展大致经历了精英媒体、大众媒体、个人媒体三个阶段。这三个阶段也分别代表着传播发展的农业时代、工业时代和信息时代。作为一种伴随着媒体的发生与发展而在不断发展、不断变化的新媒体时代,它拥有诸多新特征,概括起来主要是:

(一)主体的平等性和自由性

传统媒体(报刊、广播、电视等)所发布的信息一般由专业人员提供,

其内容除了受到专业人士所代表的群体的价值影响之外，还需要经职能部门审核，在传播者和受众之间呈现出一定的不对等性。新媒体的广泛应用，除却部分传播信息是由专业人士提供外，更多信息（如短信、微博、论坛等）都是由大众提供的，任何人都可以通过网络、微博、QQ、飞信和微信等新媒体工具，自由地发表个人意见，表达自己的主张。不同个体发布信息、发表观点、表达意见都是平等而且是具有个性的。每个人既是信息的发布者，又是信息的接收者。以此类推，这也意味着每个人既是施教者同时又是受教育者。同时，这种自由性还表现在：由于信息的接受者不同，信息的价值也会有较大的不同。对于不同受众的主体来说，有的信息没有任何意义，有的信息反而带来负面的影响。因此，同样的信息含量，仅仅因为其传播的途径，信息操纵者和接收者的个人价值观不同，就能使信息价值具有多重性，而这也是新媒体时代的一个显著特征。

（二）内容的丰富性与便捷性

新媒体时代，通过新媒体技术，新媒体承载和传播的信息流特别庞大。从表现形式上看，有相对静态的文字信息和动态的画面信息，还有立体的声音信息等内容。从信息来源上看，有政府的官方正式通知、公告，集体或个人的合法官网等类型的合法信息；也有虚假广告、色情网站、诈骗信息和非法传销等信息；同时也有中性信息，如风土人情介绍、无伤大雅的八卦消息、休闲娱乐的游戏等信息。就信息内容本身来说，有影视作品、学术研究专著、文学作品和个人言论等。由上可见，新媒体时代信息内容是极其丰富的，这也是新媒体时代的一个显著特征。不仅如此，新媒体还极大地显示了信息检索的便捷性。社会在进步，科技在发展，网络硬件软件技术都得到极大的提升，服务器的速度也极大提高，使得信息的流动和储存能力惊人的加大。同时，信息检索工具的开发与利用，使得信息传输，检索和查阅变得轻松便捷。根据自己的需求，人们通过网络可以检索到大量的信息，包括文本和非文本的信息，还可以利用相关的软件对检索的信息快速地进行再利用，极大地方便了人类的学习和生活。这是新媒体时代与社会生活之间的关系特性。

（三）形式的多样性与交互性

新媒体时代，信息的形式有了更丰富的发展。社会的发展依托于科技的支撑，科技的快速发展，使得各种电子设备快速地更新换代，使新媒体的载体的功能得到不断开发与拓展。目前，手机打破了以往时空的限制，较之电脑更便于携带，沟通更便捷。通过短信，人们可以发送文字信息，语音留言，尤其是微信的流行更方便了手机的沟通。现在，人们也可以通过网络进行各方面的交流，用文字、语音甚至视频进行聊天，通过电话会议、网络视频会议实现遥控的业务的处理；同时，在言论自由的当下，人们也可以通过各种平台获取信息，发表见解阐述观点，表达意愿，从而便捷地实现公民的舆论监督权利。总之，在新媒体时代，以写信（纸质信件）、发电报等传递信息的方式已基本被取代，新媒体可以对各种信息进行多种方式的传送，而且其传播形式也越来越复杂多样，也越来越适合当代人们的主流追求，越来越适应当今时代发展的需要。

交互性是新媒体区别于以往媒体最突出的特点，它包含两层含义：一是信息发送者和接受者之间的信息交流是双向的；二是参与双方在信息交流过程中都有话语权和控制权。传统媒体（报刊、广播、电影、电视等）的信息交流具有单向性，信息反馈比较慢，交互性就比较差。数字技术使得信息采集和制作变得简单易行，个体只要利用文本输入系统（电脑、手机等）、数码相机等，就可以轻易地编辑或发送文字和图片。通过以数字化为重要特征的新媒体，每个人可以同时进行并完成信息的传播和信息的接收。在新媒体时代，信息传播的双方信息交流采用的是双向互动的方式，这便于及时理解与沟通。

（四）语境的虚拟性和开放性

虚拟性是新媒体的重要特征，它的表现形态主要有三种：首先是信息本身的虚拟性。新媒体技术，将越来越多逼真的现实环境创造出来，形成了一种全新的时空概念。每个使用新媒体的大众都是这个虚拟世界中的一员，他们运用新媒体进行彼此间的交流和沟通。新媒体信息技术将真实世界和虚拟世界之间的界限变得越来越模糊，人们的认知方式也随之被改变。其次，传播关系的虚拟性。新媒体以数字符号的形式将信息传播出去，在整个新媒体交往过程中，个人的性别、年龄、职业、身份等基本特征都被无形的掩盖了，剩下的仅仅是利用虚拟符号进行沟通和交往。再次，空间的虚拟性。虚拟空间（网上商店、虚拟社区、虚拟社团）中的每一个成员，通过新媒体可以在特殊的空间里进行学习、交友、娱乐、购物等。虚拟性不仅拓宽了人类的生存空间，而且借助互联网将整个世界联接成"地球村"，呈现信息传播和交流的"无障碍"，充分彰显其开放性。在新媒体这个开放世界里，人们之间几乎不存在国家和民族的界限，网络媒体把世界连成一个有机整体，大大加强了它的全球性。同时，也使受众具有了"全球化"的特征，今天世界上任何地方发生的任何事，只要上了网瞬间即可传遍全球，成为全球人共享的信息。

（五）服务的个性化与分享性

新媒体时代，基于 web2.0 的信息技术平台，使得每一个信息参与人都有一个终端（如 IP 地址、手机号码等），传播者可以轻松地对信息进行分类，并发送到每个地址中去。此外，受众也可以通过新媒体进行信息的定制和检索，如各类搜索引擎。这样，每一个新媒体用户都可以发布和接受完全个性化的信息，大众传播转变为"小众传播"。当前，媒体生态已经发生了变化，随着新媒体技术对信息中心化的打破、成本的降低和小众传播的展开，话语权已经不再掌握在传播者手中，受众逐渐参与到价值链的上游，在进行分享信息的同时，与传播者进行着平等的对话，于是，"阅众分享"和"去中心化"便成为新媒体两大关键点。

（六）信息来源的隐蔽性和相对封闭的社群化

与传统媒体相比，新媒体具有隐蔽性特点，信息的编辑者和传播者可以选择利用隐藏身份信息的方式进行信息传播，许多信息无从考证，甚至一些虚假信息会对大众产生不良影响。虽然我国在新媒体尤其是网络媒体的管理上加大力度，出台了一些管理办法及规范制度，但是由于经济利益等因素的驱使，许多不法分子伪造假身份证进行上网或购卡，从事非法活动，信息的来源仍然具有很强的隐蔽性。此外，由于网络上的人们大多是以各种社区、论坛等虚拟空间"群居"的，因此"群"内的信息仅限于"群"内的共享，表现出一种封闭性、高度聚合性和跨越时间性的特征。

二、新媒体时代高校思想政治教育的新特点

随着新媒体时代的来临，互联网、手机等新媒体的逐渐普及和应用，高校大学生作为"数字化生存"的最先体验者之一，获得了与世界同步发展和充分展示个人才能的空间，其思想观念、知识获取、价值取向、人际交往和行为方式等，也已深深地烙上了新媒体时代的痕迹。基于这个大环境，高校思想政治教育呈现出新的特点。

（一）思想政治教育环境的复杂化

新媒体具有打破时空限制、消解主体边界的特点，在拉近线上距离的同时，一定程度上不仅使得人际交往的能力下降，也容易诱发大学生产生心理信任危机和人格障碍等心理问题。与此同时，新媒体不仅为大学生提供了娱乐休闲、控诉发泄等的平台，也提供了引发各种病态人格和网络犯罪的土壤。

随着新媒体时代的到来，高校思想政治教育强行灌输和社会舆论的制约力量已失去了原有的优势，高校思想政治教育引导与规范难度日益加大，环境变得越来越复杂了。

（二）思想政治教育主体性特征明显化

新媒体时代，高校思想政治教育主体性特征包括两方面：一是教育者的主体性。新媒体使得思想政治教育的方式变得灵活，教育者要想收到最好的教育效果，就必须通过充分发挥主动性和积极性，努力探索新媒体环境下思想政治教育的有效途径。二是海量信息给予了大学生根据自己需要选择信息的机会。在传统思想政治教育中，教育与被教育现实存在的关系，使得教育者往往被看作是思想权威进行思想理论灌输。在新媒体时代，现实社会中的性别、身份和特权等因素都在弱化，每个人都可以平等地发表意见和寻找交流对象。这会颠覆现实社会奉行的权威意识和等级观念，极大提升人们尊重个体尊严、承认个体权利的文化意识。新媒体时代高校思想政治教育中传受双方的平等地位，将会大大降低受教育者的排斥情绪和戒备心理，使得双方的亲和力和人情味变得更易接受，以引导取代说服的形式也将会收到更显著的成效。

（三）思想政治教育信息来源的立体化

传统高校思想政治教育的重要信息源大量源自理论、方针和政策，政治性强，加之有限的信息量和内容的滞后性，缺乏时代感、吸引力。在新媒体时代，教育者或者受教育者只要拥有一台联网电脑或移动手机，即可方便快捷地获取和传播大量的即时信息，了解国外政治、文化、经济、思想、社会生活；同时还可以随时随地进行思想和信息的交流，此时国界、时空、种族、性别、年龄已经被跨越，信息来源和传播渠道变得立体化，实现了思想政治教育与其他传播媒介的优势互补。来自社会这所大学校里的名家辅导、经典案例、专题影像等，以学生容易接受的图像、文字、音视频等多种形式出现，全方位影响大学生的思想、价值观念和行为习惯。因此，新媒体背景下，大学生所获得的思想政治教育的信息形态将从静态走向动态，从平面性走向立体化，教育效果也明显得到增强。

（四）思想政治教育手段的多样化

高校思想政治教育的时空限制已经因新媒体而发生了迁移，教育者和受教者可以在任何一个设有终端的地方随时传播和获取所需知识。同时教育者可采取的教育手段也趋向多样，既可以组织学生收看优质视频公开课、网上讨论、网上作业，也可以开展网上谈心活动等等。新媒体的广泛运用，大大减轻了教师备课负担，有效提高了思想政治教育信息传播的速度和效率，尤其是多样的信息形态刺激多种感官，使得大学生更易于接受。特别是虚拟信息传播技术的运用，活泼的全息影音动画以及其他多媒体仿真画面，可以使教学变得生动有趣，效果显著提升。

（五）思想政治教育效果的经济化

在新媒体时代，非线性传播的高校思想政治教育专题网站，或者各大门户网站上的专题讨论，或者各类共享课和各种话题的风起云涌，有一个共同的特点就是能够实现资料的共享。与以往高校思想政治教育的效果相比，这样既避免了人力、物力的浪费，又合理配置教育、教学资源，有效实现思想政治教育效果最大化。

三、新媒体时代高校思想政治教育的新要求

在新媒体时代，依据新媒体时代高校思想政治教育的新特点，为促进高校思想政治教育与新媒体的有机契合，增强思想政治工作的针对性和实效性，需要对高校思想政治教育提出新要求。

（一）把握"三个导向"，坚持做好新媒体时代高校思想政治教育

一是开放与引导理念导向。首先，要坚持高校思想政治教育自身的开放性。随着新媒体技术的发展，应当充分运用新媒体技术不断整合各种有利的资源，开拓思想政治教育的有效途径。虚拟性、自由性、主体性、多样性、开放性是这个时代的元素，教育主体（教育者）和教育客体（受教育者）共生于一个开放的世界中；教育介体从固定走向移动、从可控走向不可控；教育环体也突破现实走向虚拟、由有限走向无限，使思想政治教育能够紧贴时代发展，及时回应时代问题。其次，要坚持高校大学生思想政治素养思维发展的开放性。处在成长期的高校大学生，他们的政治观和价值观也都处在不断的成型之中，其个人体验也在随着环境的变化与教育的深化而不断修正中。这就要求高校思想政治教育必须打破封闭的教育环境，不断拓展教育的开放性，积极引导学生树立科学的世界观、人生观、价值观和道德观。

开放与引导是相辅相成的，二者缺一不可。引导实际上是把关，即通过选择、筛选、剔除等过程，从海量网络信息中为大学生提供有益于身心发展

和个人成长成才的信息。新媒体时代引导理念就是要确立"引导为主、管理为辅"的教育理念，以社会主义核心价值观为引领，抓住情感主线，把培养能力和发展个性有机结合，促进人的全面发展。同时，应充分发挥双方的主观能动性，突出学生个性发展，采取多种形式，提高思想政治教育工作的实效。

二是平等与互动理念导向。新媒体环境下，高校思想政治教育不仅是一个开放的系统，更是一个互动的系统。以往高校思想政治教育中的单向灌输严重忽视了大学生的独立性和创造性，无法激发大学生的兴趣和主观自觉。新媒体的平等性则满足和迎合了大学生对于平等和尊重的需求，向思想政治教育的权威性和主导性提出前所未有的挑战。平等互动理念，将有利于创造和谐共生的生态环境，有利于相互尊重和共同探讨，也有利于尊重教育对象的主体性，使得思想政治教育更具有亲和性。新媒体环境下的教育介体和教育环体为主客体提供了平等的交流机会，这就激活了主客体的主体性，充分开启了主客体的自主性、能动性和创造性。在高校思想政治教育中，要尊重学生的主体地位，通过创新情景和激励引导等途径，唤起学生的主体意识，激发学生主体的自觉性、能动性和创造性，以达到自我教育、自我锤炼、自我修养的效果，从而取得思想政治教育的实效。三是服务理念导向。服务理念导向，主要体现在突出教育性和针对性方面：首先是教育性。新媒体时代，纷繁复杂良莠不齐的信息在扩大学生的视野的同时，也会引发心理问题，甚至出现一些漠视生命的现象。因此，要全面树立以学生为本的服务理念，建立健全教育者和受教者的互动体系，及时洞察学生的心理，加强教育，预防和控制心理问题的产生。在教育的过程中，注重解决思想问题与实际困难，把大学生思想政治教育落实到理解和关怀的基点上，贴近学生的生活实际，切实关心学生疾苦，这样才能使思想政治工作取得成效。其次是针对性。要从关注思想政治教育的可接受性和关注思想政治教育对象的个性特征着手，在加强大学生整体教育的同时，还必须针对学生的个性进行具体教育、个体教育，帮助他们由他律走向自律的转化，实现人的全面发展。为此，高校思想政治教育要以服务理念为导向，加强思想政治教育的针对性，通过多种新媒体形式增强教育的吸引力和感染力，使高校思想政治教育真正收到实效。

（二）坚持贴近社会、专业和生活，优化高校思想政治教育的内容结构

目前的高校思想政治教育内容的理论性与实践性结合得还很不够，在内容结构安排以及语言描述方面，也都较生硬、晦涩，与实际需要有所脱节。

为此,今后在内容结构优化方面应做到"三贴近":

一要贴近社会现实。以往高校思想政治教育存在的一个突出问题就是教育内容结构体系严重滞后于经济发展,滞后于国内、国外形势的发展和变化。新媒体时代,由于网络的"无屏障",不仅拉近了人们与经济发展的距离,也缩小了人们与世界的距离。基于此,高校思想政治教育内容结构体系的改革,必须密切关注社会现实问题和网络上的热点问题,尽快推出与现实相适应的思想政治教育内容,以更好地激发大学生对社会现实的关注,用正确的世界观和方法论,理性地看待我国社会主义现代化进程中出现的各种问题,并且逐步学会能够运用自己的聪明才智去解决问题。

二要贴近专业要求。以往传统思想政治教育存在泛知识化现象,将思想政治教育和专业理论、专业技能等智力教育同起来,将思想政治教育人为地与其他类型的教育分裂开来,使得高校思想政治教育处于弱势地位。在新媒体时代,新媒体所传播的海量信息,其中也有许多信息是与大学生所学专业息息相关的,也就是说是有益于大学生专业学习的。因此,新媒体时代高校思想政治教育应当密切思想政治教育与专业教育之间的相互交融关系,促进高校思想政治教育的内容与专业理论、专业技能的紧密联系,使之有助于大学生的专业选择、学习和素质的提升;同时,在社会生活中,道德是客观存在的,道德是人聪明、完善之本,也是社会和谐、发展之基,进行专业教育应以培养有道德的人为前提,只有认识到这一点,才能真正实现为社会培养出全面发展的有德性的职业人。

三要贴近学生实际。首先,是与学生的学习相结合。新媒体时代的高校学生,获取信息的渠道是全方位的,任何脱离实际的教育内容只会让受教育者产生冷漠、反感甚至是逆反心理,所以,高校思想政治教育内容除了马克思主义理论以及党的纲领、路线、方针、政策法规等以外,还应有如一切对身心人格健康有益的知识、道德文化和习俗习气、科学精神和人文精神、生活方式和行为规范、民主和法制意识、社会热点和焦点等等,让学生从被动接受变为主动选择和接受,通过增加创新教育的思想、人与自然协调共存的世界观、生态道德、全球意识、媒体素养等教育内容,用新的内容去教育和武装学生,使学生得到更多实际的、有效的引导和帮助。其次,是与学生生活相结合。大学生实际上是"半社会人",正处于成人的关键时期,必然会经历一些成长的蜕变。高校思想政治教育内容既要有利于锻炼学生的现实生活能力,又要培养学生的未来可持续发展的能力。要从关注大学生日常生活中的实际问题入手,帮助他们排忧解难;要积极引导大学生学会生存,学会尊重和关心他人,学会共同生活;要培养在活动中的积极参与和合作精神;要倡导他们研究人类面临的普遍问题，增强全球意识和人文关怀；要关注人的现实和虚拟生存环境和生活质量，维护人类的尊严，完善道德品德和全面发展问题；同时还要有意识地培养大学生具有国际观念和意识，树立为全球服务的观念，具有开展国际合作交流与国际竞争的知识和能力。只有在学生生活的不同领域全方位、最大限度地贴近学生，高校思想政治教育内容才能最大范围地被学生接受、认同和转化，思想政治教育实效性才能实现。

（三）激发"微活力"，打造"微活动"

对于思想政治教育，相比较传统的课堂主渠道，各种各样的来自基层的校园文化活动显然是重要的思想政治教育教育载体，多彩的校园文化活动不仅丰富了校园生活，也锻炼了学生的心智和各方面的能力。但不可否认，目前学校尤其是高等院校中会出现这样的现象：每一项活动似乎只有少部分积极分子（主要是班级或校系学生会干部及社团人员）是主力和活跃参与者，大部分学生往往更愿意观望甚至漠不关心。新媒体时代及其相关的无穷选择正在改变文化需求，需要我们把多数学生是否得到综合素质的锻炼，在锻炼中是否形成高尚品德，作为决定活动成败的关键。为打造好各项"微活动"，当前需要在三个方面加以改进：一是在活动组织上，要充分发挥学生的主体作用。要树立一切以学生需求为出发点的工作理念，精心组织，充实和加强学生线的力量，能力探索开展适合各类学生发展的不同层次的"微活动"。二是在活动方法上，要有选择性地降低活动的难度，多组织一些容纳性大、低门槛的活动，扩大参与面，让尽可能多的学生参与到活动中来。三是在活动内容设计上，要适度包容，重视研究学生多元化的需求，对那些不被多数人接受或者参与面小的活动，要正确地加以引导和整合，以增强学生的归属感和主人翁精神，真正体现德育无微不至的关怀。总之，创造"微平台"是一个新尝试，需要强调的是：在教育定位上，既要适合不同学生的自身特点，也要与其发展取向相吻合；在教育设置方面，既要精心构建微型化的专题教育体系，满足学生的多样化选择，也要完成不同需求下的微德育体验，引导学生进行自觉的道德约束。

（四）提升媒介素养，打造复合型、专家型的思想政治教育队伍

媒介素养是指公众接触、解读、使用媒介的素质和修养，包括三个环节：接触媒介、获取信息；解读媒介、批判地接受媒介信息；利用媒介工作和生活，通过媒介发出声音并维护自己的利益。针对新媒体环境下信息泛滥、价值多样的现象，高校思想政治教育工作者的媒介素养不仅仅是"说服""传递"

信息能力的提高，更重要的是信息"分析""鉴别""筛选""评价""引导"能力的提升、完善。这就给高校思想政治教育工作者提出了新要求：首先，要努力学习和提高马克思主义理论水平和思想政治工作艺术，坚定自己的理论自信和道路自信，熟悉和掌握新媒体时代高校思想政治教育基本规律。其次，要精通传播学，充分了解和学习计算机技术、网络技术和手机新媒体的有关应用知识，掌握新媒体特点，科学使用新媒体。再次，要熟练使用新媒体，使用BBS（电子公告板）、Usenet（电子新闻组）、E－Mail（电子邮件）、CHAT（实时聊天系统），开辟相应的"论坛""微博""飞信""微信"等等，与大学生进行思想上的交流和互动，努力使自己成为复合型、专家型的高校思想政治教育工作者。只有这样，高校思想政治教育工作者才能与大学生开展互动交流，在交流中进行有效引导，从而提高大学生思想政治教育工作的实效性。

第三节　新媒体时代高校思想政治教育创新研究

新媒体时代的来临赋予了信息传播突出的时代特征，表现为信息内容丰富、信息形式多样、信息价值多重、信息来源隐蔽、信息检索便捷、信息真伪难辨等。迅猛发展的新媒体技术为人们获取信息提供了极大的便捷，同时，新媒体作为一种有效的潜移默化的思想政治教育方式，对高校大学生的思想观念、道德评价、政治意识、价值判断的形成和发展有着极其重要的影响和作用。因此，必须更新新媒体时代高校思想政治教育理念，充分利用新媒体的诸多优势，以促进高校思想政治教育动力生成。

一、新媒体应用于高校思想政治教育的优势分析

（一）新媒体的内涵特征

不同于报纸、广播、电视等传统媒体，新媒体是以网络媒体、手机媒体、数字电视、触摸媒体、博客、播客、维客、微博等新的媒体形态，利用数字技术、网络技术，通过互联网、宽带局域网、无线通信网以及卫星技术等渠道，以计算机、手机、数字电视为终端，向用户提供信息和娱乐服务。新媒体引起人们生活方式的改变和思想观念的变革，从根本上颠覆了人类传统的生活模式，它将信息传播技术应用到商业、教育、管理、文化、艺术等领域，已经成为信息社会中最新最广泛的信息载体，更加成为当代高校学生获取和

交流信息的重要渠道。新媒体深受学生的关注和喜爱，极大地改变了学生的生活方式、思维方式和价值观念，为当前高校思想政治教育提供了新颖环境和良好机遇。

（二）新媒体应用于高校思想政治教育的特殊优势

新媒体作为知识传播和信息交流的有效工具，成为高校思想政治教育工作的重要传播载体，有着许多特殊优势。第一，新媒体的权威性。新媒体继承和发扬了传统媒体的优良作风，成为国家和政府的重要舆论宣传阵地，是党和国家路线、方针、政策的权威传播者和解释者，这是新媒体在思想政治教育工作中发挥重要作用的政治优势。第二，新媒体的覆盖性。新媒体面对公众、面向社会，具有很强的覆盖辐射能力，各种新的媒体类型在传播方式上各有所长、优势互补，不受时空限制，随时随地可共享信息。新媒体这一特点契合了高校学生群体的年龄、性格、生活习惯等特点，使其成为新媒体受众群中极为重要的组成部分，这对做好高校思想政治教育工作具有不可忽视的作用。第三，新媒体的先进性。新媒体以其技术优势扩大了大众传播魅力，使得接收更便捷、选择更多样、信息更及时、效果更完美，富有鲜明的时代特征。大学生乐于接受和尝试新技术带来的先进体验，这是新媒体做好高校思想政治教育工作无与伦比的技术优势。

二、新媒体时代高校思想政治教育的现状与问题

（一）新媒体时代高校思想政治教育的现状特点

一是高校学生使用新媒体的现状。以电脑媒体和手机媒体为主要代表的新媒体已成为高校学生学习、生活不可或缺的工具；在书籍、报刊、广播、电视、手机、电脑等多种传播媒介中，高校学生把互联网和手机作为首选并最喜欢的媒介载体；多个统计调查显示，高校学生每日上网的平均时间均在2小时以上；而上网的目的中"娱乐"常常排在首位，以"学习"为第一目的的选择均不足调查对象总数的一半。二是高校学生对新媒体的认知现状。高校学生普遍认为新媒体应用门槛较低，使在校学习和生活变得更加丰富和便捷，他们乐于享受新媒体应用于他们的学习、生活之中；新媒体的平等、开放性为高校学生提供了一个自由的话语空间，为他们发表个人观点、展示个性提供了一个自由平台；大多数高校学生对于新媒体生产的信息具有一定的辨别力，但对信息的理解深度和批判能力尚待加强；1/3的高校学生意识到新媒体对其思想观念和价值取向有较大影响。三是高校思想政治教育使用和接

受新媒体的现状。新媒体以其高效快捷的通信方式被广泛地应用于课堂教学、日常事务管理和思想政治教育工作中，高校学生班集体、党团组织应用QQ群、飞信群、博客、微博、社交网站等多种新媒体载体建立了特点迥异的交流空间；高校学生更多地选择在网络空间借助新媒体与思想政治教育工作者袒露心声；在调查中发现，学生更喜欢高校思想政治教育活动采取多种方式和手段，充分利用新媒体。

（二）新媒体时代高校思想政治教育的突出问题

新媒体时代高校思想政治教育的调查现状反映了高校学生具备了接触新媒体的条件和使用新媒体所应具有的基本媒介素养，为我们有效利用新媒体做好高校思想政治教育提供了有利条件。但同时也看到，新媒体时代高校思想政治教育也存在着诸多问题。首先，高校思想政治教育主体媒介素养缺失，高校学生和思想政治教育工作者审视、批判和使用新媒体的能力均有待提升。其次，高校思想政治教育内容不能满足时代需求，随着新媒体技术的发展和普及，应及时汲取有价值的知识信息，丰富高校思想政治教育资源和视野。再次，高校思想政治教育手段相对落后，高校校园新媒体应用仍处于将传统教育方式简单"复制"为新媒体形式，并未将新媒体时代思想政治教育新理念融入教育实践之中，开展形式多样、生动活泼、现实与虚拟相结合的思想政治教育精品活动。最后，高校思想政治教育环境复杂多样，新媒体时代使得文化多元化，多元文化冲击着人们的传统思想体系，影响着每个国家和社会的意识形态发展，高校学生所处的各种环境经历着不断变革，日益复杂多样，因此，以先进的思想、主旋律的声音进行信息传播，牢固主流文化、营造和谐教育环境是高校思想政治教育面临的挑战。

三、新媒体时代高校思想政治教育的创新发展

（一）利用新媒体创新高校思想政治教育主体

首先，努力提高高校学生的媒介素养。将媒介素养教育寓于课堂教学、思想引导、实践活动等思想政治教育工作各个层面。注重意见领袖的发掘和培养，发挥学生网络特殊群体的作用，在信息传播活动中树立优秀"学生把关人"，增强高校思想政治教育的主体性意识，提升学生的政治素质和自律精神，增强新媒体空间自管自治能力。其次，培养"专家型"的思想政治教育工作者。以思想政治教育的现代化为先导，更新教育观念，充分认识到新媒体时代为教育者带来的紧迫感，要努力学习传播学知识，掌握传播技巧，发

挥信息优势，灵活运用一般传播原理和方法，把握思想政治教育规律，巧用新媒体，增强思想政治教育的传播效果。最后，发挥媒体融合优势互补的综合效应。熟悉和掌握各类新媒体的特点，比如 IM 即时通信（QQ、MSN 等）可实现高校思想政治教育的便捷沟通；Email 的有效快捷定位可提高高校思想政治教育的针对性和准确性；SNS 的公共交流平台可实现高校思想政治教育主客体的平等互动；Blog 的个性展示与自律可提升高校思想政治教育的自我教育养成；微博的即时讯息订阅可增强高校思想政治教育的信息动态把握。尊重教育客体的主体性，综合选择运用多种媒体进行优势互补，实现有效互动。

（二）利用新媒体创新高校思想政治教育途径

首先，大力拓展高校思想政治教育理论课教育教学主渠道。努力实现思想政治教育理论课课堂互动，通过新媒体技术实现对精品课程的广播、点播和直播，将文字、声像等媒体元素融于一体，大力应用在理论课教学实践中，增强教学的吸引力和感染力，实现思想政治教育理论课教育教学双向交流。其次，着力巩固校园媒体思想政治教育新阵地。依托校园媒体建立一种为我所用的网络舆情疏导机制，关注学生中的焦点、难点和疑点，与学生进行良性互动，用正确、积极、健康的思想文化占领新媒体阵地；依托校园媒体建立一支为我所用的红色新媒体"把关人"队伍，由高校学生主管部门、宣传部、辅导员团队、理论课教师团队、学生党员、学生干部、校园媒体管理员等组成，活跃在校园媒体各个板块之间，促进形成正确的舆论导向。最后，努力探索高校思想政治教育好抓手。打造高校学生班集体"QQ 群""博客群""飞信群""人人网公共主页"和辅导员"博客群"等，创建有效交流沟通信息平台，为学生交流学习心得体会、分享生活感受感想、了解时事政治及社会热点等交换自己的意见和观点，使学生主动热情地参与到思想政治教育活动中来。

（三）利用新媒体创新高校思想政治教育策略

首先，以高校"红色网站"建设为中心的主体策略。注重网站形式，采取迎合学子"口味"的形式，精心设计教育内容，扩大新媒体宣传阵营，加大高校思想政治教育软件开发力度，提升高校思想政治教育的技术先进性。其次，以网络内外联动为中心的技术策略。占领思想政治教育新阵地，应不失时机地找准切入点，夯实网下思想政治工作基础，构筑校园网上网下联动、全员参与、全时监控的立体交叉网络。加强新媒体与传统媒体的合作，利用传统媒体的优势介绍校园新媒体的丰富资讯。最后，以增强可接受性为中心的内容策略。要深入研究高校学生的心理特征和需求，有针对性地设计和选择适当的教育方式，以满足学生身心成长的需要，在内容上要注重针对性和灵活性、生动性和艺术性、真实性和服务性、层次性和时效性、一致性和连贯性，提高高校思想政治教育的效果。

第四节　新媒体时代高校思想政治教育载体研究

一、新媒体对思想政治教育载体的影响

随着社会的进步和经济的发展，思想政治教育载体也与时俱进，在大学生思想政治教育中发挥越来越重要的作用。各类思想政治教育载体在具体选择和应用的过程中，既产生了一些良好的效果，但也有差强人意的地方，有待提升和改进。

（一）积极影响

当前，新媒体技术对高校思想政治教育载体的影响是多方面的，其积极影响主要表现在：

第一，新媒体能够突破传统思想政治教育载体的时间和时空的限制。新媒体最大的优势特点就是即时交流功能强，这一优势特点主要体现在不受时间和地点的限制，随时随地能够传达信息内容。传统高校思想政治教育载体要在一定的时空范围才能发挥作用，比如课堂载体，教师和学生要在同一时间在同一间教室才能进行思想政治教育知识的传授。而新媒体在突破时空限制的同时还能保证受众的广泛和信息的及时，在当前高校思想政治教育活动中发挥着前所未有的积极作用。

第二，新媒体能够丰富思想政治教育载体形式。随着新媒体技术的发展，移动网络的普及，尤其是近几年来以声频互动和可视互动为核心，融合多项信息技术的设备终端、应用软件和网络平台等不断被开发出来，使高校思想政治教育载体迎来了新的发展契机。以往课堂载体、活动载体、管理载体和文化载体为高校思想政治教育的主要载体，在新媒体的环境下，手机平板、网络论坛、微博微信等新颖的、具有交互性的载体对大学生有很强的吸引力。他们可以通过手机互相交流想法，可以通过网络平台发表自己的意见，产生互动，可以在自己感兴趣的载体上获取任何想要了解的信息和内容。总而言之，新媒体不仅丰富了思想政治教育载体的形式和内容，还更好地发挥了思

想政治教育载体的作用，它在更大范围和更深层次上满足了高校思想政治教育载体的发展要求，有利于高校思想政治教育活动的不断完善。

（二）消极影响

唯物辩证法告诉我们，凡事都具有两面性。新媒体技术不仅给高校思想政治教育载体带来了积极影响，还带来了一定的消极影响。

第一，新媒体载体的使用冲击了高校传统思想政治教育载体的有效性。新媒体时代，开放性强、丰富多样的新媒体载体使高校传统的课堂载体、活动载体、管理载体和文化载体发挥得作用遭到削弱，这些载体的地位开始受到了挑战。以往高校各类思想政治教育载体采用面对面或者灌输等方式进行，思想政治教育客体获得信息和内容的方式仅限于听和讲，地点和时间也都是固定的。如今新媒体载体的多元、开放和自主的特点满足了大学生多样化的需求，使得大学生逐渐与传统高校思想政治教育载体产生疏离，在虚拟的网络中寻找在现实中不能被充分激发的主动性和积极性，削弱了传统高校思想政治教育载体的实效性，给高校思想政治教育工作带来了挑战。

第二，新媒体发展过快导致了部分教师对高校多样的思想政治教育载体利用率不足。因为新媒体技术的迅猛发展，除了高校传统思想政治教育载体需要与时俱进之外，新媒体载体的开发和运用也是高校思想政治教育活动的重要内容。这样一来，高校教师既要保证传统思想政治教育载体继续发挥作用，也要确保新媒体载体的顺利开发，就会导致部分教师心有余力不足，无暇顾及所有思想政治教育载体的均衡使用，从而引发思想政治教育载体效率不高的问题。

总的来说，因为新媒体给高校思想政治教育载体带来的消极影响并不是不可调和的矛盾，只要将新媒体技术整合在思想政治教育载体发挥作用的过程中，就能实现新媒体时代增强高校思想政治教育载体功能的目的。

二、新媒体时代高校开发和创新思想政治教育载体的必要性

思想政治教育载体不是一成不变的，它历来都是随着时代环境和教育内容变化而变化的。在新媒体时代，思想政治教育内容不断丰富，就要求思想政治教育载体也必须要不断拓展创新，这不仅是适应高校思想政治教育环境变化的需要，也是载体自身发展的要求，更是增强思想政治教育载体实效性的需要。

（一）适应高校思想政治教育环境变化的需要

高校校园环境及学习氛围能给予人巨大的精神力量，在高校中进行学术科研及教学活动所具备的求真务实和认真负责的精神能使大学生在生活、学习及行为方式等方面得到很大的提升。高校通过开展多姿多彩的学术课堂、文化宣传、管理模式、课外拓展等活动，构建健康的、优秀的社会主义校园环境，不仅能够促进大学生的全面发展，更能使具有个性特长的学生找到适合自己发展的方向，增强个人自信，实现个人价值。但随着新媒体在高校范围内的广泛使用，大学生被新媒体所吸引，减少了在学习和研究方面的时间，沉浸在新媒体构造的虚拟世界里，高校原先浓厚的学术氛围开始淡化，思想政治教育的作用也逐渐被削消解。

新媒体时代高校思想政治教育面临的校园环境变化给高校思想政治教育载体的开发和创新造成了一定的影响。高校现阶段使用的课堂载体、活动载体、文化载体和管理载体所承载的思想政治教育内容开始显现出了滞后性和低效性，多样的新媒体网络平台的广泛覆盖进一步增加了高校思想政治教育引导的难度。新媒体时代大学生的日益强烈的自我意识和自尊心使高校现有思想政治教育载体效力下降，新媒体技术的开放性和交互性满足了大学生互相交流的强烈需求。这样，高校原有的单方面传递信息的各类思想政治教育载体就会失去吸引力。在这样的校园环境下，教育者应该及时更新观念，强化知识，积极把握正确的思想政治教育方向改善课堂载体，丰富活动载体的形式，将管理载体进一步人性化，积极引导大学生接受思想政治教育。

（二）高校思想政治教育载体自身发展的要求

任何一个拥有强大生命力和光明发展前景的事物都是始终保持不断创新的状态。传统思想政治教育载体是教育者在长期教学实践中经验和智慧的结晶，具有非常宝贵的价值。但是在新媒体时代，其实用性开始显露出与时代脱节的现象。当前，新媒体充斥着高校校园的每个角落，传统思想政治教育载体开始受到时代发展的制约，实效性开始下降，吸引力不足，逐渐凸显出了自身的不足。在这样的情况下，传统的思想政治教育载体要想继续生存下去，不被新环境所淘汰，就必须要和新媒体相结合进行必要的改造，在保证自身价值实现的同时能够应对新环境提出的各种新挑战和新要求。反之，如果继续保持原有的状态，不进行任何转变的话，那传统的思想政治教育载体就会成为只能供人参观的"古物"，没有任何实际的实践意义。

因此，高校思想政治教育的载体必须要与时俱进，与新媒体时代步伐接轨，不断发展和超越自身，用一切办法创造新的办法，永葆高校思想政治教育载体的青春活力。

（三）增强高校思想政治教育实效性的需要

在新媒体时代，利用新媒体进行学习已经成为一种生活常态，新媒体以其强大的渗透力影响着大学生的行为和思维方式。传统思想政治教育载体已经不能满足大学生的多项需求。为了增强高校思想政治教育载体的实效性，就必须要认真考虑大学生的心理和需求，有针对性地进行思想政治教育载体的开发和创新。

大学生是思维非常活跃的群体，也是新鲜事物最强能力的接受者，他们的需求丰富多样，想法也是天马行空，他们有着不同的个人爱好，也会有着需要开导的思想困惑。对于不能一概而论的各类情况，高校思想政治教育者采用什么样的载体能更有实效性地解决这些问题，就是新媒体时代高校开发和创新高校思想政治教育载体的意义。对于置身新媒体时代的大学生，教育者怎样采用不同的载体来引导和指导他们辨别五花八门的信息和避免不良思潮的侵害是教育者开发和创新思想政治教育载体的重要目标。

一个载体的选择和运用最主要的就是要考虑它教育实效性，因为只有选择正确的载体才能有针对性地解决问题。传统的载体形式单一、模式固化，已经不能满足当前多样化的大学生需求，继承传统载体的优势、进行新媒体载体创新，才能在体现传统思想政治教育载体的价值的基础上继续提升高校思想政治教育载体的效力。

实践证明，新媒体技术的发展，在让传播手段变得更加多元的同时，也让高校思想政治工作有了新的抓手。新媒体可以通过图像、音频、视频等鲜活元素，让抽象的思想政治工作内容更接地气儿、形式更喜闻乐见。近年来，岛城各高校主动适应大学生新媒体使用特点和规律，不仅开发了一批具有较高影响力的微信、微博等新媒体宣传阵地，还将新媒体技术引入思政课堂，激发了学生的学习热情。

三、新媒体时代高校开发与创新思想政治教育载体策略

在新媒体时代，开发和创新高校思想政治教育载体的策略，必须与当前阶段的教育工作特征紧密相连，也就是说开发和创新高校思想政治教育载体要从以下方面去考虑：一要积极利用新媒体努力加强对高校思想政治教育传统载体的改造；二要有效利用新媒体技术不断完善目前高校已使用的新媒体

载体功能；三要借助新媒体技术，不断丰富高校新媒体载体形式。

（一）加强高校思想政治教育传统载体的改造

课堂、活动、文化和管理等传统思想政治教育载体已经在高校长期的思想政治教育实践过程中形成了很强的主体优势并产生了良好的教育效果，但随着新媒体发展促使的高校教育环境变化，传统思想政治教育载体出现了某些环节和方面不相适应的情况。因此，根据实际情况，高校教育者应对传统载体加以完善，在内容、形式上进行优化，使之紧跟新媒体时代高校思想政治教育的潮流。

1. 提升课堂载体知识趣味

与其他思想政治教育载体比较而言，高校思想政治教育课程载体具有稳定性，并且课堂载体的知识体系也非常完备，是目前高校对学生进行思想政治教育的最基本载体。在当前新媒体技术飞速发展并广泛应用的背景下，要充分利用新媒体技术加强思想政治教育理论课这一载体建设。

首先，要利用新媒体技术优化创新课堂教学的方法和手段。大学生的思想普遍比较活跃，传统的知识灌输教学方法很难再吸引住学生的注意力。所以，思想政治教育理论课的教学方法必须要进行改革和创新。比如，在传统的思想政治教育课堂，为了保证课堂出勤率，教师通常会使用点名册点查看到场人数。而现阶段，有的教师出新意，采用微信点名方式。教师会在上课前现场建立班级的微信群组，每个同学通过扫描群组二维码来进入群组。当群组人数等于该班级应到人数时，老师便完成了该堂课的点名任务。俗话说"好的开始就是成功的一半"，利用微信进行课堂点名，既保证了学生的出勤率，也激发了学生学习思想政治教育课程的兴趣。

其次，要增强学生的主体意识。以往高校的思想政治教育课堂是教师主讲，学生主记。其实作为意识形态课程，思想政治教育的最终目标是能够引导学生将理论知识内化为自身的意识和修养，并规范自己的行为，增强自己的自律性。目前思想政治教育课堂还是浮于理论教授的表面，学生听完了事，不会思考，不会内化，最后以考试评估完成学习，根本没有达到"育"的目的，只有"教"的过程。而将课堂中教师的主体地位让与学生时，这个问题就会迎刃而解。

无论哪一种新媒体和课堂载体的结合使用，都离不开教学方式的创新和重视学生的主体地位。新媒体时代，只有将高校思想政治教育载体与新媒体相结合，才能形成整体效应，弥补传统高校思想政治教育课堂载体的诸多不足。

2. 简化活动载体开展流程

为了进一步增强思想政治教育课堂理论知识和社会实践活动结合的效果，各大高校会尽可能鼓励大学生参加社会实践活动并提供必要的经费支持。现阶段，高校许多实践活动经费的审批是个非常琐碎且耗时的过程，很多时候往往因为经费的未及时到位会削弱学生参与活动的积极性。针对这一现象，学校可以在支付宝等网络支付平台开设学校活动经费审批的服务窗，学生申请活动经费时，可以直接通过支付宝的服务窗口进行活动项目的申请，在线填写申请缘由和相关信息之后，由学校负责经费审批部门的人员在后台核实并在短时间内尽快予以审批通过与否的答复。审批通过后，款项直接拨入活动负责人的支护宝账户，既方便又快捷，且符合当前高校大学生使用网络支付平台的习惯。并且，支付宝能够提供各项欠款的收支明细，活动结束后，审核活动细节也能够得到很好的保障。这样一来，活动的组织和进行省去了许多不必要的时间，也会极大地提高学生参与活动的热情。

高校活动的开展除了要有经费的保障，还需要场地、人员和其他资源的支持。高校思想政治教育活动场地通常会设在社区、博物馆、纪念馆等地方。但是这些地方数目繁多，很多大学生不太了解，即使有想参加的学生，也可能分不清哪些可以进行实践，哪些不可以。新媒体时代有个最大的特征就是网络能搞定一切，几乎所有的信息在网络上都能查询。高校可以在校网或者微信平台，创建与学校有合作的场地查询服务号，附上场地详细信息介绍和开放时间，并提供在线预约功能，学生可以自行也可以集中组织前往实践场地。这样的活动组织形式给了大学生极大的自主选择性，可以避免传统的活动组织的形式主义和学生参与度不高的问题。

3. 增添管理载体人文关怀

从以人为本的角度出发，高校的管理载体不仅要重视规章制度，更要重视人情道理。就以谈话沟通为例，这一管理载体形式主要是教育者对学生进行的面对面式的交流过程，这个过程不仅仅是思想和语言的互动，更是情感的互动和交流，想要达到深刻、有效的目标，就必须以情感为前提，建立教育者和学生之间信任机制。但是现阶段高校学生和教师之间的关系并没有达到情感交融的程度，要学生对教育者吐露心声，可能很多学生会碍于教师的严肃面孔而不敢言说或者直接置于心里不会与教育者进行交流。但新媒体可以很好地避免这样的问题，微信、微博等多种即时交流软件给了羞于与教育者面对面交谈的学生一个非常好的平台。在这些平台中，学生和教育者可以不必面对面，但是在胜似实际的场景进行交流。学生和教育者可以采用语音、文字等形式进行沟通，并且类似微信这样一对一的交流方式又充分保障了学生的隐私心理，很多问题可以在双方都比较舒坦的情况下就得以解决。

虽然在今天新媒体技术广泛应用的背景下，师生之间很多交流可以通过线上交流实现，但是线上交流永远不能代替面对面的、能够体会到对方情感态度的谈话交流，而有时正是这种情感态度信息对于大学生的正确的规范认知和健全的自我认知具有重要意义。

4. 强化文化载体方向引导

新媒体时代，传统高校思想政治文化载体的内容已经不能满足大学生多样化需求，高校必须要开发创新与新媒体结合的文化载体。在新媒体背景下，校园主题网站是文化载体的重要阵地。高校要一手加大网络硬件的建设力度，另一手要紧跟形势发展建设各类主题网站，通过文化主题网站传播主流价值观和先进文化，丰富高校文化载体的内涵，延伸高校文化载体的广度。因为新媒体的发展使得当代大学生在接受信息方面体现出了很强的自主性和多样性，所以文化主题网站的内容一定要贴近学生，贴近实际，产生吸引力并进行正面教育，引导大学生在当前多元道德体系和价值观中遵循符合现实社会发展的规范，强化自我约束精神，自觉遵守网络道德。

另外，手机是高校大学生最为热衷的新媒体设备，它因体积小、便于携带、覆盖面积广、接收频率高等特点深受大学生的青睐。因此，高校可以开发创新手机端文化载体来加强传统文化载体的建设。比如举办手机思政文化大赛，不需要设置大赛场地，只要学生拥有手机，在一定时间内编写与思想政治教育内容相关的文章、诗歌甚至短信，直接发送至文化活动组织人员，进行评比。高校还可以鼓励学生在参加思想政治社会实践时随手拍下自己的实践场地或者与思想政治教育内容相关的照片，并公开在学校文化手机端平台或者学校网络上，用学生自己的力量构建学校的思想政治教育的文化氛围，这样会使大学生有充分的归属感，在后继的各项活动中继续发挥主人翁精神。

（二）完善高校思想政治教育新媒体载体功能

新媒体技术的发展促使了高校部分教育者已经开始选择运用一些新媒体载体，只是由于受到技术、人员和资金等因素的限制制约，这些新媒体载体没有很好地发挥其思想政治教育载体功能，存在着需要进一步完善的地方。因此，不断完善高校目前已使用的新媒体载体，是当前高校思想政治教育载体发展的重要任务之一。

1. 加强论坛建设

高校网络论坛就像一个集体居住的社区，它的群体广泛，且没有阶级身份之分，每个人都可以在其中畅所欲言，深受高校师生的喜爱。在网络论坛里，由于看不见身份信息，学生可以是教师，传递其思想政治教育观念，教师也可以是学生，学习其他人的思想政治教育理念。在论坛里，也不仅仅是思想政治教育内容的阵地，各种时事热点也是人们热烈讨论的对象，且在淡化身份背景的情况下每个人可以阐述自己最真实的想法。但是任何事物都具有两面性，高校论坛也是如此，正是因为隐去了身份背景，部分大学生的自我约束和言论规范意识还不是很强，在论坛发言的过程中，会不顾后果任意散布不良言语或者捏造谣言。这样的情况如果不能及时改善，将会成为高校思想政治教育的极大隐患。论坛是一个集中性很强的地方，如果对不良现象不加以及时的制止，会对其他大学生的思想和人格以及心理健康产生负面影响。所以，对于高校网络论坛载体必须要时刻把握好言论的方向和趋势，不能被不良风向弱化思想政治教育的影响。

把握论坛言论的方向和趋势，加强网络论坛的建设，完善网络论坛载体功能，要做好以下几点：首先，学校要在后台能够建立实名体制，每位参与论坛的人在注册时要采用实名注册，并填写相关的个人信息。在论坛发言过程中可以选择隐匿个人真实信息，但是一旦被举报或者发现有不良行为的出现，可以立即根据后台的实名信息进行警告和制止。其次，高校要完善论坛的管理规章制度，细化惩处规范，还可以采用黑名单制度，如果有人多次违规发言且屡教不改可以直接取消其发言资格，将其剔除论坛。最后，高校还要建立一个完善的应急处理和联动机制，促使学校各部门密切配合，设立舆情监控机制，及时处理论坛紧急情况和多样诉求，确保论坛运作正常运行。

2. 强化 QQ 群功能

QQ 群的作用与飞信类似，是为用户建立的一个群体即时通信平台。但飞信只能一对一或一对多发信息，QQ 群可以一对一、一对多、多对多和多对一进行交流。通常，高校管理者或者教师在创建群以后，会邀请学生或者教师在群里交流、谈论共同感兴趣的话题，也可以交流关于思想政治教育的看法。另外，在现实中开展的班会和其他会议中由于受到时间的限制，不可能每一位同学都进行发言，也不能保证每个发言的同学能及时得到老师的反馈，现在 QQ 群提供了 7*24 全天候都能使用的在线平台，学生随时可以发言阐述观点，与老师和其他学生互动。群内除了可以进行即时交流和讨论，还可以上传和共享各种资料和信息。不过，没有尽善尽美的事物，QQ 群的一个弊端在于有时群里发言或资料数量过多时，易造成无序和混乱，学生、教师没有办法精准快速地找到自己需要的内容。针对这一现象，管理者需要进行群组规范，不管是学生还是老师，能及时对群里的信息进行整理归纳，将会便于学生和教师的后期使用。除了规范群组，QQ 群的主要教育者还可以指定个别学生为群管理员，作为管理副手在线帮助教师上传课件、课表、作业以及其他相关信息与其他同学共享，将 QQ 群功能发挥至最大和最有效。

（三）丰富高校思想政治教育新媒体载体形式

创新是民族进步的灵魂，也是推动高校思想政治教育载体发展的不竭动力。在新媒体时代高校应该充分利用新媒体技术丰富高校思想政治教育载体的形式。

1. 建立微博平台

当前，微博作为新兴的自媒体平台，较之以往博客部落，因其互动性强、即时交流超方便受到大学生的热烈推崇。微博一经注册申请即成为私人的发言平台，且微博字数限制为 140 字，能简练快捷地表达各种信息，微博设有转发、评论和点赞三种互动方式，可轻松与他人进行交流，因此，微博用户近年来呈现出"炸裂"式增长趋势。微博之所以受欢迎，是因为微博作为一种网络的发布个人信息平台，只要互相交换微博账号就可以进行互访，并且微博内容多样且更新及时，版面简洁清爽，大部分内容已经经过发布者的精简提炼，能满足大学生的碎片化阅读的需求。高校应该鼓励思想政治教育专职教师利用微博开展教学工作，创新工作教学，拓展教学平台。教师要合理利用"关注"功能，积极主动关注学生微博，鼓励学生在微博上进行互动，及时透过微博了解学生的思想动态和对重大社会事件的态度，从而提高思想政治教育教学的针对性和教学工作效率。另外，微博的"评论"功能，可以使教师就与学生个体互动中展现出来的问题给予适当的指导和及时的纠正。思想政治教育教师还可以利用微博的"发布"和"转发"功能，将大学生思想政治教育从课上延续到课下，从理论过渡到实际。通过发布和转发生动形象的网络资料、社科文章等内容，尤其是动图图片、视频音频等直观资料是对大学生知识课堂很好的补充和延伸，这样能在很大程度上激发学生对思想政治教育学习的兴趣。思想政治教育教师也可以以每日微博话题榜的热点话题在微博上发表自己的意见看法，鼓励学生以"评论"或"转发"形式进行探讨和交流,并在这一过程中把握好思想政治教育者的导向作用,引导大学生树立正确的世界观、人生观和价值观。教师还应该要不断学习,查缺补漏,丰富自己的知识能力储备,提升新媒体素养,在使用微博载体的过程中避免机械说教,积极挖掘深度素材,使思想政治教育教育微博载体内容寓教于乐,让大学生乐于关注,乐于交流。

2. 创建微信公共服务账号

微信现在是全民都会使用的一种新媒体社交软件,它的操作简便,可承载内容丰富。目前,想要抢占高校思想政治教育阵地就必须要开发以微信为载体传递思想政治教育内容的载体,使大学生更便捷地接受思想政治教育信息。

首先,高校要组建校园思想政治教育微信公众平台的运营队伍。由学校发起倡议,从各院系辅导员、思想政治教育专职教师以及新媒体运行中心中抽调部分教师组建微信运营队伍,发挥不同职位的互补优势,保障思想政治教育微信平台顺利运营。其次,鼓励学生参与运营高校思想政治教育微信平台。高校思想政治教育微信载体需要教师的运营维护,也需要学生新思维的填充,如果微信平台的内容还是教师传统的思想政治教育内容,对学生必然不会产生吸引力。学生最了解当前学生的各项需求,可以鼓励学生和教师一起开发思想政治教育微信载体,不仅有教师作为后台保障,还能保证微信内容的新颖和趣味。除了让学生参与微信平台的运营,还要鼓励学生在微信平台上进行互动,现在很多微信平台有后台留言和赞赏服务,高校要鼓励学生参与微信的互动,提升微信平台的有效性,也是间接鼓励运营高校思想政治教育微信载体的老师和同学做将微信载体做得更好。最后,构建多级高校思想政治教育微信公共服务平台。高校思想政治教育微信公共服务平台应分为校级和院(系)级两个等级,分别发挥不同等级微信平台的作用。校级思想政治教育微信平台的目标用户群是全体学校教师和大学生,学校可以通过微信平台的软文推送,传递校训校规,并辅以生动实例和模范人物事迹提倡教师和学生学习模仿。另外,还可以把社会主义核心价值观这一社会主流意识形态渗透到微信推送内容中,并以多元化方式呈现给高校教师和学生,增强主流意识的吸引力。

第五节　新媒体时代高校思想政治教育环境的优化

一、新媒体视野下高校思想政治教育环境存在的问题

（一）社会环境存在的问题

1. 政治信仰存在潜在危机

由于网络的隐蔽性无形中加大了网络虚拟世界监管的难度，这其中良莠不齐的信息随处可见。西方少数发达资本主义国家凭借其资本和技术方面的优势，肆意传播历史虚无主义，否认中国近现代历史的存在，通过微信朋友圈发文章歪曲和诋毁中国英雄人物，或者利用少数贪污腐败案例大做文章，以此丑化中国共产党，破坏党在人民心中的形象。面对消极的不良信息，大学生社会经验欠缺，年轻气盛、好奇心重，对虚假信息缺乏甄别及抵抗能力，面对纷繁复杂的多元价值观他们显得更加茫然失措，这些都会引起严重的信仰危机。

2. 价值观选择出现"错位"现象

微媒体的发展使整个世界连成一个整体，传统的社会道德以及社会习惯在网络世界中也难以约束大学生的思想行为，在网络世界中的大学生已经不是赤裸在阳光下的社会人，而是处在私密空间中的个体。随着媒体技术的发展，大学生获取信息资讯的渠道不再仅仅局限于传统的报纸、书本，而是从整个互联网中获取对自己有用的信息。大学生可以便捷地了解到西方世界的文化思潮、新闻资讯，这些内容所传达的观点、态度都深刻地影响着大学生的价值观。意识形态多元化的时代，拜金主义、享乐主义严重影响着大学生的价值选择和价值判断，一些缺乏理性的大学生价值观选择"错位"，这在一定程度上不利于学生的健康成长。理想信念是精神的支柱，精神上缺钙就会得软骨病，丧失精神支柱对党和人民会造成致命的伤害，面对多元的文化思潮、端正态度、坚守理想信念、树立正确的核心价值观念刻不容缓。

（二）校园环境存在的问题

1. 数字化校园缺乏规划

网络时代，高校课堂数字化蔚然成风，"数字化校园是利用数字化手段和工具，将校园内的相关资源进行信息化处理，有效提升传统校园的时空维度，最终实现教育过程全信息化，提高教学及管理水平。"数字化课堂已经成为高校课堂的一种新形式，为各门课程的开展提供了广阔的平台和丰富的教学资源。但是缺乏规划的数字化也给高校带来很多问题。例如，集中审核机制还不健全，在各个学科中教学内容出现重复、冲突，条理不清楚，教学内容的内在逻辑性不精准等问题都引起了建设资金的浪费，为教学和科研活动带来严重的困扰。一些网站建设存在"制度真空"，缺乏必要的道德约束机制；部分教育性内容说教性偏强，理论性太浓，师生的浏览量不大，大多处于"自导自演"的状态，关于数字化建设的许多工作制度仍处于探索的阶段，有待进一步修订完善。

2. 部分校园文化活动重形式、轻内容

高校校园文化活动存在严重的走过场现象，忽视了其本质内涵及意义。"校园文化建设经过多年的积累和探索，物质、制度层次的建设已经渐趋饱和并已开始显示出重复建设的苗头，再不努力发掘现有的物质文化设施和制度文化的精神文化意义，必将导致校园文化处于低水平状态，发挥不出校园文化在高等教育中的积极而重要的作用。"大部分学校组织了很多学生活动，但是，这其中有很多活动不是学生自愿参加的，很多都是强制要求学生去坐场，或者强制每个班出多少学生参加。反思这种现象，我们不难发现目前的学校文化活动难以真正调动学生参与活动的积极性与主动性，容易增加了学生的逆反情绪，导致很多学生沉迷网络不能自拔或者沉迷于赌博、麻将等损害身心健康的活动。

3. 思想政治教育自身存在的问题

第一，教师的话语权发生改变。传统思想政治教育中，教师起组织、引导的作用，教育者设计并控制着课堂教学过程，长此以往，产生沉默的螺旋效应，学生已习惯处于被动地位，正统的价值观随之始终处于权威主导地位。新媒体时代，教育对象不是被动地接受所有教学内容，他们具有自我判断、自我甄别、自我选择的能力。教育对象借助媒体终端所自主了解的信息可能比教育主体还要多，网络媒体的身份虚拟化、主体平等化消解着权威主体的

话语主导权。微媒体突破了传统信息的单向传播，实现了多主体的多维沟通和等量交流，只要参与进互联网世界，每个主体都有平等的发言权。网络媒体拥有海量信息，相比于传统言辞说教的教学方式更富有感染力，教育客体也更倾向于接受集视听于一体的教学模式，教育主体很难把控学生的思想状况，传统教育者"唯我独尊"的地位被动摇。

第二，教育方式方法亟待创新。在传统课堂中，教师普遍采用理论灌输法，教育者根据教育目标制定教学内容，授课内容中的部分知识具有相对滞后性，受教育获取信息的渠道相对单一，信息的传播、接收还不便捷，"老师讲、学生听、满堂灌"的现象较为严重，课堂中，教师把学生当作容器，这种沉闷的课堂很难激发学生的学习兴趣。网络媒体的高速发展带来的是更加便捷、高速、自由的信息传播，网络中个体的思维更加活跃，视野开阔，无形中增强了学生的主动性、能动性。加之4G网络的到来，大大提高了信息传播的速度，传统的理论灌输法不能充分调动起学生的积极性，容易使学生产生抵制厌烦情绪。

第三，教育主体素质欠缺。美国学者哈罗德·拉斯韦尔认为信息的传播过程是"5W"模式。"'5W'指 Who（谁），Sayswhat（说了什么），Inwhichchannel（通过什么渠道），Towhom（向谁说），Withwhateffect（有什么效果）"。传统的"5W"传播模式在新媒体时代已经发生的巨大的变化，信息源的快速传播使得信息不仅仅是简单的一对一的单向传播模式，而是多维度，发散式的网络传播模式。网络的发展对教育者提出较高的技术要求，一些教师年龄偏大，时间精力有限，不能熟练地掌握媒体教学方法，对于新鲜事物的接受能力有所欠缺，技术熟练掌握程度跟不上媒体信息技术的更新速度，对于智能手机或者网络上的应用软件操作不熟练，部分教师不经常关注微博等热门信息，微语言使用较少，很多学生表示和老师的交流不在一个频道上，二者在沟通时缺乏共同语言。

第四，教学内容需要更具有时效性。思想政治教育课本中的内容本身理论性很强，学生通过自学就可以理解其表面含义，但是往往是知其然而不知其所以然，学生更多的是需要联系实际的去认知和理解。教育者的授课内容大多停留在"读课本"的层面，授课方式缺乏理论与现实的联系，大学生视野开阔，获取信息能力强，纯粹知识性大满贯的课堂只会激起学生的反感情绪，已经不能满足学生的需求。学生热衷于了解热点新息，对于流行度高的信息如果教师难以在第一时间内给予系统深入的分析和解答，教育内容就难以入脑、入心。同时，面对突发热点事件时，学生的判断力出现混乱，价值观选择迷失方向，这就需要教育工作者具有良好的媒介素养，坚定立场的同时加深对国家方针政策的学习、理解，在此基础上，引导学生形成正确的三观。

第五，教育过程需进一步优化。自媒体时代中，大学生接收到的媒体信息来源广泛，渠道多样，涉及面广，思想政治教育者很难把控学生目前的思想状况，信息的接受和发布都存在非集中控制性的特点，教师无法掌握每个学生的思想状况，难以了解问题学生的现实需求及接受情况，这就给教育者的集中针对性的教育教学带来重重困难。此外，自媒体信息的传播具有不确定性，信息的传播及发展态势具有不可控性，在看起来确定性的系统中信息的传播却充满了偶然性，信息传播的方式和结果都具有很强的随机性，教育主体在授课过程中对于每个教育客体的具体接受情况和内心思维逻辑很难准确把握。思维决定行动，面对部分突发事件，部分教育客体由于其思想偏激，缺乏理性，人云亦云很容易做出过激的行为，造成不必要的伤害。信息的反馈在思想政治教育过程中起着重要的作用，根据反馈的信息教师可以调整相关的教育目标、教育模式、教育内容，然而在实际的教学中网络媒体的隐秘性增加了真实信息的反馈难度，仅限于课堂的师生关系使得教育者很难获取正确的反馈信息。

（三）大学生群体存在的问题

1. 大学生的角色意识淡化

现在朝气蓬勃的大学生普遍存在好奇心和探索心，倾向于挖掘手机、平板等智能设备的功能，更容易接受时代涌现出的新鲜事物，各类应用软件的不断更新升级为大学生之间便捷的沟通创造了条件。大学生群体在微信中有属于自己的朋友圈，成员的评论信息只有相互之间是好友的人才可以看到，无形之中就把同辈朋友圈之外的人边缘化。大学生群体间的关系大多依靠情感纽带来维持，情感的变动所形成的关系具有不稳定性和盲目性。同辈群体的形成对外具有排外性，兴趣爱好相同的人组成群体就会与圈外人自动分离，这就容易使个体局限于狭小的区域，不利于大学生的角色认知，从而淡化大学生的角色意识。

2. 存在盲目追随心理

大学生群体内会出现顺应性特点，因为同辈群体内部具有较强的约束力，每个群体内部都存在一些不成文的规定，一旦有成员违背了这些规范就会受到群体内部成员的惩罚，进而被群体抛弃。学生个体之所以会选择加入同辈群体就是为了寻求心灵上的慰藉，如果遭到群体成员的抛弃，对他们的身心来说都是很大的打击。所以，群体内的成员会选择顺应群体意识，避免被惩罚、被抛弃。对此，对于正向积极的大学生群体需要鼓励，对于存在消极因素的大学生群体需要及时沟通交流，加以正确引导。如果一个宿舍内部大部分人是爱学习的，则群体内部的其他成员在不知不觉中也会向这个方向靠拢，这就是我们在各类媒体平台上所熟知的"考研宿舍"，宿舍中的六位同学都考上了名校，如果宿舍内部的整体氛围是趋向于混日子，打游戏，那么舍友会在潜移默化中有堕落、颓废的倾向。显而易见，大学生群体内部的正向引导不容忽视。

3. 存在攀比心理

新媒体时代，大学生群体内会滋生一些负面思想。在不知不觉中，个体的思想很容易受周围人的影响，进而产生趋同模式，很多青年学生难以抵挡身边的各种诱惑，崇尚物质攀比，处处宣扬资本主义的价值观，盲目追求个人主义、自由主义，盲目攀比追求电脑、手机、衣服等高档奢侈消费品，加之各种校园网络贷款的兴起，分期付款、网上贷款逐步走进大学生的视野，欲望的膨胀让很多的学生走上了一条不归路，高额的贷款压力导致部分缺乏理智和承受能力的大学生走上了自杀的道路。这种盲目的攀比心理在某种程度上干扰了大学生的正常学习生活，同时也给青年学生的心灵带来不可估量的创伤。

4. 压力难以调试

由高中步入大学的学生正在逐步走向成年的阶段，人格心智在磨炼的过程中正在逐步成熟，高中阶段的学习生活都是由老师规划，在老师的高压强制下完成的，大学的学习生活则截然相反，自由宽松的学习生活使得刚进大学的学生难以适应，大学生普遍缺乏自我管理、自我规划的意识。大学的学习生活更多地需要学生自己来调节、适应，辅导员和教师只是起引导、指导的作用。现在的高校大学生独生子女居多，其生活环境相对安逸，父母亲戚宠爱较多，在父母的宠溺下，生活中没有接触过过多的挫折，因此他们的心理承受能力有限，对于平时生活、学习中遇到的挫折，难以正确的处理，容易采取极端的解决方式。

5. 心理健康教育缺失

开展心理健康教育是教师群体义不容辞的责任。在高校日常教育管理工作中扮演着重要的角色。大学生学习生活中所遇到的问题和心理健康不无关系，心理健康与否直接关系着学生的抗压能力大小。拥有良好的心理健康教育能够增强学生的自我调节能力，帮助其解决生活中遇到的难题。然而，近年来，高校内的心理健康咨询中心形同虚设，其中的心理咨询师大多是兼职人员，缺乏专业的心理咨询相关知识。新媒体时代的心理健康教育显得尤为重要，媒介素养的缺失使得大学生无法理智的辨别信息真假，心理健康教育在高校教育中的缺位现象应该引起相关部门的重视。

二、新媒体视野下高校思想政治教育环境优化对策

（一）严格把关，优化社会环境

网络世界具有信息传播的自由性，但是，根据马克思唯物辩证法理论，自由是相对，不是无任何约束的绝对自由。网络信息安全工作已经上升到国家战略地位，无规矩不成方圆，现代社会法律与科学技术正上演着现实版龟兔赛跑，科学技术的进步已经远远超过法律的发展速度。

1. 完善媒体的立法与监管

首先，完善立法监督机制。微信、微博等网络平台的监管法方面还存在严重的空缺，这类软件出现安全事故相关责任如何划分？发布前是否应该有全方位评估系统衡量其利弊？目前的法律规范在这些方面还处于盲区。相关立法、执法部门应该尽快完善互联网相关法律，根据实践经验的积累制定、完善有关法规、法条的同时加强对网络实名制的落实，高校积极制定符合自身实际的校园局域网管理办法，加强校园网络安全意识，积极采取有效行动，对于不良信息要及时制止，严惩破坏网络秩序的不法分子。

其次，完善权责管理机制。小到校园内部各个行政系统，大到国家各个职能部门都要设立权责明确地法律管理制度，网络系统的法律责任更应该责任到人，高校内部应实行网络管理到岗服务制度，与个人业绩挂钩，建立领导负责制，设立相关有效的工作评估指标体系。在媒体终端发布教育内容时，拟稿、审核、后期维护等环节都要确保有专人专项负责，教师和后勤等学校工作人员要积极参与到网络管理的活动中，发挥自己的微薄之力，积极互通消息，防患未然，力争实现全员参与，全员管理。高校与社会要形成强大合力，积极适应新媒体时代的发展，在更新媒体设施的基础上提高安全防护能力与技术，主动晒出不良信息，防止高校内网络失范行为的发生。

最后，借鉴国外网络立法，完善本国法律。现代网络技术发展迅速，新兴技术和智能软件层出不穷，发达国家一般通过制定内容审查制、分级制、网络注册制来规范网络传播的行为，我国网络立法的发展还不成熟，在制定过程中，应该结合我国具体实情，参考借鉴国外相关网络法律法规，取长

补短。

2. 建设网络舆情的监控机制

第一，运营商自主监管。各类应用软件应积极配合国家网络安全监督工作，对于本平台内出现的反动信息、敏感文字及时予以屏蔽，在源头上加强技术控制，对于出现的违反网络秩序的行为进行拍照存档，实名追踪，移交公安部门处理。设立完善的注册审查制度及信息反馈制度。运营商主要以营利为目的，期望运营商投入资金进行监管不切实际，高校可以与运营商之间建立信息沟通机制，定期反馈大学生使用过程中遇到的切身问题或者特殊需求，沟通交流，深度合作，提高网络监管水平。

第二，设立高校舆情监管和研判团队。确保网络媒体的安全是一项长期而又艰巨的工作，网络平台是否安全关系到整个社会的稳定与发展。这就需要我们建立一支专业的舆论监控团队，高校积极建立一支由领导牵头、包括技术部门、辅导员、团委、学生会、班干部为一体的监管研判团队，统筹规划，严明纪律，完善组织，建立网络舆情的监管阵地，通过研判团队的设立保障网络思想政治教育工作能够顺利开展。针对谣言等不实言论，高校要在官方平台要及时发布权威言论，还原真相，维护网络传播秩序，同时，各大媒体在宣传报道中应多多传递社会正能量，在积极引导中把控网络舆论走势。

3. 充分发挥网络平台的作用

第一，提高网民网络道德意识。网络世界具有开放性和隐秘性，网络空间是由现实的人所组成的，文明上网需要一定的道德规范和原则，提高全民网络道德素质势在必行。学术界把网络原则凝练为"公正、无害、尊重和允许原则"，网络主体之间的地位是平等的，其公平公正的享有权利和义务，在享受应得权益的同时也必须承担相应的责任。网民之间应该互相尊重，当其自身行为、言论涉及他人利益时必须得到他人同意，明礼诚信，文明上网，遵守网络中的底线原则，不妨害公众利益。

第二，加强新媒体工具的使用。思想政治教育的载体在教育活动中起着桥梁的重要作用，成为教育主体和教育客体相互交流的工具。由于新媒体具有信息丰富、传播速度快、信息获取方便等优势，高校可以积极探索在媒体的终端开展思想政治教育，注册微信公众号、微博、贴吧等账号，定期发布教育信息。文章内容的发布要有明确地观点立场，注重引导学生的思维和观点。相关工作人员要积极关注学生的思想动态，对于问题学生及时疏导，耐心帮助其树立正确的价值观。对于新媒体教具的使用要掌握正确的方法，PPT的设置要做到趣味性与知识性的融合，突出重点，而不是整页整页的呈现文字信息,切忌让学生产生反感心里。教育者要善于分析学生遇到的问题,及时纠正学生错误的思想观点,建立和谐的网络师生关系,这样才能更好地传递思想政治的教育内容。

第三,重视主题网站的建设。优化网络环境离不开正能量的主题网站,这就需要我们抓住时间与机遇,合理利用好网络新媒体平台。主题网站的建设应该弘扬社会主义核心价值观,把富含理论性、思想性的前沿观点作为网站建设的主要内容,把学生们感兴趣的内容加进去,加强先进人物事迹的宣传,寻找学生身边的典型事例宣传教育,树立榜样,开展互动讨论交流。要安排专门的工作人员关注主题网站的运行,加强对主题网站运行的日常化管理,及时清理敏感言论,与问题学生重点对话交流,在疏导的同时引导其树立正确的观念。主题网站可以与各类APP建立分享平台,通过转发、分享功能,让更多的学生了解,关注主题网站。

(二)多方互动,打造"微校园"

1. 优化高校校园文化环境

可以利用校园环境中随处可见的思想政治教育介体,例如,宣传栏、展报区、楼梯间标语等直观的文字标语信息,在潜移默化中引导学生树立正确的价值观、人生观。经常性、持续性的开展丰富多彩的线上线下文化宣传活动,优化校风学风,从而使得大学生的认知能力、认知水平发生量变到质变的提升和转变。同时,逐步发挥校园环境在社会生活中的引领示范作用。社会环境在影响校园环境的同时也受到校园环境的影响,良好高校环境内所具有的人文精神可以对周围社会环境起到典型示范的作用,调节社会风气。社会人总是倾向于传颂、模仿典型先进事例,以此作为自己行为规范的标准,校园内部的好人好事会影响社会人模仿、学习,带动社会风气的好转。

2. 加强思想政治队伍建设

(1)传播主流声音,牢牢把握话语权、主动权

思想政治教育的教学内容不免有些枯燥、无味,但是却是每个大学生必修的一门课程,在传统的教学活动中要结合新媒体的使用,激发学生学习兴趣,取长补短,优势互补,使得显性教育和隐形教育相结合,在更广泛的领域内开展教育,进一步拓宽教育的空间和路径。现在大学生起床第一件事是看手机,睡前也要看手机,空闲时间刷微博和微信、刷朋友圈等活动已经成

为大学生的日常必备事项，对于网络媒体中鱼龙混杂的内容，教育主体或者相关部门想要阻止信息的传播扩散、被动放弃对教育客体的引导是行不通的。对此应掌握主动权，在各类网站平台上旗帜鲜明宣传社会主义核心价值观，弘扬主旋律，对于新出现的热点舆论、观点思潮，要主动发声，主动出击，率先有效的传播主流声音，掌握舆论主动权。

（2）占领宣传制高点，掌握主导权

传统课堂教学虽然是一种重要的、稳定的教育手段，但是形式单一，新颖性缺乏。较之于其他教育手段，微媒体具有成本低、实用性强、传播速度快、吸引力大等优势。微媒体教学一改传统填鸭式的教学方式，通过音频、视频、图画等鲜活的动态形式激发学生的感官刺激，激发学习兴趣，成为传统课堂教育之外的另一个不可或缺的教育平台和教育载体。教师在授课语言上应做到严谨而不失活泼，敏感言论慎用，结合中华民族优秀传统文化旗帜鲜明的在学生中进行思想教育，有效的发挥文化育人的功能。教师在教研中也要加强对最新理论的学习，多邀请理论水平高的名师来校开展讲座。课堂设置中要开展小组讨论，发挥学生自主性，把最新理论穿插进课堂，结合中国的实际多角度分析理论知识，结合社会热点和实际形势认真备课，实时更新教学内容，尽量做到多角度、多视野的讲解社会问题。

（3）注重教育对象的特殊性

传统的思想政治教育受到各种综合因素的影响和制约，在实际操作中教育的时效性难以充分实现，同时，思想政治教育的育人效果也未能充分发挥。各种电子产品尤其是智能手机以及平板的发展大大加快了信息的传播速度。智能手机已经成为每个大学生的必备电子产品，手机内部各种应用软件的更新不断满足了大学生的个性化需求。对于实时热点新闻，大学生可以自由的表达自己的看法和观点，一些功能兴趣群也激发了网民的主动性，积极性，群内开展的一些探讨和交流，丰富了受众者的思维，同一兴趣群内的成员可以在讨论中学习，在学习中交流。

思想政治的教育内容应注重阶级性与大众性的结合。思想政治教育有其内在的阶级立场和阶级观点，但是，思想政治教育活动的开展不能和特定的社会实践相脱节。大学生是社会的主要群体，具有大众性和广泛性，对此教育活动要讲究社会性和群众性。结合供给侧改革的思路，注重了解大学生的需求，使思想政治教育的内容与学生的要求相适应。忽视教育内容的大众性，过分强调思想政治教育的政治性难免起到反作用。教育内容不能仅仅局限于理论知识，大学生心理健康、道德素质、人格等方面的教育也是不容忽视的。课堂授课话语体系应多借鉴参考习近平总书记的"文风""话风"，多讲实话、真话、家常话，少一些空话、套话、门外话，积极融入中国传统文化的思想精髓，同时也要紧跟时代，灵活运用"微时代"的"微话语"，消除学生对教师由来已久的"刻板"印象，在课堂中，教师要用真情把教育内容讲活，在此基础上进一步推进社会主义核心价值观入耳、入心、入脑。

（三）弘扬正气，优化大学生群体的交往环境

新媒体时代促进了信息与文化的交流与融合，思想文化的多元化更多的是让个体感觉到茫然与不知所措。在调查中发现，大学生遇到困难大多向朋友求助，对此，要优化大学生群体环境，弘扬正气，因材施教，给予正确的导向。

1. 增强价值判断能力，开展心灵养护工程

第一，增强价值判断能力。价值即事物对主体的有用性，价值判断即主体在对客体本质认识的基础上，基于自身需要对客体的价值关系所进行的评价。大学生应积极利用课堂所学知识和方法，自主分析问题，培养敏锐的思辨能力。学习生活中要试着发挥自身主动性和创造性，不断强化道德意识，用理论和道德武装自己，通过点点滴滴的小事提高自身道德文化水平，在实践中检验自己，不断纠错，积极思考，对于社会上的案例正确地看待，多多关注我党最新的方针政策，确立鲜明的价值立场，只有这样才能把道德标准内化为理想信念，外化为正义的行动，逐步让自身行为与社会规范相适应。

第二，开展心灵养护工程。大学生的年龄通常处于17岁至25岁之间，其心理生理方面都处于过渡阶段，情绪波动很大，心智不成熟，自我意识很强，但是自身能力欠缺，求知欲望强烈但是受挫能力较差，对此，学校和社会应该多多组织多维度、立体化的适应学生身心发展规律的心理健康教育。心理健康教育要基于传统教育模式，如心理咨询室、心理电影欣赏和心理教育课程等，开展全方位、全过程的渗透式教育。以学校分管领导为统帅，以专业的大学生心理健康教师为骨干，以辅导员为载体，以大学生心理委员为朋辈助理，以积极向上的校园文化和社会环境为正能量氛围，由此形成一个大学生积极心理健康教育的互动多维的交叉立体网络。学校应开设心理健康课程教育，类似选修课不能仅仅流于形式，必须定期解决大学生的心理问题，真正做到心理疏导，让大学生健康成长。

2. 抓住舆论热点，确立优势意见

大学生群体环境是大学生成长过程中的重要环境，同辈间的感染力超过

教师和家长,同辈之间所形成的舆论更容易得到群体成员的呼应。

第一,创造优势意见。社会和高校应有意识的创造一种公众认同、引人关注的优势意见,正确引导舆论的发展方向,第一时间正面回应突发事件。运用大学生喜闻乐见的形式创造出正向优势意见后,并及时在校园广播、微信公众号等平台表达出这个观点,辅导员、思想政治教育者同时在课堂或者班级QQ群内传达类似意见,校园贴吧管理人员同步发表这个意见,通过各种渠道、各个节点的相互配合、相互呼应,就会在大学生群体中形成期望的优势意见,更好地引导舆论的走向。

第二,培育意见领袖。沉默的螺旋理论指出大众媒体的信息经过广泛传播后会在全社会范围内形成"意见气候",当个体发觉自己的观点是多数派时,会比较愿意表达出来,当觉得自己的观点属于少数派时,倾向于隐藏自身观点。同辈群体中核心人物的言行举止会影响到整个群体。意见领袖一般具有良好的人际关系和公信力,教育者要注重培育高素质的意见领袖,发挥其榜样作用,树立典型,发挥其在论坛、微信、QQ等平台的影响力和号召力,通过意见领袖宣扬正向的意见观点引领意见气候,达到沉默螺旋的效果。

3. 提高大学生群体的网络媒介素养

媒介素养是指受众群体对媒体信息进行分析与辨别时所体现出来的能力。网络时代的信息量巨大,正向积极的信息与负面消极的信息同时存在,鱼龙混杂,大学生由于自身阅历浅、还未完全进入社会、很容易受到消极负面信息的干扰,从而做出一些不理智的行为,现在的大学生群体急需掌握辨别网络信息真伪的基本能力。大学生群体易产生跟风行为,这就需要大学生具备理性的信息甄别能力,在信息筛选、排除的过程中要理性的作出判断,过滤掉对自身无用的信息。

第一,要理性对待各类媒体平台。大学生对于新奇的APP应保持理性的头脑,正确使用使其变成自己的贴身管家,对于网络贷款软件要树立正确的消费观,不盲从、不攀比,在理性了解自身需求的前提下适度接触新兴软件,学会管理、控制、调节自己的行为。

第二,强化大学生的信息素养。信息素养包括两方面,一方面是个体在网络中如何利用信息及其表现出来的能力大小;另一方面是个体对信息所持的心理状态。大学生潜意识里乐于探索和追求新奇信息,为此应该积极面对网络所带来的挑战,强化信息意识,有选择的获取、领悟信息,正确表达个人看法。树立自我发展的意识,要理性的认识各类媒介,使其为我所用,全面了解相关 APP 的优势和劣势，取其精华去其糟粕，掌握新媒体的基本使用方法，利用网络信息资源和各类交流平台汲取知识，发展自我，使新媒体逐步成为帮助个体发展进步的助推器。

第六章　新媒体环境下加强和改进大学生思想政治教育的对策

第一节　结合新媒体特点，坚持思想政治教育科学性原则

新媒体环境下加强和改进大学生思想政治教育的基本原则是思想政治教育者在思想政治教育原理和规律的指导下，为实现思想政治教育目的，开展思想政治教育活动过程中所要遵循的准则。它贯穿于整个教育全过程，是指导新媒体环境下思想政治教育各种对策的理论依据。为了使大学生思想政治教育在新的环境下取得良好效果，主要应把握以下几方面的原则。

一、渗透原则

新媒体作为一种现代化的信息平台，具有巨大吸引力。在自由开放的媒介文化空间中，大学生可以自主进行判断、选择，自由获取信息、传播信息，他们的现代社会意识、法制道德意识、民主意识日益增强。相关心理学研究也表明：当信息传递的诱导性过于明显，强度过大时，受众就会感到选择自由被限制，进而引发对该类信息的抵触和排斥。因此，单纯采取传统填鸭式的单向灌输方法很容易引起教育对象的反感和厌倦，使教育对象产生逆反心理和对抗情绪，直接影响思想政治教育的效果。所以，在显性教育课程之余的日常大学生思想政治教育工作中，教育者必须坚持渗透性原则，充分利用新媒体的隐蔽性、虚拟性、互动性特点，尽量隐匿自身的教育者身份和教育目的，淡化教育色彩，消除教育对象的逆反心理和抵触情绪，采取疏导的方法，诱导其敞开心扉，自由表达自己见解，坦诚抒发自己的思想与情感，从而在潜移默化的过程中帮助教育对象明辨是非，树立科学的世界观、人生观和价值观。

二、开放原则

由于新媒体信息传播具有开放性特点,新时期的大学生思想政治教育理应顺应时代发展的要求,主动更新自身思想观念,努力摆脱陈旧思维方式的束缚,以开放的心态开展教育工作。开放原则应包含有两层含义:首先是新媒体资源的开放。新媒体给人们提供了可以共享的、丰富的信息资源,极大方便了大学生的学习生活;但新媒体信息传播过程中也夹杂了大量的虚假信息、垃圾信息以及很多色情、犯罪信息,这些负面信息对大学生的身心和思想产生了巨大的冲击,极大腐化了部分大学生的思想。面对这种情况,大学生思想政治教育工作不能因为信息的复杂而封闭保守,而应该扩大教育资源的开放程度,通过提供吸引力强的、积极的教育资源,为大学生提供分析、判断各种信息的资料,坚定社会主义信念和共产主义理想,促使思想政治教育工作的有效开展;第二是新媒体环境的开放。新环境下的大学生思想政治教育活动中,由于教育主客体具有交互性,这就要求思想政治教育环境的开放,使得教育主客体能够自由平等地进行交流。因此,教育者要创造开放的教育环境,营造民主平等的氛围,通过自由平等的对话,加强与学生之间的思想交流和情感交流,提高思想政治教育的实效性。

三、法制原则

随着新媒体的迅速发展,各种利用新媒体的新型犯罪行为日益增多。这既反映了我国相关方面立法滞后,也说明我国民众相关方面法律意识的淡薄。这就要求在对大学生进行思想政治教育过程中,坚持法制性原则,不断加强对大学生的相关法制教育,提高大学生的新媒体使用法制意识。将新媒体法律法规纳入教学计划中,综合运用新媒体法律知识竞赛、法律知识演讲比赛、法律知识社会调查等形式,加强对大学生的新媒体法律法规教育,促进大学生新媒体法制意识的形成,加强对大学生的管理,如可以建立网络信息反馈渠道和信息监控系统,若发现有违反网上道德与法规的现象,及时教育和处理,以规范大学生在新媒体空间里的言行。

四、正面引导性原则

坚持正面引导就是要使符合社会发展要求的正向言论充分累积与共鸣,用正向奥论压制负面舆论的噪声,用科学的精神、理性的探讨指引大学生群体。坚持正面引导的原则是实现新媒体信息舆论控制的重要内容。譬如,在广受大学生欢迎的博客传播中，虽然从整体的外在形式上看信息传递的自由性加强，把关理论受到强大冲击，但实际上博客的微观把关机制仍然存在，当前中国的博客使用者仍然主要通过博客网站进入和浏览博客内容，这样教育者就可以通过根据社会热点设计引导议题、培养博客用户群中的意见领袖等做法，达到对博客网站的微观把关和议程设置优化的目的。

五、方向性原则

所谓方向型原则，是指在思想政治教育过程中，坚持以马列主义、毛泽东思想、邓小平理论、"三个代表"重要思想、科学发展观和习近平新时代中国特色社会主义思想为指导，按照完善人、发展人的总目标，在思想道德修养上为教育对象指明方向，使社会主义思想道德成为激励他们进行道德活动的精神力量。思想政治教育的方向性是由教育的阶级性所决定的。任何一个阶级社会都要求教育者按照本阶级的利益原则和价值取向确定自己的思想政治教育目标。我国思想政治教育的目标是：培养学生遵守社会公德、公民道德和良好的社会主义思想道德品质，塑造社会主义理想人格，引导正确的道德实践活动，树立以国家、人民和集体利益为重的集体主义精神，提倡大公无私、毫不利己、专门利人的共产主义思想道德品质。

思想政治教育是一个非常复杂的教育系统，具有系统的一般特点。系统论认为，系统的一个重要特征就是它的目的性（也称为终极性或方向性）。钱学森指出："所谓目的，就是在给定的环境中，系统只有在目的点或目的环上才是稳定的，离开了就不稳定，系统自己要拖到点或环上才能罢休。"一般来说，个体最初"落在"哪个目的点或目的环上，它就会按照这样的点或环的要求生长，沿着它所设定的目标发展。所以，在思想政治教育过程中，谁先抢先把思想政治教育对象拉入自己的道德轨道，谁就拥有对该对象教育的主动权，也就获得了开展思想政治教育工作的优势条件。当代大学生从小就以社会主义思想道德要求发展自己的思想道德观念，这为我们做好思想政治教育工作提供了良好的初始条件。

第二节　开展媒介素养教育，增强大学生媒介免疫力

新媒体互动性、移动性强和自主个性化的信息服务特点深刻影响了大学生的成长和发展，影响了他们的生活、学习、交往方式和思想政治观念的形

成，成为大学生认识社会、认识世界的重要渠道。但同时新媒体环境下衍生的信息污染、信息爆炸和信息侵略所导致的大学生舆论逐渐被同化、独立思考判断能力不断下降、沉浸于低俗娱乐文化给大学生思想政治教育带来严峻的挑战。适应信息环境的变化，归根到底需要加强对大学生媒介素养能力的培养。

媒介素养包括人们对各式各样的媒介信息的解读能力。除了基本的听说读写能力之外，还有批判性地观看、收听并解读影视、广播、网络、报纸、杂志、广告等媒介所传播的各种信息的能力，以及使用宽泛的信息技术来制作各种信息的能力。媒介素养是一个素质概念，它的宗旨是使大众成为积极善用媒体、制造媒体产品、对无所不在的信息有主体意识和独立思考的优质公民。提高大学生的媒介素养，建立起积极有效的、对信息批判接收的反应模式，使大学生在汹涌而来的各种新媒介信息面前不迷航，提高对各种负面信息的免疫能力，学会有效利用新媒体帮助自己成长进步，是大学生媒介素养教育的根本目的。实现这个目的，可尝试采取以下举措。

一、帮助大学生增强对传播媒介影响的认识

只有正确认识传播媒介对大学生的影响，深刻认识媒介影响的根本原因和途径，才能更加有针对性地实施教育。研究调查表明，许多人对传播媒介的作用、性质、影响有不同程度的错误认识。他们往往容易走两个极端，就是夸大或忽视传播媒介的影响。在很多情况下，媒介的影响是与个人原有的认知结构、态度、个性、价值观和生活环境密切相关的。也就是说，原有的生活经验决定了他们的媒介兴趣和媒介选择，在社会环境的影响下，接受或改变了一些原先的知识、社会规范和行为规范。媒介影响其实是媒介传播和个人因素共同作用的结果。它的影响不是直接的、即时的，而是间接的、长期的、潜移默化的。如果能充分估计到各种因素的作用，就会在一定程度上解除对媒介的戒备状态。同时，大学生在接触媒介时，不是被动的接受者，他们登录各类网站或查阅各类信息常常处于某种"媒介需要"。接触媒介主要是为了满足交往需要，忘记烦恼并摆脱生活压力的需要，消磨时间的需要，刺激情绪的娱乐需要以及学习需要等。譬如，跟不上网的人比，上网的人在下列媒介需求表现出更强烈的倾向：发现自己需要的信息、认识自己崇拜的人并与他们通信联络、扮演与现实不同的新角色、课外学习或研究感兴趣的问题、感受新鲜刺激等。这些需要都是在个人所处生活环境影响下，在与媒介交互作用中产生的。生活在不同环境下，有了不同的媒介需要和接触经验，就会选择不同的媒介以及不同的媒介内容来满足自己，进而产生了不同的媒

介影响。

二、引导大学生提高对媒介的批判与鉴赏能力以及创造与传播信息能力

首先，引导大学生掌握一些媒介知识。这些知识应包括两个方面，一是应该了解媒介信息不都是客观事实，它是经过对现实加工制作出来的，是基于现实生活的，但绝对不等同于现实生活；另外，应该了解自己的现实生活才是最重要的，媒介所营造出来的生活可以作为一种参考，也可以作为将来发展的可能性之一，但绝对不能代替自己的生活。

其次，引导大学生对现有的媒介内容进行解构分析。譬如，随着互联网媒体使用的增多，网站正逐渐成为受欢迎的教育资源，然而并非每个站点的资源都是好的，那么如何决定一个站点是否值得使用呢？我们可以从网站的技术、目的、内容、发起者、实用功能、设计等方面去评价一个网站的权威性和可靠性，看该站点是否提供了解决问题所需要的信息。建构主义认为，知识是学习者在一定的情境即社会文化背景下，利用必要的学习资料和他人的帮助，通过意义建构的方式获得的。学习者要成为意义的主动建构者，就要主动搜集、分析相关资料和信息，对所学习的问题提出各种假设，并努力加以验证。

三、发挥课堂教育在媒介素养教育中的主渠道作用

学校是大学生最主要的活动场所，在学校教育中发展系列媒介素养教育课程，对大学生进行系统的媒介素养教育，是提高大学生媒介素养的主要途径。

首先，应当确立大学生媒介素养的教学目标与大纲。目前学界认为媒介素养主要应包含对媒体认知、情绪、美学、道德四方面的知识与能力，简单地说，认知是一切与媒体有关议题的基本认识与了解。大学生媒介素养教育应当将这几个方面有机融合在一起。

其次，注意教育方式方法。媒介素养教育所传递的知识观念与一般学科有所不同，它需要以活泼的教学方式来吸引学生亲自参与，这就需要教育者跳出传统教学授课模式，在教学方法上不断创新。通过游戏或者实际制作的过程促进学生的思考、自省；通过典型示范的做法推动学生的自律；通过交流、对话实现与学生进行深层次的沟通。最后，积极借鉴国外成功经验。媒介素养教育在国外开展得较早，已形成了一定的模式，取得了令人瞩目的成绩，教育者在开展媒介素养教育的过程中要注意在各个环节中借鉴外国媒介

素养教育的成功经验，并将之与我国目前媒介素养教育所面临的实际现状结合起来，以开创有我国特色的媒介素养教育模式。

第三节　运用现代技术，促使教育手段新媒体化

思想政治教育手段，是在教育过程中教育者和受教育者相互传递、接受思想政治教育信息的工具以及使用的方法。思想政治教育手段需要与时俱进，需要不断地用现代科学技术武装、改造教育信息的传播媒体，从而实现教育手段的最优化。思想政治教育手段的不断更新，是推进整个思想政治教育向前发展的巨大动力。传统意义上的大学生思想政治教育已经形成了一定的模式，也取得过辉煌的成就，但其仍存在着一定缺点，如方法较单调，手段较单一，尤其是储存、加工、传播的信息量少，强度弱。这种状况显得与现代新媒体在校园传播中的广泛影响，与大量思想政治信息的选择、加工、储存的需要有些格格不入。因此，运用新媒体技术创新教育手段是加强和改进大学生思想政治教育的重要途径。

一、重视校园 BBS 的应用

校园 BBS 是当代高职院校不可或缺的重要组成部分，也是当代大学生日常学习生活经常光顾的"魅力地带"。

当今环境下我国高职院校面临着各种严峻和复杂的挑战。很多不稳定因素、社会思潮、师生舆论动向等都会首先在 BBS 上反映出来、扩散开来。毫不夸张地说，当前新媒体环境下大学生思想政治教育的核心问题之一就是 BBS 的管理。抛开 BBS 谈新媒体条件下的大学生思想政治教育无异于隔靴搔痒。因此，大学生思想政治教育必须关注 BBS，积极发挥其思想政治教育正面功能，同时不断增强对 BBS 的管理和引导。

高职院校可以通过 BBS 及时了解和把握学生的思想状况，提高思想政治教育的针对性和有效性。关注学生群体中的热点话题，通过网络与学生交流思想，听取不同意见反馈，使 BBS 成为服务学生、改善工作的重要途径，成为服务思想政治教育中心工作的有力工具。

高职院校应尽快建设一支 BBS 快速反应队伍。负责学生工作的相关教师、辅导员、学生网络管理员、BBS 站务管理员和学生党员干部都要活跃在学校 BBS 的各个板块，及时处理突发事件，化解矛盾，以客观公正的看法占领意见领袖地位。学校有必要拨出专门经费配置，占领 BBS 思想政治教育所必须

的资源,如专门的工作电脑和专业化的 BBS 评论员,将 BBS 思想政治工作开展情况作为一项日常考核指标。同时,制定应对 BBS 快速反应的预案也是非常必要的。可将 BBS 信息管理划分为"常态管理"和"敏感时期管理"等不同级别状态,分别制定预案,明确不同状态下工作重点及要求、启动措施、工作流程、工作人员等,在管理控制、技术制约等方面制定可操作的方法,从而做到及时处理突发事件的发生,最大限度地遏止有害信息在 BBS 上的传播和扩散。高职院校应该积极宣传 BBS 中的理性声音。很多情况下,BBS 上非理性的声音总比理性声音显得更为积极。理性声音尽管在实际学生群体中占多数,但很多人不愿意或很少在 BBS 上发表言论,使得 BBS 上的非理性声音力量越来越大,成为主流声音。为了避免这种情况,教育者应采取各种方式鼓励理性声音,有意识地在 BBS 中树立意见领袖,从而达到以理性声音自然压制非理性声音的目标。

二、重视 SNS 的应用

SNS,即社会性网络服务,专指旨在帮助人们建立社会性网络的互联网应用服务。SNs 的另一种最常用的解释为社交网站或社交网。SNS 作为新媒体中的新生军势力发展异常迅猛,其创始者美国 FACEBOOK 网站仅用 5 年左右的时间就在全球拥有了 5 亿用户,其品牌影响力也于 2010 年超越老牌名企微软公司和苹果公司,跃居全美第一。我国最早的 SNS 网站人人网前身——校内网创建于 2005 年,主要定位于大学生群体,获得了巨大的成功。

以人人网为主要代表的 SNS 时代的到来,对大学生思想政治教育也带来了新的机遇和挑战,思想政治教育者必须要充分重视起来。实名制注册是 SNS 区别于传统形式公共网络讨论的最大特点,正如人人网宣传语所称:在这里,你可以展示自己,结识新朋友,找到老同学;用日志和相册记录生活点滴;和朋友们分享照片;和朋友们分享喜欢的群组、音乐、电影、书籍;第一时间了解身边好友的最新动态;分享喜欢的音乐、电影、书籍,结识兴趣相投的朋友……SNS 更强调私域的表现和人际交往中少数意见的保护。除了更强调互动和人际间的传播带来的交往效率的提高和信息阻塞的消除,SNS 可以说在某种程度上实现了虚拟社会与现实世界的互动,实现了人际关系的网络化和扁平化。一方面 SNS 有利于满足大学生的社交需求,有利于降低网络社交的风险,有利于大学生自我完整人格的形成;另一方面,有可能导致大学生沉醉于网络社交而忽视现实世界中的人际交往,由于缺乏对交往对象的充分认识而导致"交际泛滥",以及大量不良信息缺乏过滤和引导。了解了 SNS 的这些特点后,这种新兴媒体完全可以为思想政治教育者所用,而且当前校园SNS信息繁杂、缺乏引导的现状也急需思想政治教育者的加入。首先，思想政治教育者应构建起自己的SNS空间，以与学生平等的姿态参与SNS互动，通过搜索功能寻找添加各自所负责的受教育者群体，一方面可以上传自己日常真实生活照片、工作日志、人生感悟体会等，向学生展现自己的生活轨迹与心路历程；另一方面，通过好友关注切实关心学生学习、生活、感情中所遇到的问题并发自真心地给予问候和帮助；通过这样的做法逐渐拉近与受教育者的距离，减少学生对直接思想政治教育的抵触情绪和防范心理，增加自己在受教育者群体中的"人气"，博得受教育者的信任。

其次，在建立起稳定SNS社交圈后，可进一步分享教育信息，将思想政治理论课的作用延伸到社交网络平台，精心筛选优秀、进步、向上、易贴近学生群体的思想政治教育内容如时事评论、书籍报刊选读、优秀影视作品上传到SNS空间，通过此类做法与学生进行一对多的网络交流，使得思想政治教育工作的辐射面更广、更大，从而持续有效地增强思想政治教育的效果。

三、重视手机报的应用

手机报是依托手机媒介，将纸质媒体的内容进行整合编辑，由网络通信商用无线通信技术以彩信方式发送到用户手机，或者用户通过访问手机报的WAP网站浏览信息的一种传播模式。区别于传统报纸，手机报实现了从纸质向电子介质的飞跃，其传播速度、传播交互性大大强于传统报纸，其传播内容也更具多媒体性。

在21世纪，手机报已经取得巨大成功，那么是否可以尝试将其引入校园，成为大学生思想政治教育的有效工具呢？依照当前技术发展愈来愈成熟的趋势和大学生频繁的手机阅读使用来看，这是完全有可能而且有必要的。而且少数富有创新远见的高职院校已经开始了相关的实践摸索，通过网络电信平台发送至每个学生手机，其内容编辑由相关教师指导，学生团队参与筛选创作，极富传统校园刊物特色，其中既有学习信息如选课指导、学术讲座预告，又有校园特色生活小贴士，生活实用小窍门，还有深受学生喜好的流行网络语言……这些目标于学生受众群体的校园手机报用贴近学生生活环境的内容、轻松诙谐的语言风格、换位思考的平等立场很好地服务了青年学生，受到了在校大学生的热烈欢迎。更为重要的是，为实现思想政治教育，更好地提高学生思想政治素养，一些高职院校的手机报中，每期都包含有相关的思想政治教育内容，如以重大节庆日的主题教育活动，以期末考试为契机的诚信道德教育，以毕业典礼为契机的感恩励志教育等。利用手机报开展大学生思想政治教育已经初步收到良好反响，这也将成为未来大学生思想政治教育的一个重要新手段。高职院校思政工作者们应予以研究重视,高职院校方面也应投入资金建设相关工作部门和队伍,结合各自校园特点,重视学生需要,在关于如何将手机报成功融入本校学生思想政治教育工作问题上作出深远思考和有效实践。

第四节　紧跟新媒体发展步伐,加强师资队伍建设

大学生思想政治教育师资队伍,是保证新媒体环境下的大学生思想政治教育工作成功开展的关键因素。做好这项工作首先需要高职院校党委和行政领导层的高度重视,克服一直以来存在的重学校改革和事业发展、轻思想政治工作的问题,处理好教学、科研与思想政治工作的关系,重视起大学生思想政治教育工作者队伍建设,重视起学生思想政治素质的提高。根据以往经验和对新媒体环境形势来看,加强大学生思想政治工作者队伍建设应当注意从以下几方面着手。

一、加强教师的理论学习

这是做好新媒体环境下大学生思想政治教育工作者队伍建设的首要条件和重要途径。这里所说的知识,既包含马列主义、毛泽东思想和中国特色社会主义理论,也包括各种社会科学和基础自然科学知识。加强理论知识学习,最根本的就是学习马列主义、毛泽东思想,尤其是要学习关于中国特色社会主义理论体系的重要论述。只有这样,在贯彻执行党的路线、方针、政策时才能做到更加自觉和全面,才能排除各种错误倾向的干扰,从而避免和减少在工作中出现片面性、绝对化和左右摇摆。做好新媒体环境下的大学生思想政治教育不但不能放松对理论的学习,相反,由于信息环境更为复杂、各种思想意识形态的冲击更为猛烈,对教育者的理论知识要求更高。在学习马克思主义理论的同时,还要努力钻研业务,认真学习法律知识、历史知识、社会主义市场经济知识等,特别要注意学习接触现代信息科学技术,努力掌握各项新媒体技术。教育者要克服"技术恐惧症",不畏艰难,充分认识运用新媒体技术在思想政治教育过程中的重大意义,主动加强有关知识的学习。

二、注重教师的实践锻炼

这是建设新媒体环境下大学生思想政治教育工作者队伍的一条基本途

径。提升思想政治教育者素质，不仅需要勤于学习和善于学习，更重要的是要勇于实践。实践在我国历来被视为提升素质的重要环节，从我国领导人毛泽东同志到习近平同志，他们都特别重视在实践中提高人的素质。毛泽东就曾指出："读书是学习，使用也是学习，而且是更重要的学习。从战争学习战争——这是我们的主要方法。"习近平也曾强调要在改革的实践中提高领导改革的本领。思想政治教育工作者无论哪一方面素质的提高都离不开实践，对于新媒体技术的掌握也是同样的道理，对马克思主义比较熟悉的高职院校思想政治教育工作者怎样才能尽快熟悉这些新事物，一个最有效的办法就是"在战争中学习战争"。就像中国有句老话：要想知道梨子的味道，你就必须亲口尝一尝梨子。高职院校思想政治教育工作者尽快使用各种新媒体，亲口去尝尝梨子，亲身去体验一下"战争"，这是在新媒体环境下迅速成熟起来的最有效的不二法门。

三、开展对教师的技术培训

这是加强新媒体环境下大学生思想政治工作师资队伍建设的一条必要途径。考虑到大学生思想政治教育工作者大多在思想素质和文化素质方面已有较高造诣，故应将培训重点放在信息素质方面的提升，主要通过培训使他们熟悉各种新媒体和掌握其应用技能。

针对思想政治教育工作者的工作素质和工作中的具体要求，结合目前大多数思想政治教育工作者对新媒体技术的掌握现状，对其进行相应的技能应用培训，在设置内容时要把握几个原则。

（一）实用原则

思想政治教育工作者掌握的新媒体技术应以实用性为主导，以使用频率高、能直接在工作中运用且具有明显效益的技能为主。着重学习博客、网络教务系统等基本知识以及搜索引擎的使用、飞信短信群发、网络资源共享和下载等基本操作技术，以求在较短的时间内收到最佳的实际效用。

（二）简明原则

新媒体技术只是给思想政治教育工作者配备的一种新科技武器，说到底，它还是一种工具。因此，在强调对思想政治教育工作者进行技能培训时，不必花费过多时间去研究其中的技术理论和传播原理，而是应当以简明概括为原则，力求起到事半功倍的效果。

（三）层次原则

对于一般思想政治教育者和学校各级党政干部而言，新媒体技术可以在不同层次上发挥作用。在培训时也应该根据参与培训人员的年龄层次、知识水平、职位职务、业务能力的具体情况，因人授课，授其所需，补其所短，切不可千篇一律。

同时，还要科学选定具体的培训内容。根据高职院校教师目前的情况，对他们进行新媒体技术培训主要内容有：首先，了解当前主要新媒体如网络媒体中微博、贴吧、论坛以及手机媒体中的手机上网、手机搜索、手机下载的基本应用。最终紧紧围绕如何通过新媒体获取更为多样、广阔，更贴近学生群体的信息渠道这一主题。其次，还要注重培训形式的灵活性，加强管理和考核。高职院校可以根据不同的工作要求，针对每个教师新媒体使用技术水平的差异，采用灵活多样的形式开展培训，比如开办短期培训班、举办知识讲座、组织专题研讨会等。高职院校还要按照政治意识强、业务素质高、熟悉网络新媒体技术、有一定外语水平的要求，把网络等新媒体培训作为思想政治教育工作者上岗前必须接受的入职培训的内容之一。通过以上这些做法促使广大思想政治教育工作者更新观念，将对新技术的掌握变成内在需求，这样有利于大学生思想政治教育工作者队伍整体素质的提高。

第五节　新媒体时代大学生思想政治教育的方法创新

加强和改进大学生思想政治教育，是事关国家前途和民族命运的战略工程。在信息化条件和市场经济环境中，新传媒的发展和扩张深刻影响和改变着当代大学生的思想观念、价值取向和行为方式等，制约着大学生思想政治工作的实效。推进大学生思想政治教育新传媒载体优化创新，发展与新传媒载体相适应的教育方法，积极应对新媒体发展变化带来的新机遇、新挑战，是推进思想政治建设创新发展的重要措施。

一、新媒体在大学生思想政治教育中的优势

（一）为大学生的思想政治工作提供了新的载体和平台

新媒体技术信息容量大、资源丰富、传输快捷、交互性强、覆盖面广，

与传统媒体技术相比有着根本性的跨越。新媒体技术尤其是网络已经成为现在大学生生活和学习方式的一部分，这就意味着它自然而然地成为大学生思想政治工作的重要方法和途径。有调查表明，现今有超过87%的大学生遇到生活难题的第一求助对象是搜索引擎——百度。目前很多高职院校通过新媒体技术对学生进行思想政治教育，已卓有成效。

（二）增强思想政治教育方式方法的灵活性

传统的大学生思想政治教育模式具有较强的单向性特征，而新媒体条件下的大学生思想政治教育工作是双向、交互、开放的。这有利于发挥教与学两方面的积极性，吸引大学生积极参与，使得大学生思想政治工作者在工作中能突破时空的局限，调动大学生思想政治教育的客体即受教育者的主动性、自主性与参与性，实现由教育客体向教育主体的转变，由此可以提高大学生接受思想政治教育的主动性和自觉性。在全面服务于受教育者的学习、工作、生活、情感等需求的同时，把正确的人生观、价值观渗透其中，对受教育者进行潜移默化的教育，可以收到更好地教育效果。

（三）增强思想政治工作亲和力、感染力和吸引力

传统方式的思想政治工作亲和力欠佳，难以融入大学生的日常生活，在很大程度上影响着大学生思想政治教育的效果和质量。新媒体传播方式多样生动，符合大学生希望平等交流的心理特征和接受习惯，有利于增强大学生思想政治教育工作的针对性和吸引力。在新媒体技术背景下，开放虚拟的网络环境，拉近彼此的心理距离，消除大学生的心理戒备和隔阂，思想政治教育主客体双方可以进行互动，发表自己的意见，畅所欲言。这无疑会增强思想政治工作的针对性和亲和力，增强大学生思想政治教育主体与客体之间的信任度。

二、新媒体时代背景下大学生思想政治教育面临的挑战

（一）信息传播的开放性增强了大学生思想政治教育的难度

随着信息网络时代的到来和新媒体技术传媒的迅猛发展，教育者和受教育者在信息的接收上越来越趋于同步。这种信息的开放与快捷带来的变化及大学生从新媒体中获得信息的不确定性和难以控制性，给大学生思想观念和道德认知带来负面影响，从而抵消高职院校思想政治教育的部分效果。

（二）对思想政治工作者的媒体素养提出新要求

新媒体技术背景下信息的庞杂性和传播途径的多元化对思想政治工作提出新的挑战。面对纷繁复杂和良莠不齐的新媒体信息环境，要求思政工作者能对新媒体信息作出客观、公正、科学的判定与分析，具备对新媒体信息传播价值取向的判断、驾驭网络传媒、抢占网络制高点、把握网上教育主动权的能力，是高职院校思想政治工作者新媒体素养的核心。

（三）对大学生价值取向和个性发展带来挑战

新媒体技术的发展给大学生的生活、学习带来了许多便利，也使大学生思想政治教育陷入困境。一方面大学生思想还不成熟，很容易受到新媒体意识形态的影响，在价值判断上简单化，在价值倾向上产生倾斜和偏差。另一方面，新媒体技术具有隐蔽性、自由性、开放性、交互性等功能，同时近年来，"网络水军"已经渗透了互联网的很多地方，他们逐利性和隐匿性强，影响、扭曲甚至有时操纵着网络舆论的走向，学生容易将网络内容同现实划等号，因而出现非理性行为，给大学生价值取向和心理发展带来新的挑战。

三、对大学生思想政治教育工作的创新及思考

（一）构建大学生思想政治教育网络阵营

在新媒体背景下，构建新媒体多元平台，畅通信息传送渠道。一是建立微博平台，信息及时联动，促进学校与学生、学生与学生之间通过电脑或手机多层次、平等性交流，及时把握学生动态，广泛开展网络舆情收集，使思想政治工作和维稳工作更具主动性和前瞻性。二是采取"现实"与"虚拟"相结合的战略，做到网上引导和网下教育相结合，把新媒体的教育引导功能正确纳入大学生思想政治教育系统，完善大学生思想政治教育信息化、数字化、网络化的建设，促进思想政治教育与新媒体在教育引导上相辅相成、相互协调、交叉覆盖。

（二）解决思想政治教育者与新传媒载体相适应的观念和素质问题

在新媒体不断发展的今天，必须解决思想政治教育者的观念和素质问题，着眼增强传媒思维观念，提高媒体素质；着眼增强信息优势观念，提高信息素质；着眼增强开放互动观念，提高交往素质；着眼增强审美观念，提高人

第六章 新媒体环境下加强和改进大学生思想政治教育的对策

文素质。首先要树立正确的观念，改变心态，重新定位，平等交流是新媒体思想政治工作者必须树立的观念。其次是要掌握方法，摸清规律，一旦出现思想政治突发事件，不能一味地堵删封，而应该正面应对消极声音。这也是新媒体时代透明公正决定公信力的特征。

（三）提高大学生的新媒体素养，加强大学生新媒体自律教育

在新形势下，高等院校应将新媒体素养教育纳入大学生素质教育范畴中，开展网络道德教育，培养大学生自律意识，自觉遵守网络规范，培养学生自觉的网络责任意识、政治意识、自律意识和安全意识，培养学生的健全人格和优良的网络道德。新媒体时代的大学生不可能时刻处于思想政治工作者的视野之内，培养当代大学生的新媒体素养是根本因素。高职院校思想政治工作者要根据新媒体的发展以及大学生在新媒体技术下所暴露出的问题，有针对性地开展思想政治教育，提高学生分析问题的能力，增强大学生明辨是非的能力和道德自律能力，让大学生能按照正确价值观和道德观来处理发生的问题，增强大学生的社会责任意识，确实帮助他们提高新媒体的自律能力，增强大学生的网络免疫能力和网络文化的辨别能力。让大学生运用新媒体的同时，明了新媒体遵循的基本法律法规和行为规范，具备理性对待和分析新媒体信息的能力，形成独立思考和批判意识。

（四）利用校园网教育资源，开展丰富多彩的校园文化活动

高职院校思想教育工作者积极组织大学生开展丰富多彩的校园新媒体文化活动，营造健康积极向上的校园文化氛围，分析研究大学生的网络表达方式和接受习惯，构建丰富的校园网络文化体系，用积极健康的校园网络文化影响他们。只有在思想政治教育中实行由"堵"向"导"的转变，坚持疏堵结合，监控和引导并重，才能占有主动地位。利用新媒体尤其是在互联网上高唱高职院校德育工作的主旋律，在网上大力开展大学生思想政治教育，使新媒体成为对大学生进行思想政治教育的有效渠道。在潜移默化中影响和教育大学生，抢占网络思想教育的制高点，实现社会主义大学特有的思想教育优势。利用新媒体开展学习，提高做好大学生思想政治教育工作的能力。新媒体的蓬勃发展不仅对大学生思想政治教育工作的方式方法产生了重大影响，而且对高职院校思想政治教育工作者的业务水平提出了更高要求。面对新形势新挑战，高职院校思想政治教育工作者既应不断提高政治素质和思想道德素质，确保大学生思想政治教育工作的正确方向；又应不断提高个人运用新媒体的能力，树立正确的观念，确保有效利用新媒体做好大学生思想政治教

育工作。在日常管理中，应注重利用新媒体开展相关调研和测评，了解和掌握大学生的思想动态、心理状况、精神需求，使思想政治教育更贴近大学生的学习生活实际，取得更好效果。

第七章　新媒体对高校思政教育和红色文化资源利用带来的挑战与机遇

第一节　新媒体给高校思政教育和红色文化资源利用带来的挑战

新媒体的出现及其一些非正面性的特性给当前高校思想政治教育以及红色文化资源的利用带来了不小的挑战，给高校思想政治教育和红色文化资源的深入运用造成了不小的困难。

一、新媒体给高校思想政治教育带来的挑战

在新媒体不断发展的形势下，高校思想政治教育过程中信息控制、教育内容以及教育模式等都受到了前所未有的挑战。

（一）对高校思想政治教育信息的控制提出了挑战

信息发布的"难控制性"给舆论引导带来冲击。与拥有相对成熟的引导、调控、管理机制和措施的传统媒体相比，由于新媒体传播者的大众化趋势和接收者的主体地位显著增强，因此其舆论控制与引导的难度更大。以博客为例，在新媒体环境中，人人都可以建立属于自己的供他人来点击浏览的博客主页，任何人都可能成为信息传播主体，但这并不意味着他们就是一个合格的思想政治教育的工作者。另外，博客传播也大大增加了大学生接收信息的自主权，他们可以直接浏览自己感兴趣的视频或下载任何对自己有吸引力的内容，这就容易使一些不良或不健康的信息进入他们的视野。加上博客上发布信息的主体越来越多，形形色色的观点、言论未加筛选和把关就流入博客，进入大学生的视线，进而影响社会舆论和大学生的思想观念。由于在新媒体上这种获取信息的自由性、发布信息的随意性和自主性的增加，使得国家、

社会和学校对思想政治教育舆论的引导与控制难度增加，从而弱化了舆论引导在思想政治教育中的作用。

（二）对高校思想政治教育内容提出了挑战

信息传播的"无屏障性"给教育内容增添了难度。当代大学生思想政治教育的具体内容主要由五个基本要素构成，包括政治教育、思想教育、道德教育、法纪教育和心理教育，它们被理论界称为"五要素说"。新媒体环境下，信息的发布手段和传播速度得到大幅度提高，信息的使用空间也无限扩大化，可以说新媒体传播是一种无屏障状态的信息传播，包括"时间无屏障""空间无屏障""资讯无屏障"。落后的、腐朽的思想文化以及泛滥的违反社会公德和个人品德修养的信息等利用新媒体大肆在新媒体环境中进行传播，因此对大学生思想政治教育提出了严峻挑战。由于新媒体环境中储存着大量真假难辨的信息，信息的不确定性和难以控制性对大学生思想和观念上产生深刻影响，与大学生思想政治教育相矛盾，抵消了部分教育效果，削弱了思想政治教育的作用。新媒体环境的负面影响，给大学生思想政治教育舆论导向增加了控制难度，给思想政治教育内容增添了不少难度。

（三）对高校思想政治教育模式造成挑战

随着数字信息技术迅速发展，各种新媒体形态日趋成熟和完善，但现实与虚拟的融合使真与伪、实与虚之间的界限变得更为模糊，从而从根本上改变了大学生的认知与行为。这种认知方式的改变在某种程度上潜移默化地剥夺了大学生的自主性，使其陷于虚拟的时空中而难以自拔，从而不知不觉中丧失理性和自我。面对新媒体环境提出的挑战，传统的大学生思想政治教育方式已落后于新媒体技术的前进步伐。

由于传播技术与媒介形态的发展，大学生思想政治教育的形态变得更为丰富多样，传播形式由平面化、静态化逐渐走向立体化、动态化。以前思想政治教育大多以讲课、报告、开会等硬性灌输形式对大学生施加影响，教育者始终处于主导地位，而大学生作为被教育者则一直处于被动接受的地位。这种教育形式不仅单一，而且枯燥乏味，容易使大学生产生厌倦感甚至抵触情绪，不利于思想政治教育目的的实现。而采取新媒体技术，广泛运用文字、图像、声音、网络论坛等传播方式，使思想政治教育活动更具艺术性、互动性、形式多样性，从而更加适应当代大学生的接受心理与兴趣。但这些寓教于乐的思想政治教育方式，目前尚未很好地运用于思想政治教育实践中，很多教育者仍然沿袭传统的直接面对面、单向性传播的灌输模式，缺乏对新媒体环境下转变思想政治教育理念与方式的敏感性与适应性。

二、新媒体给红色文化资源利用带来的挑战

网络是一个自由平台,一般情况而言,只要不是危害国家安全和社会稳定的言论都可以自由传播,通过手机新媒体传播的消息更是如此,而且这种传播速度之快是任何媒介都无法比拟的,这种信息自由和高速传播的特点是把双刃剑,在便利了人们生活的同时,也充分体现了新媒体的不可控性。以网络为代表的新媒体又是虚拟的,从各种聊天室到无处不在的论坛、贴吧,从QQ、微信、MSN等实时交流工具到微博等交流平台,所有的网络场所都可以自取昵称,自设情况说明,无论男女、不管年龄,一切信息都可以由当事人一人决定,交流的信息真伪更无从查起。新媒体的虚拟性一方面给很多用户提供了自由使用、自由发言的安全感,但同时也带来了极大的社会隐患。就红色文化资源在高校思想政治教育中的运用而言,新媒体时代多元思想交杂的情势下,高校大学生对红色文化资源的感知度和接受度都受到不小的挑战。

(一)导致大学生对红色文化资源的认同度降低

目前,随着全球化进程的不断加快,信息化使得社会不断地受到来自国内外各种思想的冲击。大学生虽然世界观、人生观和价值观已经逐步趋于成熟,但还是会受到西方一些极端的价值观的影响和侵蚀,如受到经济利益的驱使,在高校大学生中出现了很多趋向于个人主义、拜金主义和享乐主义的价值观形式,这与我国的社会主义核心价值观存在很大偏差。我国是以马克思主义为指导,以最终实现共产主义为远大理想和最高理想的目标。目前,一些大学生受到西方国家发展速度、自身社会阅历的影响,被这一繁荣的假象所蒙蔽,开始对马克思主义的信仰产生动摇。这些主客观问题的存在导致很多传统文化已经出现严重的边缘化,也使得红色文化资源获得认同的难度增大。

(二)弱化了红色文化资源在思想政治教育中运用的实效性

当前,一部分大学生忽视了红色文化资源教育的重要性。目前多数学生上大学的目的是找到一份称心如意的工作,社会的现实在某种程度上逼迫人们不得不努力求得成功的敲门砖,所以会出现疯狂的"考证"和对实证知识的热衷,而对于思想政治教育的理论知识,多被学生们当作空洞的说教,因为在短时间内并不能快速地带来实际的物质效果,这种现象直接弱化了思想

政治教育教育的实效性,进而影响到红色文化资源在思想政治教育中运用的实效性。

第二节　新媒体给高校思政教育和红色文化资源利用带来的机遇

新兴媒体的出现给当代大学生和高校思想政治教育乃至红色文化资源的利用都带来了巨大挑战,同时也为大学生思想政治教育工作带来机遇。

一、有助于提升高校学生思想政治教育和红色文化资源利用的自主性

在传统的高校思想政治教育过程中,教育者承担的任务主要有:发布和传递正确的、积极向上的信息,阻止和控制某些不合乎时代发展潮流和不利于学生思想进步的信息,以及引导广大青年学生朝着健康、合乎社会要求的方向发展。而学生则是教育信息的被动接收者,与传授者在教育传播中的地位有着明显的区分和差异,往往沦于一种"填鸭式"的教育状态。然而在新媒体条件下,思想政治教育工作者的角色发生了巨大的改变,不再单纯扮演知识灌输者的角色。

在传统的高校思想政治教育的过程中,由于身份的差距,高校思想政治教育的教师与学生往往会有一定的隔阂,很多同学不愿意把自己心里的想法说出来,给高校的思想政治教育工作带来一定的难度。而在新媒体条件下,教育者既可以利用校园网络、微博、微信、QQ群、BBS等新媒体传播形式,为教师与教师、学生和教师之间的互动搭建一个自由、平等的交流平台,从而也赋予了学生和教师同等发言的权利。在这个平台上,学生可以从自身视角阐述所期待的教学内容与方式,并与他人进行自由平等的交流互动,老师也可以参考学生的建议以及课程情况改变教学方式。这种方式既适应了当代大学生崇尚自由、渴望参与的心理要求,从而增强了学生的学习积极性和自主性,也提高了教师的思想政治教育效果。因此,这种教育形式可以说是一种更高水平的自主型教育。

二、有助于增强高校思想政治教育和红色资源文化利用对学生的吸引力

在传统的教育模式下,高校思想政治教育工作往往采取"灌输式"教育,

这种不对等式的教育模式往往会使得学生产生一种逆反的心理，导致教育的效果不理想。新媒体由于囊括了多种信息载体与传播方式，从中可以搜索到浩瀚的信息资料，而且这些资料往往以视频、音频、图片、动画等种形式呈现，这为思想政治教育工作者提供大量可资利用的教学手段与资源。教育者在利用新媒体进行思想政治教育时，可以利用新媒体技术手段让学生的学习过程更加的生动形象，从而提高其学习的积极性，激发其学习兴趣。同时，学生也可以通过网络问答等形式，为自己在平时学习过程中遇到的难题与困惑寻求满意的答案，还可将自己的学习心得与成果通过网络、手机传播载体与其他同学分享。这样不仅大大提高了学习的效率，也大大提高了学生的学习兴趣，吸引学生，增强了高校思想政治教育的吸引力。此外，教师也可以利用微信、QQ等即时交流工具传递资料，加强与学生的互动，使学生的学习变得更加方便、有效、自主，从而提高高校思想政治教育的互动性、吸引力和感染力。

三、有助于丰富高校思想政治教育和红色文化资源利用的手段

方法的创新是高校思想政治教育创新的有效途径。在新媒体广泛发展的背景下，高校思想政治教育工作者积极地应对新媒体的发展，有效利用新媒体来进行思想政治教育创新。

传统的教育手段，如听专家讲座、主题班会、参加活动、社团活动、校园报纸、宣传栏等都各有所长，对促进高校思想政治教育工作开展发挥了积极的作用。但在新媒体背景下，网络、微博、微信、飞信、BBS等以其灵活、快捷的特点，日渐成为思想政治教育工作的重要载体，它能够更为方便和快捷地发布更具个性化的信息，使得高校思想政治教育更为深入、更为直观。

在新媒体的背景下，新媒体传播的方式丰富了高校思想政治教育的手段。高校的教育工作者可以利用校园网络平台、手机短信、校园微博、网络论坛等方式与大学生进行沟通和交流，改变以往的座谈、讨论、报告、课堂教学等传统的思想政治教育手段。新媒体提供的这些手段，方便快捷，实效性很强，能在最短的时间内传播各类图片、文字、语言、视频、音频，把教育的内容直接传递给受教育者，使得教育更加深入和便捷。高校大学生也可以利用新媒体在任何时间和地点随时随地地获取所需要的教育知识，大大提高了信息的传播效率。

同时，高校思想政治教育的校园网络还可以充分利用媒介传播的特点，发挥自己的优势，将校园的教育传播媒体，如宣传栏、广播、校园报纸、杂

志通过新媒体技术一起并入到网络上,真正实现思想政治教育的大众传播媒介和新媒体的有机的结合。例如,现在的高校思想政治教育当中,有很多学校把校园微博和校园的网站同校园宣传和广播结合在一起,作为高校思想政治教育的新平台,使得高校的思想政治教育者和大学生通过网络直接进行交流,取得了很好的效果。

因此,高校通过对新媒体的广泛运用,丰富高校思想政治教育的手段,为高校思想政治教育开辟了广阔的领域。

四、有助于突破高校思想政治教育和红色文化资源利用的时空局限

在新媒体背景下,大学生运用新媒体技术获取大量信息时,最主要的任务就是利用新媒体技术把获取的信息转化为自己有价值性的知识。因此,高校教育工作者可以利用新媒体传播形式传递教育信息,还可以利用新媒体技术手段随时随地进行思想政治教育,例如通过电子邮件、短信平台、微博、校园数据库等方式,使信息传播的时效性大为提高。

一方面,互联网、邮件、短消息没有时间的限制,大学生随时都可以上网获取各种信息。这种传播特点打破了以往的思想政治教育的时间限制,拓展了思想政治教育的时间范围。高校思想政治教育工作者可以利用新媒体将图像、文字、声音等教育内容,迅捷地发送给大学生,更快捷地满足了大学生的信息需求。

另一方面,网络媒体摆脱了地理空间的限制,突破了高校的"围墙",使不同地区、不同学校的学生可以通过网络共享思想政治教育的资源(如红色文化资源),还可以在网络上向老师咨询和探讨共同的问题,进一步拓展了高校思想政治教育的空间。高校教育工作者可以利用新媒体如BBS、微博等平台,了解大学生对社会热点的认识和看法,可以通过网络与不同想法的大学生进行深度的交流,讨论社会热点问题,有针对性地引导大学生正确认识各种社会热点和思潮,为大学生提供各方面的指导和服务,从而拓展了高校思想政治教育的视野和内容。

第八章　新媒体时代红色文化资源在高校思政教育中的运用

第一节　红色文化资源在新媒体时代中的运用表现

进入 21 世纪以来，随着新媒体的不断涌现和迅速普及，人们进入到了新媒体时代。新形势下，国内高校积极探索利用新媒体推动红色文化资源运用的路子，开创了红色文化资源在高校思想教育中运用的新途径。

一、依托新媒体打造以红色文化资源为核心的精品课堂

改革开放以来，在传统媒体的环境下，我国高校形成的一套思想政治教育模式虽受到了新媒体环境的挑战，但其主体部分依然适用于当今的高校大学生思想政治教育。以课堂为主要阵地的高校思想政治教育模式，依然是主导模式。在新媒体环境下，面对新媒体带来的冲击，我们应当充分利用新媒体，打造红色文化资源充实的精品课堂，提升当代大学生的学习兴趣，将思想政治教育做得更实、更牢。而要真正打造以红色文化资源为主体的红色课堂，就必须专注于课程与教材建设，开出红色课程，研发红色教材。在此基础上，利用新媒体，将红色课堂变成适应新媒体特征的网络课堂。

（一）利用新媒体将红色文化资源融入课堂教学

红色文化资源蕴含着中国共产党领导下的人民群众对祖国浓烈的挚爱之情与献身精神，是各族人民共同的精神支柱与奋斗动力。将红色文化资源引入课堂教学，不仅可以增强大学生思想政治教育的针对性与实效性，还可以使大学生的情感得到陶冶与升华。将红色文化资源有机地融入课堂教学既可以弥补传统历史教育的不足，又能彰显红色教育在培养大学生爱国主义情感

中的独特魅力。不过,我们也应当认识到,在新媒体环境下,利用新媒体将红色文化资源简单地引入课堂教学只是打造精品课堂的低级层面,是为了更好、更深入地利用新媒体打造精品课堂做准备的。作为利用新媒体的低级层面,高校从事思想政治教育的教师们,多是利用音乐、影像、实物等为媒介展示红色革命资源的原貌,以及运用现代多媒体手段,播放红色歌曲和红色电影让学生直观感受红色资源文化的魅力所在。

即使是如此,为了使得课堂更生动,更有吸引力,我们在将红色文化资源融入课堂的时候还是需要注意一些问题:首先是我们应当对自身所讲授的知识有系统的了解,并具有系统的认知能力,能较为熟练地运用所具有的红色文化资源;其次是要提高红色文化资源语言的准确表达,因为我们从事高校思想政治教育的教师本身的素质尤其语言表达能力对于教育效果的实现有着重要的影响。在运用讲授法进行教育时,教师除了要对红色文化资源的内涵充分了解,还应该不断地提高其语言表达能力,力求语言清晰准确、生动形象、富于感染力。同时在利用红色资源开展思想政治教育时,既要注重方向性和时效性的结合,又要注意趣味性与精确性的结合。假若是选用革命英烈和英雄事迹作为案例,那么就应以正面教育为主,围绕中心内容紧跟时代,让案例既生动又令人感动,既生活化又通俗化,使学生思想能碰撞出对红色文化资源理解的智慧火花。

(二)深入开发红色课程

红色文化资源承载和蕴含着丰富的教育资源,其精神和育人价值尤为明显。开设红色课程有利于传播先进文化,有利于培育爱国主义情怀和弘扬社会主义正气的文化意蕴。

例如临沂大学已经进行了有益的探索。临沂大学坐落于山东临沂。临沂是革命老区,而临沂大学是老区唯一的一所大学。临沂大学肩负着为老区人民培养现代化建设合格人才的重任。临沂大学的学子,除了少部分来自全国其他的几个省份和自治区(如福建、江西和内蒙古自治区)外,多数来自山东本省,更有一大部分本身就是临沂老区人民的子弟。在这一现实面前,让学生了解临沂地区人民革命与奋斗的历史,深刻理解老区人民在革命与建设年代形成的沂蒙精神,就成了临沂大学思想政治教育不可或缺的一部分。为此,临沂大学自2008年开始开设专对学生的红色地方性课程"红色文化与沂蒙精神"。自课程开出后,一直延续到现在,受益学生近三万余人。

（三）精心研发红色教材

在课程开出后，为了课程的深入开出，高校可以充分发挥知识资源优势，加大红色教材的开发力度，把红军战斗、烈士成长、伟人事迹、顽强拼搏的精神编写成教材，传播红色文化，提高当代大学生对传统红色文化精神的深入了解，增强其爱国主义意识。不同的高校还可以根据自己的实际情况，编写具有本土气息的红色教材，可以充分挖掘高校所在地的红色资源，紧密结合实际情况开发红色革命教材。这样的红色教材，内容可涉及本地区地地道道的具有乡土气息的红色资源文化，以此来让更多的大学生更加深入地了解和认识红色资源。

在这一点上，临沂大学也有着自己比较成熟的经验。临沂大学根据"红色文化与沂蒙精神"课程的开出情况，组织相关人员编写了《沂蒙红色文化与沂蒙精神》这一红色教材。

（四）培育网络课堂

红色课程的开出与红色教材的研发，是红色课堂维系的重要依持。在此基础上，我们可以充分利用新媒体，特别是网络媒体，将现实的课堂转变为网络课堂，进而使得课程的利用率大大提高，并且能够延伸现实课堂的广度。在新媒体环境下，当代大学生不再愿意扮演简单的信息接收者的角色，他们需要互动和参与，而网络课堂正好适应了这一要求。

为了适应新媒体时代下的现实需要，学校需要加强对课程的培育，力争将之打造成一门网络公开课程。也就是说，将现实的课堂搬到了网络上。这样，就冲破了以往时间、地点的限制，只要学生对其感兴趣，他就可以在互联网或者手机网络畅通的条件下随时随地听老师授课。这样，就实现了传统课堂与新媒体的对接。

（五）打造网络红色讲坛

在传统媒体环境下，高校除了要主动建设好思想政治理论课主阵地之外，还利用红色资源的精神价值，邀请对红色文化资源颇有研究和具有学术成果的本土专家或教授，来做报告、做专题讲座等，我们可以统称之为红色讲坛。

有很多学校每年坚持邀请相关的人员来做红色报告，以此来推动大学生的思想政治教育。可是，从受众的覆盖面来说，就我们所请的专家和教授及其讲授的内容来说，真正能够当面聆听教诲的学生数量不是很多。这主要是受空间的限制所致。

新媒体时代的到来为我们解决这一难题提供了途径。我们完全可以将每一位前来做报告、进行专题讲座的专家和教授的报告和讲座录制下来，然后在校园网中专门开辟一个"红色讲坛"栏目，将他们的视频放置其中，让感兴趣的学生自由选择。这样，这些资源可以永久性地循环利用。

二、利用新媒体建立和维护高校思想政治教育交流平台

传统媒体环境下，信息的传播多是单向的。一边是信息的发布者，一边是信息的接收者，两者之间界限分明。在新媒体环境下，由于新媒体具有的信息传播多元性与互动性的特征，使得信息传播者与接收者的界限越来越模糊。不仅如此，利用特定的媒体形式，人们可以扮演信息的传播者和接收者双重角色。在新媒体时代，高校思想政治教育的工作者们已经不能再完全扮演信息传播者的角色。不仅如此，当代的大学生也不再甘于扮演纯粹信息接收者的角色。因此，在新媒体形式多样，大学生日趋青睐新媒体的形势下，高校从事思想政治教育的工作者们或者主管部门，应当认识到这一现实，能够通过利用新媒体，调整学生在思想政治教育中的角色，使得他们能够以更平等、自主的方式参与其中，这将更加有利于调动他们的积极性，提高高校思想政治教育的实效性。要实现这一目标，就需要搭建教师与学生之间交流，以及学生自主学习的平台。这里，网络和手机新媒体及其它们演化出来的博客、微博、微信、QQ等工具，为我们提供了必要条件。

（一）开设红色文化资源专题网站

利用红色文化资源对当代大学生进行思想政治教育，应当让当代大学生切身体会到红色文化资源的内涵。而这就需要高校思想政治教育的管理部门或者教育工作者充分挖掘本地红色文化资源，将之呈现在学生面前，对学生形成直接的影响。而开设红色文化资源网站就是最为直接、便捷，并且是最容易为学生接受的方式。

现在来看，在新媒体环境下，很多高校为了能够让学生更好地了解红色文化资源的内涵及其表现形式，建立红色文化资源专题网站。

利用网站，同学们可以欣赏经典歌曲、经典影视剧，了解革命遗址、遗迹，了解革命斗争史，了解在此战斗过的革命先烈以及党和国家的领导人，了解革命精神的本质、内涵及其传承等方面。可是说，网站是学生整体上了解红色文化资源的重要门户，而这一门户也确实受到了学生的认可。

应该说，从现在来看，建立红色资源专题网站相对来说只是工作的开始，

而日后的维护以及更新才是最重要的工作。红色文化资源网站的开设拓展了大学生获取知识的空间与渠道。目前虽然有很多高校都陆续建立了红色教育网站,但网站内容不仅长期不进行更新,而且缺乏吸引力和趣味性,网站点击率低,造成尚未形成规模就濒临"空站"乃至"死站"的处境。因此,不断完善红色网站内容就成了网站维护的重要一环。在网站的维护过程中,应当注意相关资源的收集和添加,相关讨论或者咨询信息的及时回复,红色影片资源的不断扩充,相关研究最新成果的收集,等等。

(二)利用新媒体创立师生之间的交流平台

在新媒体环境下,当代大学生经常用于自我表达和交流沟通的媒介有微博、微信、QQ等等。这些媒介因为其方便快捷,集声音、视频等功能为一体,备受当代大学生的信赖。当今的高校思想政治教育部门乃至普通教育工作者也应当紧跟形势,利用这些媒介铺就利用红色文化资源之路,以之与学生交流,并对它们进行潜移默化的影响和示范性教育。

以"微博"为例,它是新兴的新媒体的重要表现形式之一。作为一种分享和交流平台,微博注重时效性和随意性。微博能表达出用户每时每刻的思想和最新动态。2006年,微博服务开始出现在美国。2009年国内新浪网站开始推出微博服务,拉开了中国微博服务发展的序曲。2010年后我国的微博业务开始迅猛发展,根据中国互联网络信息中心(CNNIC)于2011年7月19日发布的《第28次中国互联网络发展状况统计报告》显示,2011年上半年中国微博用户从6331万增至1.95亿,增长约2倍。微博在网民中的普及率从13.8%增至40.2%。手机微博在网民中的使用率从15.5%上升到34%。在微博迅猛发展的形势下,2011年11月团中央学校部发布《关于建立全国高校团组织微博体系的通知》,要求全国高校团组织探索运用新媒体加强和创新高校共青团基层组织建设和基层工作,建议采用"先试点、后推广"的形式推动高校团组织实现网络化转型,建立全国高校团组织微博体系。2012年2月,共青团中央办公厅下发《关于在全团广泛运用微博开展工作的实施意见》,要求县级以上团的领导机关、高校团组织要在2012年上半年全部开通官方微博。

在国家政策的大力推动下,高校微博在2012年迎来了快速发展的一年。《2012年中国高校中微博发展报告》显示,基于腾讯微博中的高校微博账号为16166个,其中高校机构账号11193个,校园个人账号4973个。高校机构微博主要包括高校官博、部门院系微博、高校团委系统微博、招生机构微博、社团学生会微博以及商学院微博等,个人账号主要指校园名人和大学老师微博。通过相关数据的分析，教育功能是高校微博的重要组成部分，但是并不是主流部分。而当下从事思想政治教育的主管部门、从事教学的教师要做的，就是在微博迅猛发展，大学生热衷于微博之际，能动地利用这一新媒体传播形式，充分发挥其引导作用。高校院系部门、教师、团支部等通过创建微博，重点收听本院学生或本专业学生微博，深入了解学生思想政治动态，分析思想政治教育存在的薄弱环节。由此，高校思想政治教育的主管部门和从教老师可通过微博主动与学生互动，针对存在的问题对症下药，有意识地进行话题交流，向他们传播正能量，拉近师生关系。同时，思想政治教育的从教教师们也可以通过微博发表自己的观点博得学生的关注。

此外，微信、QQ 也是教师和学生保持联系，对他们进行思想政治教育的重要平台。QQ 是腾讯公司开发的一款基于互联网的即时通信软件。QQ 支持在线聊天、视频电话、点对点断点续传文件、文件共享、网络硬盘和 QQ 邮箱等多种功能，并且现在还能够与手机等多种通信方式相连，也是在校大学生交流与信息传播的重要途径。从红色文化资源利用的角度来说，QQ 的功能比微博更为强大。授课教师可以通过建立相关的 QQ 群与学生实现互动，学生可以请教问题。老师也可以根据情况，采取文件共享的形式向学生推荐红色经典影片、歌曲以及著作，等等。而建立 QQ 群，通过 QQ 聊天以及文件分享来拉动思想政治教育中的红色文化资源的利用正是我们课题组成员采用的方式。

第二节　红色文化资源在新媒体时代利用的成效

思想政治教育过程从某种意义上讲就是信息的获取、选择和传播的过程，也就是用正确、丰富、生动的信息，影响、熏陶受教育者的思想观念、价值观念和精神世界的过程。集构成新媒体的网络、计算机、数据库以及日用电子产品于一体的电子信息交换系统，使每个人随时随地可以将文本、声音、图像、电视信息传递给设有终端设备的任何地方、任何个人。因此新媒体改变着思想政治教育的境况，丰富了思想政治教育的方式方法，增强了思想政治教育和红色文化资源利用的力度和效果。

一、高校思想政治教育和红色文化资源利用的主体性增强

新媒体的特性使得高校思想政治教育和红色文化资源利用的主体性意识大大增强，有助于提升红色文化资源利用的实效性，推动高校思想政治教育

的提升。

（一）打破地域界限，实现传播途径多样性

通过网络人们可以进行一对一、一对多、多对一、多对多、广泛性、发散性的教育，这种教育方式不同于传统思想政治教育单调的教育模式——固定的老师、固定的学生、固定的教室，而是一种双向甚至多向交流的互动传播模式，呈现交互性的特点。《教育大词典》中认为课堂是为实现学校教育目标而挑选教育内容的。在网络环境下，高校的思想政治教育的课堂形式和目标的实现形式都得到了改变，大学生能更加深入和广阔地认识世界，有助于培养学生们的平等观念、效率观念、全球观念，有利于培养大学生自主选择、自主抉择的能力，有利于增强人们的主体性和主观能力。

（二）打破时间的限制，增强主体性

在网络环境下，大学生可以在同一时间段学习到各个不同时期的教育内容，或者在各个不同的时间段学习到同样或者不同样的内容，这样使得高校思想政治教育活动的时间更随意，也能有一定的重复性，这样思想政治教育受众面会不断扩大，除了高校在校的老师、学生，社会各界人士都能参与到思想政治教育当中来，都能够成为思想政治教育的主体。正如1994年《计算机中介交流》杂志中提道："在网上，在不诽谤他人，自我审查，以及自由社区伦理的宽泛约束下，任何人都有表达的自由……"所以，在网络这种没有国籍限制、没有传统观念的束缚、没有长者权威的几乎接近于完全平等和自由的环境下，越来越多的大学生乐此不疲，迷恋其中。

二、高校思想政治教育和红色文化资源利用客体的丰富化

新媒体形势下，由于新媒体的特性，高校思想政治教育和红色文化资源利用的客体越来越丰富，有助于推动高校思想政治教育的发展。

（一）冲破信息量的限度，增强其社会性

新媒体帮助受众社会化，让受众在一个比以往更加广泛的社会环境中学习和积累社会知识，发展和形成自己的个性，顺利实现自己的社会化。网络传播着世界各地区、各民族的风俗习惯、文化传统、价值观念以及行为方式，等等，这些有别于人们以往习惯的新的思想文化促使社会成员新一轮的社会化活动。网络创造的虚拟现实环境，为人们正确理解社会角色冲突提供了反

复实践的机会，有助于培养人们胜任多种社会角色的能力。

（二）新媒体的时效性凝聚更多的客体

新媒体是一种超媒体，能够兼容传统媒介的多种优势。如在感官上，新媒体可以使得视觉、听觉、触觉等感官并用，比传统传媒更增加人际交流成分。在使用技术上，网络新媒体综合运用计算机、通信、音频视频等技术，能将计算机和多种媒介有机结合。新媒体这些优点吸引了更多的大学生，为高校大学生思想政治教育提供更多的发展空间。

三、拓宽了高校思想政治教育和红色文化资源利用的环境

思想政治教育环境是影响人的思想品德形成和发展，影响思想政治教育活动运行的一切外部因素的总和。在新媒体环境下，由于网络的介入，使得高校思想政治教育增加了活力。

（一）营造一个虚拟环境

在新媒体环境中，拥有的是一个开放的平台，能够集中具有知识和能够提供参考的各种专家，而不是以前的只有权威的教师、教室或是学校等的封闭的一些场所。这样教育者和被教育者直接能够更好地消除隔阂，增进相互理解，使得受教育者能够得到更好的教育，得到更大的帮助。

（二）营造一个开放环境

当今社会，网络虚拟环境作为一个新的环境因素，比现实环境更具有多维性、复杂性和开放性的特点，会更加强烈地影响思想政治教育。而这种开放环境使思想政治教育活动能够与外界进行更多、更方便的信息交流和行为交换。开放环境下信息的海量和迅速传播，也一定会引起新的网络文化的产生和传播，广大大学生就能更好地吸收优秀的文化营养，而自身的思想观念、政治观点和道德规范的科学性也会不断增强。同时，因为网络文化的丰富性，也能更加开阔大学生的视野，更新他们的观念，使之与时俱进；帮助他们确立全球观念、效率观念和民主观念；也有助于增强大学生的创新意识、自由平等及合作意识。

（三）渗入生活环境

现今，思想政治教育和大学生能够通过由网络提供的更加简便更加隐形

的途径连接起来，同时，从事思想政治教育工作的人们也能用网络巧妙地将身份隐藏起来，能够使交流的氛围更加和谐与平等，而受教育的大学生们能够主动地学习起来，积极地接受灌输的思想观念、政治观点和道德规范。老师们通过网络可以了解到自身所需信息，同时也可以了解大学生们的思想状况，通过网络上的交流，能够主动引出受教育的大学生们想谈论的话题，这样就缩短了老师和学生之间的距离，把生活和思想政治教育融为一体，将思想政治教育渗入到生活环境中去。

四、发展了高校思想政治教育和红色文化资源利用的载体

高校思想政治教育和红色文化资源利用的载体，是指在实施思想政治教育的过程中，能够承载和传递思想政治教育的内容和信息，能为思想政治教育主体所运用，促使思想政治教育主客体之间相互作用的一种活动形式和物质实体。网络作为一个新载体传播信息具有以下优点：信息包涵内容的广阔性，互联网可以涵盖全球的用户，包涵全球的文化，却不会受到诸如版面或者是播出时间的限制。网络可以采取的传播方式是多种多样的，比如一对一、一对多、多对多、多对一等，体现了信息传播的交互性和平等性。网络传播的手段也是可以兼容的，既可以通过声音、影像或是文字来表现，达到多种技术的综合利用，也可以是多种技术相结合。网络环境下，信息的传播也是具有时效性的，人们在任何恰当的时候，点击一下鼠标，任何事情都能立即出现在眼前。网络还能使思想政治教育更加全面，因为它可以在各个阶段对不同的大学生群体，甚至是对每一个大学生都能发生作用。网络其自身是信息来源地，同时又能帮助信息的传播和作为通信的手段。通过用网络作为载体来进行思想政治教育，能打破时空的限制，实现学校教育与社会教育，自我教育与家庭教育的有效融合。而通过网络进行的思想政治教育其信息量和流通的时效性使得教育效果也大大优于传统的其他的传媒载体，也是由于网络载体有一定的可复制性、共享性和及时传播性。

五、丰富了高校思想政治教育的介体

思想政治教育介体是指思想政治教育主体与思想政治教育客体相互联系、相互作用的中介因素。主要包括思想政治教育主体作用于思想政治教育客体时的思想信息内容及思想政治教育方式。

（一）方法的多样性

通过了解互联网的相关知识，很多资源都能用于思想政治教育，教育的时间也可以随机安排，也不需要特殊安排场所，可以通过各种方法进行研究、论证、讨论和辨析，发表各自不同的看法和意见。

（二）方法的现代性

要将传统的思想政治教育方法现代化，我们要达到两个目标，首先是要使思想政治教育的过程现代化，其次是要使思想政治教育的手段现代化。现今的网络环境下，广泛采用了很多新的发明和科技手段，让传统的教育方法与先进的科技相结合，使得思想政治教育的实效性大大加强了。

（三）方法的实效性

网络能够通过声音、色彩、图片、影像和文字等形象生动地进行描述，更能吸引人们的注意力。尤其是网络的多媒体和虚拟现实技术的应用，可以在网络上创造一种轻松、愉快的虚拟场景，增强感染力，能够更好地增强人与人之间、人与网络之间的互动性，使广大大学生在网络环境的影响下受到陶冶、激励和鼓励，使之入耳、入脑、入心灵。

（四）内容的深厚性

网络打破了种种壁垒，古今中外不再是千里之外，这就为思想政治教育内容的丰富提供了契机。首先，网络缩短了世界的距离，这就有利于吸取国外的优秀文化、先进理念、现代技术等。另外，网络打破了时空的限制，优秀的传统文化更便于在网络世界里发扬光大，同时传统文化可以为思想政治教育提供更丰富的文化底蕴。

参考文献

[1] 覃辉银.革命历史文化与思想政治教育[M].广州：华南理工大学出版社，2018.

[2] 徐仁立.中国红色旅游研究[M].北京：中国金融出版社，2010.

[3] 马静.红色文化教育理论与实践研究[M].天津：南开大学出版社，2015.

[4] 王爱华.红色文化与思想教育[M].成都：西南交通大学出版社，2012.

[5] 吴布林.新媒体背景下红色文化资源利用与大学生思想政治教育成效性研究[M].徐州：中国矿业大学出版社，2016.

[6] 程东旺.红色资源在高校思想政治理论课教学中的应用[J].教育探索，2016(07):106-109.

[7] 杨凯.红色旅游资源与高校文化传承创新路径探析[J].学校党建与思想教育，2016(22):80-82.

[8] 孙晓彤，薛梅.深入挖掘革命历史档案丰富爱国主义教育内涵[J].办公室业务，2019(01):52-53.

[9] 李永强.红色文化的思想政治教育基因及其在高校思政教育中的时代价值[J].智库时代，2019(07):104-105.

[10] 罗海英，成宏峰.旅游院校红色文化传承协同育人基地构建研究[J].山西经济管理干部学院学报，2019(01):97-101.

[11] 许萍.高校与红色旅游景区协同育人模式分析[J].山西能源学院学报，2019(02):47-49.

[12] 成宏峰.协同育人视角下大学生红色研学旅行实现途径研究[J].晋城职业技术学院学报，2019(03):9-12.

[13] 张洁.立德树人背景下本土红色文化的价值转化[J].百色学院学报，2019(02):130-135.

[14] 李玲，邓凡.红色旅游与旅游管理专业教学融合研究[J].旅游纵览(下半月)，2019(06):195-196.

[15] 马兆兴.文旅融合背景下旅游院校红色文化协同育人模式的构建[J].中国

职业技术教育，2019(21):92-96.

[16] 张龙. 让红色旅游资源在高校思想政治教育中发挥作用[J]. 中国成人教育，2019(16):97.

[17] 王艳娟. 红色文化进思想政治理论课的改革与实践[J]. 浙江理工大学学报(社会科学版)，2017(01):71-76.

[18] 王一冰. 新常态下红色旅游在思想政治教育中的价值探微[J]. 文化学刊，2017(03):157-160.

[19] 蒋杭玲. 红色旅游对重塑大学生马克思主义信仰的价值及实现途径[J]. 长沙大学学报，2017(04):136-138.

[20] 孙娟娟. 依托红色旅游资源创新大学生思政教育载体[J]. 高校辅导员学刊，2017(04):59-63.

[21] 苏程. 红色档案信息资源的开发利用研究[J]. 山西档案，2019(06):93-98.

[22] 桂镕峰. "乡村振兴"战略背景下红色旅游资源在思政教育中的重要意义[J]. 农村实用技术，2019(12):12-13.

[23] 张革英，钟佩君，李正军. 红色资源在高校思想政治理论课中运用策略探析[J]. 重庆电子工程职业学院学报，2019(06):123-127.

[24] 刘元顿，饶美娇. 井冈山红色基因与当代大学生思想政治教育融合途径探析[J]. 度假旅游，2018(04):48-50.

[25] 江毅，王春颖. 红色资源与高校思政工作者培育研究[J]. 榆林学院学报，2018(04):22-24.

[26] 赖继年，邱霖. 大学生思政课实践教学与红色文化[J]. 法制博览，2018(23):53-55.

[27] 李智慧. 论红色资源在大学生思想政治教育中的价值转化[J]. 学校党建与思想教育，2018(15):53-55.

[28] 张媚. 服务地方红色资源开发的大学生思政教育[J]. 课程教育研究，2013(34):71-72.

[29] 陈秀香. 高校革命传统教育中的红色旅游形式探索[J]. 红河学院学报，2018(05):133-135.

[30] 刘海新. 依托红色旅游资源创新高职院校思想政治教育研究[J]. 管理观察，2018(30):142-143.

[31] 许辉. 红色文化资源在高校思想政治教育中的实践路径——以镇江市为例[J]. 太原城市职业技术学院学报，2018(10):72-74.

[32] 吴云峰，张德学. 地方红色文化资源与大学生核心价值观建设[J]. 黄山学院学报，2014(02):93-96.

[33] 马春玲. 解析与建构：红色文化资源思政教育价值实现的思考 [J]. 长春理工大学学报（社会科学版），2014(04):162-164.

[34] 舒前毅. 依托红色文化资源创新高校思政课体验式教学 [J]. 湖北行政学院学报，2014(05):23-26.

[35] 吴云峰. 高校思政课实践教学基地建设探索 [J]. 西安文理学院学报（社会科学版），2013(01):67-70.

[36] 胡帆. 论红色旅游的思想政治教育功能 [J]. 柳州师专学报，2013(03):51-54.

[37] 苏博，王志刚，蔡慧. 对国内红色旅游产业可持续发展的思考 [J]. 经济师，2013(06):184-185.

[38] 杨雯迪. 试论旅游管理专业景区研学与思政课程的融合 [J]. 旅游纵览（下半月），2020(01):219-220.

[39] 李倩. 红色文化在高校思政课实践教学中的运用 [J]. 淮南职业技术学院学报，2015(02):34-38.

[40] 林妹珍. 红色旅游与社会主义核心价值体系大众化教育 [J]. 武夷学院学报，2012(01):19-23.

[41] 郑洁. 网络媒体传播社会主义核心价值观研究 [M]. 中国社会科学出版社，2012.

[42] 洪波. 思想政治教育话语范式转换研究 [M]. 杭州：浙江大学出版社，2012.

[43] 王学俭，刘强，新媒体与高校思想政治教育 [M]. 北京：人民出版社，2012.

[44] 张国祚. 中国话语体系应如何打造 [N]. 人民日报，2012-07-11（7）.

[45][俄] 孔金，孔金娜. 著. 巴赫金传 [M]. 张杰，万海松. 译. 上海：东方出版中心，2000.

[46] 洪波. 思想政治教育话语范式转换研究 [M]. 杭州：浙江大学出版社：2012.

[47] 邹绍清，李国安. 在高校思想政治理论课中构建中国特色话语体系的思考 [J]. 思想理论教育导刊，2014（1）：70.

[48] 李辽宁. 论中国特色思想政治教育话语体系的传承与创新 [J]. 学校党建与思想教育，2013（4）：30.

[49] 马志霞. 切实增强高校思想政治理论课话语力量——基于马克思主义理论学科建设的思考 [J]. 思想理论教育导刊，2017（6）：87.

[50] 杨林香. 高校社会主义核心价值观培育微传播与主渠道融合研究 [J]. 社会

主义核心价值观研究，2017（8）：34.

[51] 熊建生，李小红. 新媒体境遇下思想政治教育的话语转换 [J]. 学校党建与思想教育，2014（6）：8-11.

[52] 白立强. 高校思想政治理论课教学实效性调查分析 [J]. 成都大学学报（教育科学版），2007（2）：4-6.

[53] 张永光，李建权. 论教师在增强高校思想政治理论课教学实效中的作用 [J]. 山西高等学校社会科学学报，2013（9）：37-40.

[54] 白琳. 增强高校思想政治理论课教学实效性的几个问题 [J]. 思想政治教育研究，2008（8）：28-30.

[55] 钱国军. 新媒体背景下大学生思想政治教育长效机制构建 [J]. 学校党建与思想教育，2015（11）：88-89.

[56] 张忠华，周萍."互联网+"背景下的教育变革 [J]. 教育学术月刊，2015（12）：39-43.

[57] 叶大伟，易兰华."互联网+"时代下高校思想政治教育载体创新 [J]. 教育与职业，2016（14）：66-67.

[58] 朱妍妍. 新媒体对大学生思想政治教育的影响及对策研究 [D]. 信阳师范学院，2015.

[59] 青岛滨海学院. 青岛滨海学院大学生学习生活指南 [M]. 青岛滨海学院，2019.

[60] 景志明，潘德伟，倪月柳，黄亚军，但堂渊. 以"辅导员+导师"制增强高职大学生思想政治教育实效性的探索 [J]. 西昌学院学报（社会科学版），2019（03）：21-25.

[61] 魏立娜. 工学结合背景下高职院校职业素质培育——以思想政治教育为例 [J]. 中国高校科技，2016（Z1）：52-54.

[62] 陈萍. 新媒体环境下高职思想政治教育创新发展研究 [J]. 劳动保障世界，2015（33）：55-56.

[63] 张焕华. 高职思想政治理论课实践教学模式创新 [J]. 高教学刊，2016（06）：228-229.

[64] 龚玲玲. 互联网+背景下教育关工委参与高职思想道德建设的对策思考 [J]. 产业与科技论坛，2016（13）：226-227.

[65] 朱佳."工学结合"模式与高职院校思政教育的融合与发展 [J]. 职大学报，2016（04）：107-110.

[66] 陆桐. 高职思想政治教育模式的全方位创新 [J]. 当代教育实践与教学研究，2016（12）：31.

[67] 黄丽军.朋辈教育视角下高职院校学生思想政治教育研究[J].太原城市职业技术学院学报，2017（03）:91-92.

[68] 赵锋，邹忠.基于高职学生特点创新思想教育模式的若干思考[J].思想教育研究，2017（06）:115-117.

[69] 郭平，曹必文，钱琛."双主体"模式下高职思想政治教育SWOT分析与发展路径探析[J].黑龙江高教研究，2017（11）:116-118.

[70] 娄佳.现代学徒制背景下高职学生思想政治教育模式创新研究[J].黄冈职业技术学院学报，2017（05）:57-61.